Ina Hunger, Maika Zweigert, Peter Kiep (Hg.)

Geschlechter – Wissen – Macht – Körper

SPORT

Forschung
und Wissenschaft

Band 4

LIT

Ina Hunger, Maika Zweigert, Peter Kiep (Hg.)

Geschlechter – Wissen – Macht – Körper

Sozialwissenschaftliche Perspektiven
auf Sport und leibliche Praxen

LIT

Umschlagbild: Foto: Eigenarchiv Frau Prof. Ina Hunger

∞

Gedruckt auf alterungsbeständigem Werkdruckpapier entsprechend
ANSI Z3948 DIN ISO 9706

Bibliografische Information der Deutschen Nationalbibliothek
Die Deutsche Nationalbibliothek verzeichnet diese Publikation in der Deutschen Nationalbibliografie; detaillierte bibliografische Daten sind im Internet über http://dnb.d-nb.de abrufbar.

ISBN 978-3-643-14176-7 (gb.)
ISBN 978-3-643-34176-1 (PDF)

Verlagskontakt:
Fresnostr. 2 D-48159 Münster
Tel. +49 (0) 2 51-62 03 20
E-Mail: lit@lit-verlag.de http://www.lit-verlag.de

Auslieferung:
Deutschland: LIT Verlag, Fresnostr. 2, D-48159 Münster
Tel. +49 (0) 2 51-620 32 22, E-Mail: vertrieb@lit-verlag.de

E-Books sind erhältlich unter www.litwebshop.de

Inhalt

Geschlechter – Wissen – Macht – Körper. Zur Einleitung

Ina Hunger, Maika Zweigert & Peter Kiep

Mit dem Titel *Geschlechter – Wissen – Macht – Körper* rücken vier Begriffe in den Vordergrund dieses Bandes, die im Rahmen sozialwissenschaftlicher Forschung – unabhängig von einer fachdisziplinären Zuordnung – von großer Bedeutung sind. Jeder dieser Begriffe verweist auf einen konzeptionellen Zugang zur sozialen Wirklichkeit und kann – entsprechend der theoretischen Grundlegungen und der angesetzten Perspektive – einen Schlüssel darstellen, um Soziales zu erfassen, zu deuten und zu erklären. In den vielfältigen Verschränkungen gedacht, entwickeln die Begriffe zusätzlich ein besonderes Auslegungspotenzial in immer wieder neuen Konstellationen.

Anhand der physischen Materialität des *Körpers* wird das *Geschlecht* zunächst vor dem Hintergrund eines spezifischen *Wissens* über ‚was ist weiblich'/‚was ist männlich' biologisch festge*macht*. Der Körper fungiert in diesem Sinne als sichtbarer und offensichtlich naturgegebener Ausgangspunkt für die Zuweisung von Geschlecht. Mit dieser Zuweisung von Geschlecht wird jedoch gleichsam umfassend *soziales Wissen* virulent, welches die ‚bloß' biologische Zuteilung überlagert. Das heißt, nicht das materiale, biologische Geschlecht ist in sozialen Zusammenhängen von Bedeutung, sondern die Tatsache, welche sozialen Zuschreibungen, Verhaltenserwartungen etc. mit dem jeweils zugeschriebenen biologischen Geschlecht einhergehen. Diese bewussten oder unbewussten geschlechtsbezogenen Wissensbestände (Normalitätserwartungen im Hinblick auf körperliche Ausbildung jenseits der Geschlechtsorgane, Kleidung, Verhaltensmuster) definieren in diesem Sinne die Bedeutung von Geschlecht.

Im Zuge der Sozialisation werden die sozialen Erwartungen gleichsam über den Körper (re-)produziert, indem er als „männlicher" oder „weiblicher" Körper inszeniert bzw. erkennbar wird. In diesem Sinne wird der Körper zum Träger von kulturellen und sozialen Wissensbeständen. Der Körper erhält nicht nur ein (biologisches) Geschlecht, er symbolisiert so aber vor allem das soziale Geschlecht. Zudem ist mit dieser Symbolisierung die Verkörperung von Macht eng verbunden. Insofern das Wissen über die soziale Bedeutung von ‚männlich' und ‚weiblich sein' auch das Verhältnis der Geschlechter zueinander definiert und die Struktur-

kategorie Macht (im Sinne von Foucault) diesen sozialen Ordnungen stets immanent ist, schreiben sich in den Körper auch Machtverhältnisse ein bzw. können hineingelesen werden.

Dass diese eben angedeuteten Verknüpfungen insbesondere im Kontext von Sport von besonderer Bedeutung sind, davon zeugt dieser Sammelband. Die einzelnen Beiträge dieses Buches greifen mit je individuellem Fokus auf die Verschränkungen zu, „zoomen“ an bestimmte Themenfelder heran, deuten diese je spezifisch aus und legen damit gezielt soziale Differenzierungspraxen offen. Geschlecht wird dabei – und entsprechend der Vielfalt dieses Sammelbandes – jedoch nicht nur binär gedeutet, sondern auch normierungskritisch non-binär zum Gegenstand der sozialwissenschaftlichen Analyse. Die scheinbar ‚normalen‘ Zwei-Geschlechter-Praxen werden dabei einer kritischen Reflexion unterzogen, wodurch sich die Interdependenzen von Körper, Wissen, Macht und Geschlecht nochmals in besonderer Weise aufzeigen lassen.

Zu den Beiträgen

Aus einer geschlechtersoziologischen Makroperspektive heraus eröffnet Michael Meuser den Band und fokussiert auf das Verhältnis von Körper und Geschlecht im Kontext des gesellschaftlichen Wandels seit den 1980er Jahren. Im Vordergrund stehen dabei gegenwartsbedeutsame Rekonstruktionen zu korporaler Materialität und der sozialen Konstruktion von Geschlecht, die kulturelle Codierung des Geschlechtskörpers, inkorporiertes Geschlechtswissen sowie postmoderne Neucodierungen des Geschlechtskörpers.

Robert Gugutzer widmet sich im Anschluss dem modernen Sport, der als prädestiniertes Untersuchungsfeld für vergeschlechtlichte und verkörperte Machtanalysen fungiert. Bezugnehmend auf Michel Foucaults Machttheorie zeichnet er die enge und dauerhafte Verschränkung von Körper, Geschlecht, Wissen und Macht nach. Dabei hebt er hervor, inwiefern der Sport aufgrund seiner historisch gewachsenen Deutungs-, Erwartungs- und Konstellationsstrukturen in weiten Teilen dezidiert geschlechtsspezifische Körperpolitiken aufweist sowie Machtstrukturen produziert und reproduziert.

Mit Blick auf die theoretisch und empirisch wenig beachtete Lebensphase der Kindheit hebt Ina Hunger darauf ab, einen empirischen Einblick in die geschlechtsbezogene Körper-, Bewegungs- und Sportsozialisation von Kindergarten- und Grundschulkindern zu ermöglichen. Sie geht u.a. den Fragen nach, wie und in welchen kulturell je spezifischen sozialen Praktiken in diesen Altersstufen körper- und bewegungsbezogene Differenzen vorstrukturiert oder ‚aufgerufen‘ werden und legt dar, inwiefern den Kindern im Bereich Bewegung bereits früh unterschiedliche Lern- und Erfahrungsgelegenheiten geschlechtsgebunden eröffnet werden.

Auch Daniel Schiller nimmt die Zweigeschlechtlichkeit im Kontext Schule in den Blick. Zum Anlass der empirischen Auseinandersetzung nimmt er die im Schulsport vorfindbare Verschränkung von Körper, Wissen, Macht und Geschlecht im Kontext der stark von binären Geschlechtervorstellungen geprägten Deutungen ausgeübter Körperpraxen. Mit Hinwendung zur Bedeutung machtvoller Blicke geht er der Frage nach, wie Sportlehrkräfte ihre (als binär kategorisierten) Schüler_innen im Sportunterricht wahrnehmen und wie diese bereits im Blickgeschehen adressiert werden.

Peter Kiep richtet seine Aufmerksamkeit auf kommerzielle Fitnessstudios. Er rekonstruiert bezugnehmend auf den gegenwärtigen Körperkult die Bedeutung des In-den-Spiegel-Blickens im Kontext des dort stattfindenden Sporttreibens unter besonderer Berücksichtigung des Phänomens der Körperunzufriedenheit. Macht wird hier als gesellschaftliches ‚Schönheitsdiktat' konzeptualisiert, unter welches sich das Individuum unterwirft und daran orientierend seinen Körper zielgerichtet bearbeitet.

Corinna Schmechel nimmt die queere Fitnessszene in den Blick. Dabei fragt sie mit affekt- und raumtheoretischen Bezügen danach, wie in diesem spezifischen Kontext Fitnesssport in seiner grundlegenden Ambivalenz praktiziert wird und wie die körperformenden Sportpraktiken im Verhältnis zum Kontext ihrer Ausführung zum Element der Subjektivierung als queer werden. In diesem Beitrag wird auf die normative Wirkmacht von Geschlecht rekurriert, der sich die queere Fitnessszene bewusst entziehen möchte.

Mit der Berichterstattung im Sport fokussierend auf journalistische Positionierungen zu Ausgrenzungen beschäftigt sich Nina Degele. Im Anschluss an Pierre Bourdieus Praxeologie analysiert sie, inwiefern ‚schwul' und ‚Fußball' in der Berichterstattung wie auch der öffentlichen Wahrnehmung zusammenpassen bzw. nicht zusammenpassen. Der Beitrag strebt an, methodologisch aufzudecken und theoretisch zu deuten, welche Formen Sportjournalist_innen wählen, wenn sie zwischen Berichterstattungen mit Neuigkeitswert und den Regeln von Anstand und Respekt stehen.

Steffen Loick wendet sich dem aktuellen Schönheitsdiskurs mit Blick auf kosmetische Operationen zu und zeigt am Beispiel kosmetisch-chirurgischer Brustmodifikationen zentrale Darstellungs- und Begründungsmodi auf, mit denen kosmetisch-chirurgische Praktiken derzeit in Deutschland beworben werden. Er bilanziert, dass entsprechende Werbungen ein Verständnis vom ‚Körper als Rohstoff' befördern und eine Bearbeitung im Sinne der geschlechtsbezogenen Schönheitsnormen nahelegen.

Den Abschluss des Bandes stellt der Beitrag von Maika Zweigert, Peter Kiep und Andreas Krieger dar. Mit Blick auf das Zwangsdoping in der DDR und die daraus resultierenden Folgen für die Athlet_innen wird die Geschichte der Kugel-

stoßerin Heidi Krieger (heute Andreas Krieger) skizziert. Dieser Beitrag legt aus der subjektiven Perspektive Kriegers dar, wie sich staatliche Macht am Körper manifestiert und Folgen für das Erleben von Geschlecht nach sich zieht.

Die Entstehung dieses Bandes ist untrennbar mit der Tagung „Geschlechter – Wissen – Macht – Körper“ verbunden, die 2017 an der Georg-August-Universität stattfand. Die Tagung wurde vom Göttinger Centrum für Geschlechterforschung (GCG) und dem sportpädagogischen Lehrstuhl des Instituts für Sportwissenschaften der Universität Göttingen ausgerichtet. Sie steht in enger Verbindung mit dem Programm „Geschlecht – Macht – Wissen“, das vom Niedersächsischen Ministerium für Wissenschaft und Kultur als Förderlinie für Verbundprojekte ausgeschrieben wurde und im Rahmen dessen das Göttinger Projekt „Geschlechter – Wissen – Macht – Körper. Eine interdisziplinäre Verbundforschung zur geschlechtsbezogenen Körper- und Bewegungssozialisation in der Kindheit unter besonderer Berücksichtigung sozialer und ethnischer Kategorien“ gefördert wurde.

Auf der Tagung wurden vielfältige Verknüpfungen von Körper, Wissen, Macht und Geschlecht im Hinblick auf Theorie- und Methodenentwicklung, aber auch hinsichtlich aktueller gesellschaftlicher Verhältnisse, sportpolitischer Umstände und biografischer Verläufe diskutiert. Die hier veröffentlichten Beiträge machen es sich zur Aufgabe, diese Verknüpfungen zu thematisieren und in ihren differenten Bezügen auszulegen.

Körperdiskurse und Körperpraxen der Geschlechterdifferenz

Michael Meuser

1 Die Soziologie und der Körper

Anfang der 1980er Jahre haben Dietmar Kamper und Christoph Wulf (1982) eine „Wiederkehr des Körpers“ diagnostiziert, allerdings nahm die Soziologie davon lange Zeit kaum Notiz. Hans Joas (1992, S. 245) hat das (vormalige) Verhältnis der Soziologie zum Körper als eine „Art theoretischer Prüderie“ bezeichnet. Der Durkheimschen Devise folgend, Soziales durch Soziales zu erklären, schien der Körper wegen seiner physischen Materialität außerhalb des soziologischen Fokus zu liegen. Inzwischen hat sich jedoch die Einsicht durchgesetzt, dass der Körper in einer doppelten Weise gegeben ist: als Einheit von physischer Materialität und kultureller Formung. Die „theoretische Prüderie“ ist einem ‚Körperboom‘ gewichen; nach dem „linguistic“ und dem „iconic turn“ wird nun ein „body turn“ (Gugutzer 2006) diagnostiziert.

Wie ist der Körper zu einem Thema der Soziologie geworden? Zwei, zum Teil aufeinander bezogene Diskurse sind hierfür von besonderer Bedeutung: der feministische Diskurs und der Diskurs der Postmoderne (Gugutzer, 2004, S. 40ff.)[1]. Der Feminismus hat den weiblichen Körper erfolgreich zum Gegenstand sowohl politischer Auseinandersetzung als auch wissenschaftlicher Diskussion gemacht. Ziel feministischer Körperpolitik war und ist es, den weiblichen Körper männlicher Kontrolle zu entziehen (Davis, 1996). „Mein Bauch gehört mir“ – mit diesem Spruch kämpfte die Frauenbewegung in den 1970er Jahren für eine Legalisierung des Schwangerschaftsabbruchs. Barbara Duden (2008, S. 593) versteht den Körper als „Schlüsselbegriff der Frauenbewegung“. Er wurde „zum politischen ‚Kampfplatz‘ um die Autonomie des (weiblichen) Selbst“ (Villa, 2000, S. 53). Der intellektuelle Diskurs des Feminismus umfasst bekanntlich eine Vielfalt von Perspektiven und theoretischen Modellen. Im Feminismus der 1970er und 1980er Jahre gab es eine starke Position, eine (vermeintliche) weibliche Körpernähe der

---

[1] Zum Verhältnis der beiden Diskurse vgl. Fraser und Nicholson (1988).

instrumentellen Vernunft des Mannes entgegenzusetzen. Diese Position ist recht bald wegen ihres impliziten Essentialismus kritisiert worden. Sie hat aber nicht unwesentlich dazu beigetragen, die Einsicht zu etablieren, dass es neben einer kognitiven Erfahrung auch eine leibliche Erfahrung gibt (Bublitz, 2006, S. 342). Diese Einsicht geht einher mit einer Kritik des cartesianischen Dualismus von Körper und Geist. Dessen Infragestellung ist ein Grundmotiv der gegenwärtigen Körpersoziologie.

Von großem Einfluss auf die körpersoziologische Theoriediskussion ist der Ansatz der sozialen Konstruktion von Geschlecht. Dieser Ansatz begreift nicht nur das Geschlecht, sondern auch den Körper, an dem das Geschlecht festgemacht wird, als sozial konstruiert. Die soziale Konstruktion der geschlechtlichen Körper beginnt unmittelbar nach und – ermöglicht durch Verfahren der pränatalen Diagnostik – inzwischen auch schon vor der Geburt: indem die Geschlechterklassifikation auf der Basis „*sozial* vereinbarter biologischer Kriterien" (Gildemeister, 2008, S. 138; Herv. d. Verf.) erfolgt. Sie setzt sich während des gesamten Lebenslaufs in vielfältigen Praktiken fort. Einige von ihnen werden unten genauer beschrieben.

Mit der konstruktivistischen Wende in der Geschlechterforschung wurde der sozialwissenschaftliche Körperdiskurs gleichsam entnaturalisiert. Der Körper als ein in Diskursen und Interaktionen hergestellter, als in einem sozialen Sinne sinnhafter Körper – diese Perspektive wurde zunächst in geschlechtertheoretischen Arbeiten formuliert, etwa bei Judith Butler (1991) oder Stefan Hirschauer (1993). Zwar ist dieser körpertheoretische Ansatz in der Geschlechterforschung alles andere als unumstritten (Meuser, 2005), jedoch ist zu konstatieren, dass es nicht mehr möglich ist, Körpererfahrungen als vor- oder außersozial zu begreifen. Körpererfahrungen werden wie andere Erfahrungen „innerhalb einer spezifischen symbolischen Ordnung gemacht" (Maihofer, 2002, S. 6; vgl. auch Bublitz, 2006)[2]. Dies ist eine Erkenntnis, welche die Körpersoziologie in hohem Maße der Geschlechterforschung zu verdanken hat.

Der Diskurs der Postmoderne, der sich dadurch auszeichnet, dass er die dichotomen Kategorien der Moderne (gut/böse, richtig/falsch, links/rechts, Fortschritt/Reaktion, Kultur/Natur, rational/irrational, Körper/Geist) sowie die Möglichkeit universal gültiger Bewertungsstandards in Frage stellt und stattdessen Ambiguitäten und Ambivalenzen gelten lässt (Baumann, 1995; Huyssen, 1986; Junge, 2007), trifft sich mit dem feministischen in der Absage an den cartesianischen Dualismus. Die postmoderne Erkenntnistheorie bestreitet, dass der kognitive Modus der einzige ist, in dem wir die Welt erfahren (Turner 1996). Das

[2] An dieser Stelle sei exemplarisch auf die Wahrnehmungen der körperlichen Veränderungen durch pubertierende Jugendliche verwiesen (s.u.).

cartesianische „cogito, ergo sum“, das die Subjektvorstellung der okzidentalen Moderne entscheidend geprägt hat, wird als eine rationalistische Verkürzung kritisiert. Descartes Verständnis des Verhältnisses von Körper und Geist, das den philosophischen Diskurs der modernen Gesellschaft und deren Menschenbild geprägt hat, sieht ein klares hierarchisches Verhältnis vor, in dem der Geist den Körper dominiert. Den Körper begreift Descartes als ein Instrument, dessen sich der Geist bedient, um seine Ziele zu verfolgen.

Der Diskurs der Postmoderne hat wesentlich dazu beigetragen, die körperliche Dimension des sozialen Handelns in Erinnerung zu rufen. Soziales Handeln erschöpft sich nicht darin, Handlungsentwürfe in die Tat umzusetzen. Neben dem Verfolgen von Intentionen basiert soziales Handeln auf vielfältigen Habitualisierungen und inkorporierten Routinen. Wenn wir uns z. B. im Supermarkt am Ende einer Schlange anstellen, tun wir dies gewöhnlich nicht, weil wir uns explizit dazu entschieden haben, sondern weil wir es gewohnt sind. Für die soziologische Handlungstheorie ergibt sich hieraus die Konsequenz, den Körper systematisch als eine Dimension einzubeziehen, die nicht minder bedeutsam ist als die kognitive (Meuser, 2004; 2006).

Der feministische Diskurs erweitert die postmoderne Kritik des cartesianischen Dualismus, indem er darauf hinweist, dass im Geschlechterdiskurs der bürgerlichen Gesellschaft die Unterscheidung von Frau und Mann an die Opposition von Körper und Geist angeschlossen wird und dass dadurch das hierarchisch strukturierte Geschlechterverhältnis eine kulturelle und philosophische Legitimierung erfährt: Der in ihrer Körperlichkeit ‚gefangenen‘ Frau steht der das Allgemeine der Vernunft repräsentierende Mann gegenüber (Butler, 1991, S. 31).

Der Diskurs der Postmoderne betont des Weiteren, dass der Körper ab dem letzten Drittel des 20. Jahrhunderts einen Bedeutungswandel erfährt. Er ist nicht mehr – als hart arbeitender Körper – ein Instrument in der industriellen Produktion, das durch Disziplinarmaßnahmen in deren Strukturen eingepasst werden muss, z. B. an den Rhythmus des Fließbandes. Vielmehr wird er zum Objekt und zum Medium kultureller Inszenierungen, zur Projektionsfläche der Selbstpräsentation der Individuen. Events wie die Loveparade oder der Christopher Street Day sind augenfällige Beispiele. Die ‚richtige‘ körperliche Selbstdarstellung entscheidet in wachsendem Maße über Erfolge bzw. Misserfolge in privaten wie beruflichen Kontexten. An Barrack Obamas Erfolg und Popularität hat seine (mediale) Körperpräsenz einen nicht geringen Anteil (Haltern, 2009). Doch nicht nur Spitzenpolitiker und -politikerinnen sind den Ansprüchen körperlicher Selbstdarstellung unterworfen. Tendenziell trifft dies alle Gesellschaftsmitglieder: nicht mehr nur Frauen, sondern auch Männer, nicht mehr nur junge, sondern auch alte Menschen. „Successful ageing“ lautet ein postmoderner Imperativ (Featherstone & Hepworth, 1991; Schroeter, 2008). Von Männern fordert dieser u. a. sexuelle Fit-

ness, definiert als Erektionsfähigkeit, bis ins (hohe) Alter. Vor diesem Hintergrund wird der kommerzielle Erfolg von Sildenafil (Viagra) deutlich: als eine vergeschlechtlichte Technologie des Männerkörpers (Mamo & Fishman, 2001; Marshall & Katz, 2002).

Der feministische und der postmoderne Diskurs bilden den intellektuellen Rahmen der neuen Aufmerksamkeit für den Körper, die Popularität des Themas ist allerdings kein bloß diskursiver Effekt. Wenn es stimmt, dass wir in einer „Inszenierungsgesellschaft" (Willems, 1998) leben, dann kommt dem Körper eine hervorgehobene Bedeutung zu. Der Körper wird zur bevorzugten Projektionsfläche dessen, was Erving Goffman (1959) als „impression management" bezeichnet hat. Die „presentation of self in everyday life" erfolgt in wachsendem Maße als eine theatrale Inszenierung des Körpers. Als Folge dieser Bedeutungsaufwertung wird den Akteuren der Tendenz nach eine hoch aufmerksame, reflexive Zuwendung auf den eigenen Körper abverlangt. In den Körper und dessen Erscheinung muss investiert werden. In geschlechtersoziologischer Perspektive ist bemerkenswert, dass die Männer verstärkt in diesen Prozess involviert sind.

So betrachtet, drängt sich der Körper der Soziologie als Untersuchungsgegenstand geradezu auf. Die gegenwartsdiagnostische Dimension kommt auch in der folgenden geschlechtersoziologischen Betrachtung des Körpers zum Tragen.[3] Diese ist in die folgenden Punkte untergliedert, welche die zentralen Fragestellungen der gegenwärtigen Diskussion und Forschung zum Verhältnis von Körper und Geschlecht widerspiegeln:

- korporale Materialiät und soziale Konstruktion von Geschlecht;
- kulturelle Codierung des Geschlechtskörpers;
- inkorporiertes Geschlechtswissen;
- postmoderne Neucodierungen des Geschlechtskörpers.

2 Korporale Materialität und soziale Konstruktion von Geschlecht

Nichts verbürgt das Geschlecht, das man ist, mehr als der Körper, den man hat. Ob Frau, ob Mann – ‚das sieht man doch'. Aber was sieht man? Gewöhnlich nicht den nackten Körper, schon gar nicht die primären Geschlechtsmerkmale, die gemeinhin als ultimativer ‚Geschlechtsbeweis' gelten. Man sieht bekleidete, kulturell geformte Körper. Die Kleidung ist nur eine Dimension der kulturellen Formung. Die Art, das Haar zu tragen, die Benutzung von Kosmetika, die Accessoires, mit denen man sich umgibt, eine bestimmte Art, den Körper zu bewegen – all dies sind Dimensionen der kulturellen Formung des Körpers. Die Wahrnehmung des auf

[3] Der Beitrag stellt die Wiederveröffentlichung einer früheren Publikation des Autors dar (Aulenbacher, Meuser & Riegraf, 2010, Kapitel 7).

diese Weise kulturell erzeugten Körpers ist die Basis von Geschlechtszuschreibungen. Doch Geschlechtszuschreibung ist – zumindest in der okzidentalen Moderne – Genitalzuschreibung, wie Suzanne Kessler und Wendy McKenna (1978) in ihrer wegweisenden Arbeit zur sozialen Konstruktion von Geschlecht herausgestellt haben. Wir ‚wissen', dass jemand, die einen Rock trägt, eine Handtasche umhängen hat und deren Gesicht geschminkt ist, eine Vagina hat und jemand, der mit ‚männlichen' Attributen daherkommt, einen Penis. Noch das vermeintliche Hintertreiben dieses Wissens, die Travestie, funktioniert nur auf dessen Basis, weil die kulturellen Geschlechtszeichen und die (vermuteten) körperlichen Merkmale – denn wir sehen ja nicht, was der Transvestit ‚darunter' hat – zusammenpassen.

Der Körper gilt gewöhnlich als der stärkste ‚Beweis' des Geschlechts – für ego wie für alter. Körperwahrnehmung und Geschlechtswahrnehmung lassen sich analytisch unterscheiden, im Alltag sind sie untrennbar miteinander verknüpft. Die physische Materialität macht den Körper zu einem Fluchtpunkt, der sich einer vollständigen Dekonstruktion der Geschlechtergrenzen zu widersetzen scheint.

Stefan Hirschauer (1993) hat gezeigt, dass sich dies in aller Klarheit dort beobachten lässt, wo auf den ersten Blick eine Dekonstruktion der Geschlechtsgrenzen stattfindet, wo die enge Kopplung von Geschlecht und Körper außer Kraft gesetzt zu sein scheint: am Fall des sog. Geschlechtswechsels von Transsexuellen. Transsexuelle Menschen berichten häufig, ihr Körper passe nicht zu dem Geschlecht, dem sie sich selbst zugehörig fühlen. Der Wunsch vieler Transsexueller nach einer operativen Umwandlung der primären Geschlechtsmerkmale verweist auf die hohe kulturelle Bedeutung, die dem Körper als geschlechtliche Sinnressource zukommt. Als Mann bzw. als Frau können sich die meisten Menschen nur fühlen, wenn sie einen ‚männlichen' bzw. einen ‚weiblichen' Körper haben. Hirschauer (1993, S. 288) bezeichnet die operative ‚Heilung' der Inkongruenz von materiellem Körper und Geschlecht als „Normalisierungstribut, den Transsexuelle entrichten", um sich ihres Geschlechts gewiss zu sein. Auf diese Weise stützen sie die ‚natürliche' Geschlechterordnung.

Das in der modernen Gesellschaft fest verankerte Wissen darum, dass das Geschlecht eines Menschen in dessen (biologischem) Körper lokalisiert ist, macht es jedoch nicht überflüssig, den Körper von Männern und Frauen unterschiedlich zu gestalten: gemäß einer Geschlechtstypik, die den sozialen Status von Männern und Frauen spiegelt. Das reicht von der Kleidung über die Haartracht bis hin zu buchstäblich ‚unter die Haut' gehenden Eingriffen der kosmetischen Chirurgie. Das Vertrauen in die Beweiskraft der (‚natürlichen') Physis scheint begrenzt zu sein. Gerade weil der Körper als der stärkste ‚Geschlechtsnachweis' gilt, ist es wichtig, ihn ‚stimmig' zu präsentieren, so dass er die Geschlechtszugehörigkeit in eindeutiger Weise verbürgt. Die Individuen entwickeln Körperstrategien, „so-

ziosomatische Praxen“ (Hirschauer, 1989, S. 111), um – für die anderen und sich selbst – ein eindeutiger geschlechtlicher Körper zu sein. Das Unverständnis und die Abwehr, die Queer-Strategien entgegenschlagen, sind eine Reaktion auf die Absicht, die Eindeutigkeit aufzulösen. Das dekonstruktivistische Spiel mit den Geschlechtszeichen wird von den meisten nicht als befreiend wahrgenommen; es macht Angst.

Geschlechtlichkeit und Körperlichkeit stehen, dies hat die konstruktivistische Geschlechterforschung gezeigt, in einem engen wechselseitigen Verweisungszusammenhang. Darüber besteht in der Geschlechterforschung Konsens. Wie dieser Zusammenhang zu entschlüsseln ist, ist jedoch Gegenstand grundlegender Kontroversen. Gibt es einen geschlechtlichen Körper vorab des *doing gender*, unabhängig von den sozialen Gebrauchsweisen des Körpers im alltäglichen Handeln? Oder ist der geschlechtliche Körper durch und durch ein diskursiver und interaktiver Effekt? Könnten wir den Körper auch ganz anders geschlechtlich konstruieren, als wir dies im Rahmen einer langen kulturellen Tradition zu tun gewohnt sind? Könnten wir gar ganz darauf verzichten, den Körper mit einer geschlechtlichen Bedeutung zu versehen? Oder sind der kulturellen Konstruktion Grenzen gesetzt, die in der physischen Materialität des Körpers begründet liegen? Können wir einen Begriff von Geschlecht entwickeln, der nicht auf körperliche Phänomene wie Samenerguss, Menstruation, Gebärfähigkeit u. a. bezogen ist? Anders gewendet: Können wir solche Phänomene in einer anderen als einer geschlechtlichen Begrifflichkeit wahrnehmen und beschreiben? Vermutlich nicht. Butler, gewissermaßen die ‚Kronzeugin‘ einer diskursiven Konstruktion des Körpers (Butler, 1991), bemerkt in einer neueren Arbeit, die Geschlechterdifferenz sei weder völlig gegeben noch völlig konstruiert, sondern beides. Die Frage nach dem Verhältnis von Biologischem und Kulturellem müsse immer wieder gestellt werden, eine endgültige Antwort sei aber nicht zu erwarten (Butler, 2004, S. 185f.). Vermutlich ziehen die Unterschiede der reproduktiven Funktionen von Frauen- und Männerkörpern zwangsläufig soziale Sinnanschlüsse nach sich. Welcher Sinn angeschlossen wird, ist damit nicht determiniert. Es ist jedoch keine Kultur bekannt, die auf eine Unterscheidung nach Geschlechtern verzichtet und deren Geschlechterklassifikation nicht auf die reproduktiven Unterschiede Bezug nimmt. Den primären Geschlechtsmerkmalen wird wegen ihrer reproduktiven Funktion ein anderer Stellenwert zugeschrieben als sonstigen körperlichen Merkmalen (z. B. der Haarfarbe). Sie erzwingen gewissermaßen eine andere Aufmerksamkeit. Weil sie „den Geschlechtsunterschied verdichten“, sind die Geschlechtsorgane, so Pierre Bourdieu (1997a, S. 174), dazu „prädestiniert, ihn zu symbolisieren“. Die physische Materialität der Körper ermöglicht es der sozialen Konstruktion von Geschlecht, auf eine außersoziale Gegebenheit zu verweisen, mit dem Effekt, dass die soziale Konstruiertheit unsichtbar wird. Der „*biologische* Unterschied zwi-

schen dem männlichen und dem weiblichen Körper und ganz besonders der *anatomische* Unterschied zwischen den Sexualorganen“ *erscheinen* „als unanfechtbare Rechtfertigung des gesellschaftlich konstruierten Unterschieds zwischen den Geschlechtern“ (Bourdieu, 1997a, S. 169; Herv. i.O.). Die sich anschließenden sozialen Unterscheidungen müssen freilich nicht diejenigen sein, die die Geschlechterordnungen moderner Gesellschaften kennzeichnen. „Etwas organisatorischer Aufwand wäre nötig, wenn auch unter modernen Bedingungen nicht allzu viel, wollte man spürbare soziale Folgen dieser körperlichen Gegebenheiten verhindern“ (Goffman 1994, S. 106).

Der Umstand, dass die soziale Konstruktion von Geschlecht den physischen Dimorphismus nicht ignorieren kann, ist freilich nur die eine Seite der Medaille. Die andere besteht darin, dass wir den eigenen Körper nicht außerhalb einer bestimmten symbolischen Ordnung erfahren können. Körperliche Veränderungen während der Pubertät werden von Jungen und Mädchen nicht nur wegen der anatomischen Unterschiede des männlichen und des weiblichen Körpers unterschiedlich erfahren. Gleichermaßen von Bedeutung ist, dass die erste Regelblutung kulturell anders gerahmt ist als der erste Samenerguss (Kolip, 1997, S. 81ff., S. 114ff.). Jene ist in der abendländischen Kultur deutlich stärker ambivalent besetzt als dieser. Während der erste Samenerguss als Ausdruck neuer Potenzen erfahren wird, wird die erste Menstruation „primär als Hygieneproblem verhandelt“ (Flaake, 1998, S. 51). Die Sozialordnung der Zweigeschlechtlichkeit – einschließlich der diese Ordnung kennzeichnenden Hierarchisierungen – ist der Rahmen subjektiver Körpererfahrung. Die „subjektive fühlbare Realität“ (Villa, 2000, S. 182), die der Körper ist, ist eine materiale *und* symbolische Realität. Die Geschlechterdifferenz hat ihre eigene somatische Kultur. Dieser Begriff bezeichnet „Kodes der guten Sitten für den Umgang mit dem Körper, der tief verinnerlicht und allen Mitgliedern einer bestimmten sozialen Gruppe gemeinsam ist“ (Boltanski, 1976, S. 154f.). Diese Kodes gelten gleichermaßen für das Erleben des eigenen und die Wahrnehmung des fremden Geschlechtskörpers wie für körpergebundene Geschlechtsdarstellungen.

3 Kulturelle Codierung des Geschlechtskörpers

Die kulturelle Codierung des Geschlechtskörpers ist insbesondere in Studien, die den populären wie den wissenschaftlichen Geschlechterdiskurs der modernen Gesellschaft zum Gegenstand haben, thematisiert worden (Frevert, 1995; Honegger, 1991; Laqueur, 1992; List, 1993). Demzufolge ist die somatische Kultur der Geschlechterdifferenz gemäß den polaren Schemata strukturiert, die das Verhältnis der Geschlechter in der Moderne bestimmt haben und die nur langsam an Bedeutung zu verlieren beginnen. Es sind die bekannten Polaritäten von Kultur versus

Natur, Geist versus Körper, Rationalität versus Affektivität, Aktivität versus Passivität usw. Die Konstruktion des männlichen Körpers als leistungsfähiger, physisch effektiver und räumlich expansiver Körper, des weiblichen als ästhetischer, empfindsamer und sich zurücknehmender Körper folgt der Logik dieser Polaritäten. Die geschlechtlichen Körper stehen in einem Verhältnis der Hierarchie zueinander, das sich als sehr robust erweist.

Ein Merkmal dieser Hierarchie ist, dass (kulturelle) Körperlichkeit geschlechtlich ungleich verteilt ist. In der modernen bürgerlichen Gesellschaft war (und ist) es primär der weibliche Körper, dem Aufmerksamkeiten ganz unterschiedlicher Art zuteilwerden – ästhetische und kontrollierende, anerkennende und abwertende. In der Rede vom ‚schönen Geschlecht' ist die Assoziation von Weiblichkeit mit Körperlichkeit in metaphorisch verdichteter Form festgehalten. Zugleich wird der weibliche Körper pathologisiert. Er wird „medizinischer Gegenstand par excellence" (Foucault, 1978, S. 184). Dies setzt sich bis zur modernen Biomedizin fort (Duden, 2002; Oudshoorn, 2004). Trotz der Gleichsetzung von Körperlichkeit und Weiblichkeit repräsentierte der männliche Körper (als menschlicher Körper) die (allgemeine) Norm, gegenüber dem der weibliche Körper als Abweichung, als unvollkommenerer Körper gesehen wurde (Sobiech, 1994, S. 27).

Diese diskursive Konstruktion des weiblichen Körpers bleibt nicht folgenlos für die Wahrnehmung des Körpers durch die Subjekte. Vor dem Hintergrund der Pathologisierung des weiblichen Körpers, wie er folgenreich u. a. von der Medizin betrieben wird, wird ein Befund der Gesundheitsforschung verständlich, der zunächst widersprüchlich anmutet. Obwohl Frauen eine höhere Lebenserwartung als Männer haben und weniger von lebensbedrohenden chronischen Krankheiten betroffen sind, fühlen sie sich subjektiv kranker als Männer (Maschewsky-Schneider, 1994).

Dies alles geschieht innerhalb einer symbolischen Ordnung, in der der Mann das Allgemeine repräsentiert und die Frau das Besondere. Gegenüber dem Allgemeinen der (männlichen) Vernunft ist das Besondere nicht zuletzt durch seine Körperlichkeit bestimmt. Körperlichkeit ist sozusagen ein zentraler ‚Marker' des weiblichen Geschlechts. Der Mann erscheint als „Souverän gegenüber seinem eigenen Körper" (List, 1993, S. 132), über den er rational verfügt, die Frau wird als das ‚Andere der Vernunft' „zum Körper par excellence" (Löw, 1997, S. 455). Die geschlechtlich ungleiche ‚Verteilung' von Körperlichkeit ist ein Fundament der hierarchisch strukturierten Geschlechterdifferenz.

In der seinerzeit noch jungen Soziologie findet sich dieses Verständnis in Ferdinand Tönnies' für die Entwicklung der Soziologie höchst einflussreicher, 1887 erschienener Schrift „Gemeinschaft und Gesellschaft". Der Tönniesschen Geschlechtertheorie liegt die Differenzierung zweier Willensformen zugrunde:

Wesenwille und Kürwille. Darauf baut Tönnies seine Unterscheidung von Gemeinschaft und Gesellschaft auf. Der Wesenwille ist „das psychologische Äquivalent des menschlichen Leibes", „Prinzip der Einheit des Lebens", der Kürwille hingegen „ein Gebilde des Denkens selber, welchem daher nur in Beziehung zu seinem Urheber – das Subjekt des Denkens – eigentliche Wirklichkeit zukommt" (Tönnies, 1979, S. 73). Tönnies formuliert einen Gegensatz von natürlicher Gegebenheit und artifizieller Konstruiertheit. Und in genau diesen Gegensatz stellt er das Verhältnis von Frau und Mann hinein. Dem Wesenwillen entsprechend hat die Frau ein unmittelbares Verhältnis zu den Dingen. „Wahrhaftigkeit und Naivität, Unmittelbarkeit und Leidenschaftlichkeit" verkörpernd ist sie der „in jedem Bezug natürlichere Mensch" (Tönnies, 1979, S. 127). Der vom Kürwillen geprägte Mann hingegen ist in seinem planvollen Handeln der künstliche Mensch.

Es sind jedoch nicht nur die wissenschaftlichen Theorien und die kulturellen Deutungsmuster, die den Mann gleichsam ‚entkörpern'. Die alltägliche Praxis der Geschlechtsdarstellung ist ebenfalls daran beteiligt. Sinnfällig wird dies etwa anhand der nach Geschlecht unterschiedlichen Art, sich zu kleiden. Folgt man kulturhistorischen Studien zur Mode und Kleidung im 19. Jahrhundert, dann sind Schönheit und Mode weiblich konnotiert. Nicht der Mann hat schön zu sein, sondern die Dinge und Menschen, die ihn umgeben. Das bürgerliche Männerkleid entzieht sich dem Modediktat. Mode verweist auf den Körper und auf Geschlechtlichkeit, sie wurde im 19. Jahrhundert zum Inbegriff der Weiblichkeit. Wenn auch die Frauenkleider die weibliche Haut vielfach verbargen, so blieben die Körperformen doch sichtbar, während sich unter dem dunklen Sakko der Männer deren Körper nur mehr erahnen ließ. Die männliche Kleidung sollte die Bewegungsfreiheit des Trägers nicht behindern. Alle Hinweise auf die sexuelle Potenz des Mannes waren getilgt (Brändli, 1996).

Bourdieu (1997b, S. 229) zufolge ist in der gegebenen Geschlechterordnung „die Frau als symbolisches Objekt konstituiert, dessen Sein (esse) ein Wahrgenommen-Sein (percipi) ist". Objekt der Wahrnehmung – durch Männer, aber auch durch Frauen – ist vor allem der weibliche Körper. Mehr als beim Mann ist Attraktivität bei der Frau an die physische Erscheinung gebunden – und an deren Bewertung durch den Mann (Flaake, 1998). Dass Macht ‚sexy' macht, gilt trotz aller Veränderungen im Geschlechterverhältnis für Frauen deutlich weniger als für Männer. Vor diesem Hintergrund ist es verständlich, dass sich (bislang) Frauen weitaus häufiger als Männer um eine ästhetische Perfektionierung ihres Körpers bemühen und bereit sind, (viel) Geld und Zeit dafür zu investieren. Frauen nutzen Möglichkeiten der Körpermanipulation und -korrektur – von Kosmetikprodukten über Diäten bis hin zu kosmetischer Chirurgie – mehr als Männer (Ensel, 1994; Franckenstein, 1994). Allerdings holen die Männer in jüngster Zeit kräftig auf. Dull und West (1991) haben gezeigt, dass sowohl unter Ärzten

und Ärztinnen als auch unter Patienten und Patientinnen die Überzeugung vorherrscht, kosmetische Chirurgie sei etwas Natürliches für Frauen, nicht aber für Männer. Die enge Assoziation von Weiblichkeit und Körperlichkeit lässt korrigierende Eingriffe in den Körper der Frau als deren legitimes Recht erscheinen. Insoweit von Frauen erwartet wird, dass sie ihr „impression management" vor allem über den Körper betreiben, werden ihnen Körpermanipulationen zugestanden, die bei Männern (bislang) verpönt sind.

Der Frauenkörper ist traditionell einem wesentlich größeren Repertoire an sozialen Vorschriften ausgesetzt als der Männerkörper. Schönheitsgebote gelten vor allem für Frauen. Frauen werden angehalten, sich mit den Medienbildern der idealen Frau zu vergleichen. Massenmediale Thematisierungen des weiblichen Körpers in Frauenzeitschriften und in jüngster Zeit auch in Inszenierungen der plastischen Chirurgie in TV-Sendungen wie „The Swan" oder „Extrem schön!" machen den Körper der Frau zu einem „öffentlichen Ort" (Duden, 1991). Sie vermitteln die Botschaft, dass nur diejenige eine richtige Frau ist, die den richtigen Körper hat, und dass es jede Frau schaffen kann, eine solche zu werden, wenn sie nur hart und konsequent daran arbeitet, den ‚richtigen' Körper herzustellen. Weibliche Identität wird an (harte) Körper-Arbeit gebunden, der Körper im Extremfall zu einem beliebig manipulierbaren Stoff (Villa, 2008a).

4 Inkorporiertes Geschlechtswissen

Die kulturelle Codierung des Körpers bleibt diesem nicht äußerlich. Nicht nur in Form von chirurgischen Eingriffen geht Geschlecht gleichsam ‚unter die Haut'. Dies ist in dem Sinne zu verstehen, wie auch andere soziale Zugehörigkeiten (insbesondere Klassen-, Milieu- und ethnische Zugehörigkeit) sich in die Körper einschreiben. Bourdieu hat dies mit dem Konzept des Habitus vor allem mit Blick auf die Klassenzugehörigkeit dargelegt. Den sozialisierten Körpern eignet eine spezifische Gerichtetheit, eine Disposition, die weitgehend in Einklang mit den kulturellen Codierungen und Normen steht. „Männlichkeit und Weiblichkeit werden wesentlich dadurch erlernt, dass die Geschlechterdifferenz in Form einer bestimmten Weise, zu gehen, zu sprechen, zu stehen, zu blicken, sich zu setzen usw., den Körpern (vor allem durch die Kleidung) eingeprägt wird" (Bourdieu, 2001, S. 181). Nancy Henley (1988, S. 205) berichtet von einer Studie über „Zusammenstoß-Vermeidungsstrategien an einem Fußgängerüberweg". Ein Ergebnis dieser Studie ist, „dass Frauen an anderen in einer ‚verkrampften' Art vorübergehen, d.h. ihren Körper von anderen fortdrehen. Männer neigen dazu, in einer ‚offenen' Haltung an anderen vorüberzugehen, d.h. ihren Körper anderen zuzuwenden." Diese Unterschiede sind nicht das Resultat bewusster Entscheidungen. Hier sind vorbewusste Handlungs- und Bewegungsroutinen am Werke, in de-

nen sich ein inkorporiertes Geschlechtswissen geltend macht. Hier dokumentiert sich eine „tiefinnere Verwachsenheit des sozialisierten Körpers mit dem sozialen Körper, der ihn geschaffen hat" (Bourdieu, 2001, S. 185f.).

Die ständige Wiederholung körperlicher Routinen formt einen Körper, der ‚mächtiger' ist als der rationale Verstand. Bemühungen um eine Veränderung tradierter Geschlechterverhältnisse scheitern auf der Ebene des Alltagshandelns häufig daran, dass die Gewohnheiten, die es zu überwinden gilt, in körperlichen Routinen habitualisiert sind. Die in Paarbeziehungen immer wieder zu beobachtende Tendenz, dass Frauen Hausarbeiten selbst verrichten, für die laut Absprache der Mann zuständig ist, hat mit der vorreflexiven Gerichtetheit der (geschlechtlich) sozialisierten Körper zu tun (Kaufmann, 1996). Der Körper handelt gewissermaßen schneller, als der Verstand in der Lage ist, die Konsequenzen für das verabredete Geschlechterarrangement zu ermessen. Weil die Frauen es gelernt haben und gewohnt sind, aufzuräumen, zu spülen, zu waschen, zu bügeln, können sie es besser und müheloser als die in diesen Dingen oft unbeholfenen Männer und tun es dann auch. Sie verfügen über einen Vorsprung an inkorporiertem Wissen, das sich, so Kaufmann, als „negatives Kapital" erweist. Das Ganze spielt sich ab „in der Welt der Gesten, der Antriebe, im Schweigen der Gewohnheiten" und wird deshalb „von den Akteuren kaum wahrgenommen" (Kaufmann, 1996, S. 261), was die Wirkung verstärkt.

Ein Feld, auf dem sich gut beobachten lässt, wie sich die Geschlechterdifferenz in die Körper einschreibt, sind die unter Männern ausgetragenen ernsten Spiele des Wettbewerbs, in denen Bourdieu (1997a, S. 203) zufolge der männliche Habitus geformt wird. Diese Spiele reichen vom verbalen Wettstreit bis zu gewaltsamen Auseinandersetzungen. Viele von ihnen, auch solche unterhalb der Gewaltschwelle, beinhalten, dass die Akteure den eigenen Körper riskieren. Dies kennzeichnet vor allem die Spiele männlicher Jugendlicher. Diese erwerben ein inkorporiertes Wissen um die Logik der ernsten Spiele des Wettbewerbs, und sie lernen es, den Wettbewerb selbst zu lieben. Ein Besucher von Hardcore-Konzerten beschreibt den dort praktizierten Tanzstil, eine permanente Kollision sich gegenseitig rempelnder Körper, mit den Worten „ey, geht voll in die Fresse" und spricht in diesem Zusammenhang von „positiven Energien" (Inhetveen, 1997, S. 235). In ähnlicher Weise erfahren Jungen die auf Schulhöfen und andernorts alltäglich zu beobachtenden Raufereien und Prügeleien. Sie selber sprechen von „Spaßkloppe". Das Spaßprügeln kann man begreifen als in den Bewegungen des Körpers fundiertes praktisches Erkennen des kompetitiven Modus der Herstellung und Darstellung von Männlichkeit. Dies erfolgt weitgehend in einem präreflexiven Modus. In den körperriskanten Praktiken erwerben die Akteure ein inkorporiertes Wissen um die Logik der ernsten Spiele des Wettbewerbs. Auf diese Weise eignen sie sich eine geschlechtstypische Position im sozialen Raum an (Meuser, 2006).

5 Postmoderne Neucodierung des Geschlechtskörpers

So wie insgesamt die Geschlechterverhältnisse in Bewegung gekommen sind, so beginnt auch die geschlechtliche Codierung der Körper ihre vormalige polare Eindeutigkeit zu verlieren. Dies geschieht in zweifacher Weise: durch eine Ästhetisierung des männlichen Körpers und durch die Irritationen, die das heteronormativ-dichotome Körperverständnis durch queer-Strategien erfährt. Das eine findet innerhalb des gesellschaftlichen Mainstreams statt, das andere bleibt in der Regel auf Nischenkulturen begrenzt.

In der Inszenierungsgesellschaft erfährt der Körper generell eine Bedeutungsaufwertung. Besonders augenfällig aber ist, dass, wie die Männlichkeitsforschung zeigt, der Körper des Mannes davon nicht ausgespart bleibt. Die soziologische Bedeutung dessen erschließt sich vor dem Hintergrund der skizzierten Tradition der okzidentalen Moderne, Körperlichkeit mit Weiblichkeit zu identifizieren, den Mann hingegen zu ‚entkörpern'. Auf diese Tradition anspielend schreibt Thomas Laqueur (1992, S. 36), es sei wahrscheinlich nicht möglich, „eine Geschichte des männlichen Körpers und seiner Freuden zu schreiben, weil die historische Überlieferung in einer Kulturtradition zustande kam, in der eine solche Geschichte nicht nötig war." Setzt sich die gegenwärtig zu beobachtende Tendenz einer Ästhetisierung des männlichen Körpers fort, werden künftig HistorikerInnen ein reichhaltiges Material finden, auf deren Basis sie eine Kulturgeschichte des männlichen Körpers im 21. Jahrhundert schreiben könnten.

Die Massenmedien haben den männlichen Körper als (lukratives) Thema entdeckt. Zum einen erfährt der Blick auf den nackten männlichen Körper eine zunehmende Enttabuisierung. Sorgte in den 1980er Jahren ein Werbeplakat, das zum ersten Mal einen nackten Männerkörper zeigte, noch für Aufregung, so sind heute teilweise oder gänzlich unbekleidete Männer in der Werbung allgegenwärtig (Zurstiege, 2001). Insbesondere in der Bewerbung von Kosmetika für Männer lässt sich dies beobachten. Damit werden öffentliche Körperstandards gesetzt, zu denen sich die realen Männerkörper ins Verhältnis setzen können und in wachsendem Maße auch müssen.

Zum anderen hat sich die Produktion von Körperwissen, deren Zielgruppe Männer sind, ungemein erhöht. Dies geschieht vor allem in Zeitschriften der Fitnesskultur („fit for fun") und in Lifestyle-Magazinen für Männer („Men's Health", „GQ") (Meuser, 2001). In diesen Magazinen ist der den Geboten der Fitness und der Ästhetik unterworfene männliche Körper ein zentrales Thema. Sozialpsychologische Untersuchungen aus den siebziger Jahren, wie Männer und Frauen ihren Körper wahrnehmen, zeigen, dass Männer ihren Körper primär in der Dimension von Aktivität und Funktionalität wahrnehmen und Frauen den ihren in einer ästhetischen Dimension (Mishkind, Rodin, Silberstein & Striegel-Moore, 1987,

S. 41). Dies hat sich geändert. Die Sorge des Mannes um seinen Körper richtet sich nicht mehr nur auf dessen Funktionieren. Männlichkeit erscheint nun auch als eine Frage des ‚richtigen‘ sowie des richtig präsentierten Körpers. Hierzu muss der Körper (bzw. müssen bestimmte Partien desselben) gezielt bearbeitet und gestaltet sowie mit den geeigneten Accessoires ausgestattet werden. Die Botschaft lautet, dass ein im Sinne der medialen Vorgaben systematisch gestalteter Körper nicht nur das Selbstwertgefühl und die allgemeine Attraktivität des Mannes erhöht, sondern auch äußerst hilfreich, wenn nicht unbedingte Voraussetzung ist, um in sämtlichen Lebensreichen – intimen wie öffentlichen, privaten wie beruflichen – erfolgreich zu handeln. Der Druck, dem propagierten Ideal eines schlanken und zugleich kräftigen Körpers zu entsprechen, wächst (Grogan & Richards, 2002; Hofstadler & Buchinger, 2001, S. 235ff.).

Die Ästhetisierung des männlichen Körpers beinhaltet Praktiken, die bislang als den Frauen vorbehalten galten: Enthaarung des gesamten Körpers, Mani- und Pediküre, Gesichtsmasken, Benutzung von Augenbrauenstiften und vieles mehr. Auch lässt sich ein deutlicher Zuwachs der Nachfrage nach kosmetischer Chirurgie durch Männer feststellen, ebenfalls eine Zunahme von Essstörungen. Der Mann muss, so scheint es, nicht weniger als die Frau in seine körperliche Attraktivität investieren, um Beachtung bei den Angehörigen des anderen Geschlechts zu erlangen. Den Zumutungen eines perfekten Körpers ausgesetzt zu sein scheint nicht länger das durchaus zweifelhafte Privileg von Frauen zu sein. Sich diesen Zumutungen zu unterwerfen, muss freilich der Aufrechterhaltung männlicher Hegemonie nicht entgegenstehen. Kathy Davis (2002) meint, ein Mann, der sich einer kosmetischen Operation unterzieht, verletze die Norm der rationalen, entkörperten Männlichkeit und zeige ein Verhalten, das in unserer Kultur als weiblich gelte. Er handelte wie eine Frau. Gegen diese Einschätzung lässt sich einwenden, dass es nicht zuletzt mächtige, jeglicher ‚Effeminierung‘ unverdächtige Männer sind, die ihr körperliches Erscheinungsbild mittels plastischer Chirurgie einem gewünschten Ideal anpassen lassen. Silvio Berlusconi, von dem es heißt, seine Gesichtshaut sei geliftet und seine Kopfbehaarung implantiert, ist ein prominentes Beispiel. In einem nicht unerheblichen Sinne verbleibt die neue männliche Körper(oberflächen)gestaltung in einem traditionell männlich konnotierten Rahmen. Das Körperverständnis ist ein zutiefst instrumentalistisches.

Auch wird die Geschlechterdifferenz durch die Ästhetisierung des männlichen Körpers nicht nivelliert. Dem steht die folgende Beobachtung entgegen: Das den Frauen massenmedial vermittelte Körperwissen enthält die Botschaft, jede Frau *müsse* an ihrem Körper arbeiten, um als ‚richtige‘ Frau anerkannt zu werden. Den Männern wird signalisiert, sie benötigten den ‚richtigen‘ Körper, um Erfolg zu haben, nicht aber, dass sie Gefahr liefen, ihre Männlichkeit zu verlieren, sollten sie den Idealkörper verfehlen. Die Deutungsmuster weisen einen feinen, aber nicht

unerheblichen Unterschied auf: ‚Richtige' Frauen haben *vor allem* einen ‚richtigen' Körper. ‚Richtige' Männern haben *unter anderem* einen ‚richtigen' Körper. Die ästhetisierende Aufwertung des männlichen Körpers impliziert keine Reduktion des Mannes auf den Körper.

Gleichwohl verweist sie auf Veränderungen in den Geschlechterverhältnissen. Diese betreffen nicht nur die heterosoziale Dimension. Der Körper spielt eine wachsende Rolle auch in der homosozialen Dimension. Er ist zum „Schauplatz der Rangordnungskämpfe und Machtverteilungen zwischen Männern geworden" (Hofstadler & Buchinger, 2001, S. 248). Über ihn lassen sich Distinktionsgewinne gegenüber anderen Männern erzielen. Er wird in einer anderen Weise als in den oben erwähnten körperriskanten Praktiken zu einem Einsatz in den ernsten Spielen des Wettbewerbs.

Der Verlust von Eindeutigkeit, welche die geschlechtliche Codierung der Körper durch die skizzierten Veränderungen des männlichen Körperverständnisses erfährt, bewegt sich auf der Ebene von für die Postmoderne typischen theatralen Inszenierungen. Diese begnügen sich mit der Oberfläche des Körpers, die es angemessen herzurichten gilt.

Die beschriebenen Formen der Neucodierung verbleiben ferner innerhalb der heterosexuellen Matrix. Andere, geschlechter- und sexual*politisch* motivierte Versuche kritisieren die Ordnung der „Zwangsheterosexualität" (Rich, 1980) und das darin enthaltene dichotome Körperverständnis. Diese von der queer-Kultur (Hark, 2008) formulierte Kritik, hat Vorläufer im Diskurs der Homosexualität zu Beginn des 20. Jahrhunderts. Markus Hirschfeld hatte eine Theorie der sexuellen Zwischenstufen entwickelt, mit der er die binäre Polarität von weiblichen und männlichen Körpern aufzubrechen versuchte (Lautmann, 2002, S. 394f.). Gegenwärtig gehen Provokationen des binären Körperschemas vor allem von intersexuellen und transgeschlechtlichen Menschen aus, die sich der Sozialordnung der Zweigeschlechtlichkeit und dem darin implizierten Körperverständnis zu verweigern versuchen. Dieses Bemühen entspricht der postmodernen Tendenz zu einer „Pluralisierung und Verflüssigung von Identitäten" und einer „Auflösung bisheriger politischer und sozialer Leit-Differenzen" (Villa, 2008b, S. 262). Hier steht die Leitdifferenz von männlich- weiblich zur Disposition. Die damit verbundene Dekonstruktion des dichotomen Geschlechtskörpers hätte, so sie realisiert würde, gewiss eine radikale Neucodierung zur Folge, welche die Geschlechterordnung in ihren Grundfesten erschüttern würde. Dies ist bei der Neucodierung, die auf die Oberfläche des Männerkörpers begrenzt ist, nicht der Fall. Allerdings ist es wenig wahrscheinlich, dass die in subkulturellen Nischen beheimatete ‚queere' Körperpolitik Eingang in den gesellschaftlichen Mainstream finden wird. Das unterscheidet sie von der zuvor beschriebenen theatralen Körperaufwertung, die ihren Weg in die Massenkultur bereits gefunden hat.

Literatur

Aulenbacher, B., Meuser, M & Riegraf, B. (2010). *Soziologische Geschlechterforschung. Eine Einführung* (S. 125–140). Wiesbaden: Springer VS.

Baumann, Z. (1995). *Postmoderne Ethik*. Hamburg: Hamburger Edition.

Boltanski, L. (1976). Die soziale Verwendung des Körpers. In D. Kamper & V. Rittner (Hrsg.), *Zur Geschichte des Körpers* (S. 138–183). München: Carl Hanser.

Bourdieu, P. (1997a). Die männliche Herrschaft. In I. Dölling & B. Krais (Hrsg.), *Ein alltägliches Spiel. Geschlechterkonstruktion in der sozialen Praxis* (S. 153–217). Frankfurt am Main: Suhrkamp.

Bourdieu, P. (1997b). Eine sanfte Gewalt. Pierre Bourdieu im Gespräch mit Irene Dölling und Margareta Steinrücke. In I. Dölling & B. Krais (Hrsg.), *Ein alltägliches Spiel. Geschlechterkonstruktion in der sozialen Praxis* (S. 218–230). Frankfurt am Main: Suhrkamp.

Bourdieu, P. (2001). *Meditationen. Zur Kritik der scholastischen Vernunft*. Frankfurt am Main: Suhrkamp.

Brändli, S. (1996). „... die Männer sollten schöner geputzt sein als die Weiber". Zur Konstruktion bürgerlicher Männlichkeit im 19. Jahrhundert. In T. Kühne (Hrsg.), *Männergeschichte – Geschlechtergeschichte. Männlichkeit im Wandel der Moderne* (S. 101–118). Frankfurt am Main/New York: Campus.

Bublitz, H. (2006). Sehen und Gesehenwerden – Auf dem Laufsteg der Gesellschaft. Sozial- und Selbsttechnologien des Körpers. In R. Gugutzer (Hrsg.), *body turn. Perspektiven der Soziologie des Körpers und des Sports* (S. 341–361). Bielefeld: transcript.

Butler, J. (1991). *Das Unbehagen der Geschlechter*. Frankfurt am Main: Suhrkamp.

Butler, J. (2004). *Undoing Gender*. New York: Routledge.

Davis, K. (1996). Editorial. The Body. *European Journal of Women ,s Studies, 3*, 195–197.

Davis, K. (2002). ‚A Dubious Equality': Men, Women and Cosmetic Surgery. *Body & Society, 8*, 49–65.

Duden, B. (1991). *Der Frauenleib als öffentlicher Ort. Vom Mißbrauch des Begriffs Leben*. Hamburg: Luchterhand.

Duden, B. (2002). Entkörperung der Moderne. Zur Genese des diagnostischen (Frauen-) Körpers zwischen Nachkrieg und heute. In E. Kuhlmann & R. Kollek (Hrsg.), *Konfigurationen des Menschen: Biowissenschaften als Arena der Geschlechterpolitik* (S. 121–133). Opladen: Leske + Budrich.

Duden, B. (2008). Frauen-„Körper": Erfahrung und Diskurs (1970–2004). In R. Becker & B. Kortendiek (Hrsg.), *Handbuch Frauen- und Geschlechterforschung* (2. Aufl.) (S. 593–607). Wiesbaden: Springer VS.

Dull, D. & West, C. (1991). Accounting for Cosmetic Surgery: The Accomplishment of Gender. *Social Problems, 38*, 54–70.

Ensel, A. (1994). Chirurg – Dramaturg – Demiurg. Männliche Schöpfungsphantasien und die Herstellung von Identitäten in der schönheitschirurgischen Geschlechterbeziehung. *Zeitschrift für Frauenforschung, 12* (4), 106–114.

Featherstone, M. & Hepworth, M. (1991). The Mask of Ageing and the Postmodern Life Course. In M. Featherstone, M. Hepworth & B. S. Turner (Hrsg.), *The Body. Social Process and Cultural Theory* (S. 371–389). London: Sage.

Flaake, K. (1998). Weibliche Adoleszenz – Neue Möglichkeiten, alte Fallen? Widersprüche und Ambivalenzen in der Lebenssituation und den Orientierungen junger Frauen. In M. Oechsle & B. Geissler (Hrsg.), *Die ungleiche Gleichheit. Junge Frauen und der Wandel im Geschlechterverhältnis* (S. 43–65). Opladen: Leske + Budrich.

Foucault, M. (1978). *Dispositive der Macht*. Berlin: Merve.

Franckenstein, F. (1994). Cher – eine zwielichtige Ikone der Schönheitschirurgie. Eine medizinethnologische Betrachtung der Politik am Frauenkörper. *Zeitschrift für Frauenforschung, 12* (4), 115–124.

Fraser, N. & Nicholson, L. (1988). Social Criticism without Philosophy: An Encounter between Feminism and Postmodernism. *Theory, Culture & Society*, *5*, 373–394.

Frevert, U. (1995). *„Mann und Weib, und Weib und Mann". Geschlechter-Differenzen in der Moderne*. München: Beck.

Gildemeister, R. (2008). Doing Gender. Soziale Praktiken der Geschlechterunterscheidung. In R. Becker & B. Kortendiek (Hrsg.), *Handbuch Frauen- und Geschlechterforschung* (2. Aufl.) (S. 137–145). Wiesbaden: Springer VS.

Goffman, E. (1959). *The Presentation of Self in Everyday Life*. New York: The Overlook Press.

Goffman, E. (1994). *Interaktion und Geschlecht*. Frankfurt am Main/New York: Campus.

Grogan, S. & H. Richards (2002). Body Image. Focus Groups with Boys and Men. *Men and Masculinities, 4,* 219–232.

Gugutzer, R. (2004). *Soziologie des Körpers*. Bielefeld: transcript.

Gugutzer, R. (Hrsg.) (2006). *body turn. Perspektiven der Soziologie des Körpers und des Sports*. Bielefeld: transcript.

Haltern, U. (2009). *Obamas politischer Körper*. Berlin: Berlin University Press.

Hark, S. (2008). Lesbenforschung und Queer Theorie: Theoretische Konzepte, Entwicklungen und Korrespondenzen. In R. Becker & B. Kortendiek (Hrsg.), *Handbuch Frauen- und Geschlechterforschung* (2. Aufl.) (S. 108–115). Wiesbaden: Springer VS.

Henley, N. M. (1988). *Körperstrategien. Geschlecht, Macht und nonverbale Kommunikation*. Frankfurt am Main: Fischer.

Hirschauer, S. (1989). Die interaktive Konstruktion von Geschlechtszugehörigkeit. *Zeitschrift für Soziologie, 18*, 100–118.

Hirschauer, S. (1993). *Die soziale Konstruktion der Transsexualität. Über die Medizin und den Geschlechtswechsel*. Frankfurt am Main: Suhrkamp.

Hofstadler, B. & Buchinger, B. (2001). *KörperNormen – KörperFormen. Männer über Körper, Geschlecht und Sexualität.* Wien: Turia + Kant.

Honegger, C. (1991). *Die Ordnung der Geschlechter: Die Wissenschaften vom Menschen und das Weib*. Frankfurt am Main/New York: Campus.

Huyssen, A. (1986). Postmoderne – eine amerikanische Internationale? In A. Huyssen & K. R. Scherpe (Hrsg.), *Postmoderne. Zeichen eines kulturellen Wandels* (S. 13–44). Reinbek: Rowohlt.

Inhetveen, K. (1997). Ritual, Spiel und Vergemeinschaftung bei Hardcorekonzerten. In T. v. Trotha (Hrsg.), *Soziologie der Gewalt* (S. 235–259). Opladen/Wiesbaden: Westdeutscher Verlag.

Joas, H. (1992). *Die Kreativität des Handelns.* Frankfurt am Main: Suhrkamp.

Junge, M. (2007). Ambivalenz: Eine Schlüsselkategorie der Soziologie von Zygmunt Baumann. In M. Junge & T. Kron (Hrsg.), *Zygmunt Baumann. Soziologie zwischen Postmoderne, Ethik und Gegenwartsdiagnose* (2. Aufl.) (S. 77–94). Wiesbaden: Springer VS.

Kamper, D. & C. Wulf (1982). *Die Wiederkehr des Körpers.* Frankfurt am Main: Suhrkamp.

Kaufmann, J.-C. (1996). *Frauenkörper – Männerblicke.* Konstanz: UVK.

Kessler, S. J. & McKenna, W. (1978). *Gender. An ethnomethodological approach.* New York: Wiley & Sons.

Kolip, P. (1997). *Geschlecht und Gesundheit im Jugendalter. Die Konstruktion von Geschlechtlichkeit über somatische Kulturen.* Opladen: Leske + Budrich.

Laqueur, T. (1992). *Auf den Leib geschrieben. Die Inszenierung der Geschlechter von der Antike bis Freud.* Frankfurt am Main/New York: Campus.

Lautmann, R. (2002). *Soziologie der Sexualität. Erotischer Körper, intimes Handeln und Sexualkultur.* Weinheim/München: Juventa.

List, E. (1993). *Die Präsenz des Anderen. Theorie und Geschlechterpolitik.* Frankfurt am Main: Suhrkamp.

Löw, M. (1997). Die Konstituierung sozialer Räume im Geschlechterverhältnis. In S. Hradil (Hrsg.), *Differenz und Integration. Die Zukunft moderner Gesellschaften* (S. 451–463). Frankurt am Main/New York: Campus.

Maihofer, A. (2002). Geschlecht und Sozialisation. Eine Problemskizze. *Erwägen, Wissen, Ethik, 13* (1), 12–26.

Mamo, L. & Fishman, J. R. (2001). Potency in All the Right Places: Viagra as a Technology of the Gendered Body. *Body & Society, 7* (4), 13–35.

Marshall, B. L. & Katz, S. (2002). Forever Functional: Sexual Fitness and the Ageing Male Body. *Body &* Society, *8* (4), 43–70.

Maschewsky-Schneider, U. (1994). Frauen leben länger als Männer – Sind sie auch gesünder?. *Zeitschrift für Frauenforschung, 12* (4), 28–38.

Meuser, M. (2004). Zwischen „Leibvergessenheit" und „Körperboom". Die Soziologie und der Körper. *Sport und Gesellschaft, 1,* 197–218.

Meuser, M. (2005). Frauenkörper – Männerkörper. Somatische Kulturen der Geschlechterdifferenz. In M. Schroer (Hrsg.), *Soziologie des Körpers* (S. 271–294). Frankfurt am Main: Suhrkamp.

Meuser, M. (2006). Körper-Handeln. Überlegungen zu einer praxeologischen Soziologie des Körpers. In R. Gugutzer (Hrsg.), *body turn. Perspektiven der Soziologie des Körpers und des Sports* (S. 95–116). Bielefeld: transcript.

Mishkind, M. E., Rodin, J., Silberstein, L. R., Striegel-Moore, R. H. (1987). The Embodiment of Masculinity: Cultural, Psychological, and Behavioral Dimensions. In M. S. Kimmel (Hrsg.), *Changing Men. New Directions in Research on Men and Masculinity* (S. 37–52). Newbury Park: Sage.

Oudshoorn, N. (2004). Die natürliche Ordnung der Dinge? Reproduktionswissenschaften und die Politik des ‚Othering'. In I. Lenz, L. Mense & C. Ullrich (Hrsg.), *Reflexive Körper? Zur Modernisierung von Sexualität und Reproduktion* (S. 241–254). Opladen: Leske + Budrich.

Rich, A. (1980). Compulsory Heterosexuality and Lesbian Existence. *Signs, 5,* 631–660.

Schroeter, K. R. (2008). Korporales Kapital und korporale Performanzen im Alter: Der alternde Körper im Fokus von „consumer culture" und Biopolitik. In K.-S. Rehberg (Hrsg.), *Die Natur der Gesellschaft, Band. 2* (S. 961–973). Frankfurt am Main/New York: Campus.

Sobiech, G. (1994). *Grenzüberschreitungen. Körperstrategien von Frauen in modernen Gesellschaften.* Opladen: Westdeutscher.

Tönnies, F. (1979). *Gemeinschaft und Gesellschaft. Grundbegriffe der reinen Soziologie.* Darmstadt: Wissenschaftliche Buchgesellschaft.

Turner, B. S. (1996). *The Body and Society* (2. Aufl.). London: Sage.

Villa, P.-I. (2000). *Sexy Bodies. Eine soziologische Reise durch den Körper.* Opladen: Leske + Budrich.

Villa, P.-I. (2008a). „Endlich normal!". Soziologische Überlegungen zur medialen Inszenierung der plastischen Chirurgie. In U. Wischermann & T. Thomas (Hrsg.), *Medien – Diversität – Ungleichheit* (S. 87–103). Wiesbaden: Springer VS.

Villa, P.-I. (2008b). Poststrukturalismus: Postmoderne + Poststrukturalismus = Postfeminismus? In R. Becker & B. Kortendiek (Hrsg.), *Handbuch Frauen- und Geschlechterforschung* (2. Aufl.) (S. 262–266). Wiesbaden: Springer VS.

Willems, H. (1998). Inszenierungsgesellschaft? Zum Theater als Modell, zu Theatralität von Praxis. In H. Willems & M. Jurga (Hrsg.) (1998), *Inszenierungsgesellschaft. Ein einführendes Handbuch* (S. 23–80). Opladen/Wiesbaden: Westdeutscher.

Zurstiege, G. (2001). Im Reich der großen Metapher – Männlichkeit und Werbung. In P. Döge & M. Meuser (Hrsg.), *Männlichkeit und soziale Ordnung. Neuere Beiträge zur Geschlechterforschung* (S. 201–217). Opladen: Leske + Budrich.

Geschlechtsspezifische Körperpolitiken im Sport. Überlegungen im Anschluss an Michel Foucaults Machttheorie

Robert Gugutzer

1 Einleitung

Der moderne Sport ist ein prädestiniertes Untersuchungsfeld für vergeschlechtlichte und verkörperte Machtanalysen, da er zum einen ein dezidiert körperbasierter Gesellschaftsbereich ist, zum anderen – bedingt durch seine Entstehungsgeschichte – explizit geschlechtsspezifische Strukturen aufweist. Die geschlechtsspezifischen Strukturen des Sports sind insbesondere Macht- und Ungleichheitsstrukturen, die sich an und in den Körpern der Athletinnen und Athleten manifestieren. Die Machtstrukturen des Sports schreiben sich in die Körper der Sportlerinnen und Sportler ein, werden am Körper symbolisch dargestellt und mittels körperlicher Handlungen und Interaktionen aktualisiert, reproduziert und transformiert. Die Verschränkung von Körper, Geschlecht, Wissen und Macht ist im Sport so eng und dauerhaft wie wohl in keinem anderen gesellschaftlichen Handlungsfeld. Wie aber sieht diese Verschränkung genau aus?

Der vorliegende Beitrag[1] will eine Antwort auf diese Frage geben, indem er eine theoretisch angeleitete Analyse *geschlechtsspezifischer Körperpolitiken im Sport* präsentiert. Von Körperpolitik ist hier in Anlehnung an Michel Foucaults Begriff der „Bio-Politik" bzw. der „Bio-Macht" die Rede (vgl. Foucault, 1977). Verkürzt gesagt meint Bio-Macht bei Foucault die Disziplinierung individueller Körper und die Regulierung des Gesellschaftskörpers. Bio-Politik bezeichnet jene institutionellen Strukturen und staatlichen Mechanismen, die disziplinierend, kontrollierend, normierend, reglementierend auf die Körper von einzelnen Menschen wie auch auf die Körper von Gruppen oder die ganze Bevölkerung wirken. In Fortführung dieses Verständnisses von Bio-Politik liegt der folgenden Analyse ein Begriff von Körperpolitik zugrunde, der drei spezifische Verhältnisse von

[1] Der Beitrag ist die gründliche (sowohl gekürzte als auch erweiterte) Überarbeitung einer früheren Publikation des Autors (Gugutzer, 2011).

Körper, Subjekt und Macht integriert: Mit Körperpolitik sind erstens *Disziplinartechnologien*, zweitens *diskursive Normalisierungen und Diskriminierungen* sowie drittens *Herrschafts- und Selbsttechnologien* gemeint. Im Mittelpunkt der Auseinandersetzung mit den vielfältigen geschlechtsspezifischen Körperpolitiken des Sports stehen daher die drei Machtformen Disziplin, Diskurs und Regierung.

2 Disziplinartechnologien des Sports

Die wesentlichen Argumente Foucaults zur Machtform *Disziplin* finden sich in seinem Buch „Überwachen und Strafen. Die Geburt des Gefängnisses" (Foucault, 1976). Foucault arbeitet in diesem Buch am Beispiel der Geschichte des Gefängnisses die Entwicklung der Disziplin als einer spezifisch modernen Machttechnologie heraus. Das Gefängnis dient Foucault als exemplarische gesellschaftliche Institution, anhand derer er den Prozess nachzeichnet, in dem sich im 18. und 19. Jahrhundert Techniken der Disziplinierung und Überwachung gesellschaftsweit etablierten. Die gleiche Entwicklung ließ sich in der Schule, dem Militär, der Fabrik oder dem Krankenhaus beobachten – allesamt Institutionen, die den menschlichen Körper zum Objekt von Disziplinartechnologien machten.

Das historisch Neuartige an der Disziplin als Machttechnik war dabei, dass sie sich von einem repressiven zu einem produktiven Machtinstrument wandelte. Die Disziplin war und ist kein bloßer Unterwerfungsmechanismus, sondern eine Praktik, die Gefügigkeit mit Nützlichkeit verbindet. So heißt es bei Foucault (1976, S. 177): „Die Disziplin steigert die Kräfte des Körpers (um die ökonomische Nützlichkeit zu erhöhen) und schwächt diese selben Kräfte (um sie politisch fügsam zu machen)". Dass die Disziplin Nützliches hervorbringt, zeigt sich etwa im Militär, wo der Soldatenkörper gedrillt wird; in der Fabrik, wo körperliche Arbeit in viele einzelne Handgriffe zerlegt wird, oder in der Schule, wo der Schülerkörper ruhiggestellt wird. Das Ergebnis solcher individualisierenden Disziplinierungspraktiken, die Foucault auch als „Mikrophysik der Macht" (Foucault, 1976, S. 178) bezeichnet, da sie sich bis in die kleinsten körperlichen Bereiche des Menschen hinein erstrecken, ist jeweils etwas Produktives: militärische, ökonomische, pädagogische Effizienz und Effektivität.

Die Gleichzeitigkeit von körperlicher Unterwerfung und Produktivität ist also ein Hauptgrund für den umfassenden Erfolg der Disziplin als moderner Machttechnologie. Hinzu kommen die Einfachheit der Hauptmechanismen der Disziplinierung, die hierarchische Überwachung, die normierende Sanktionierung und die Prüfung. Am modernen Sport lässt sich all das geradezu idealtypisch beobachten[2] (vgl. zusammenfassend Tabelle 1).

---

[2] Das gilt bereits für die Vorläufer des modernen Sports, in Deutschland zum Beispiel für die Leibesübungen bei den Philanthropen. Die Leibesübungen der Philanthropen zeichneten sich

Dass es sich beim Sport um eine Institution handelt, in der Disziplinartechnologien eine wesentliche Rolle spielen, klingt bereits im Wort Sportdisziplin an. Im Sport werden Disziplinen unterschieden, und diese Disziplinen sind in einem körperlich-politischen Sinne zu verstehen: In jeder Sportdisziplin wird der Athletinnen- und Athletenkörper durch regelmäßiges Training auf spezifische und letztlich einseitige Weise trainiert, in jeder Sportdisziplin wird der Körper der Athletinnen und Athleten auf eine die Sportart kennzeichnende Norm hin geformt. Üblicherweise sind es Trainerinnen und Trainer, die das Erreichen der körperdisziplinierenden Norm überwachen und im Falle einer Abweichung negativ sanktionieren. Im Ergebnis sehen daher Sportkörper je nach Disziplin nicht nur anders aus, vielmehr sind sie auch unterschiedlich effektiv: Der Körper einer Turnerin leistet anderes als der Körper einer Marathonläuferin, der Körper eines Gewichthebers ist zu anderem fähig als der Körper eines Badmintonspielers, die Körperdisziplinierung im Schwimmen bringt einen anderen Körper hervor als jene im Hand- oder Fußball. Aus einer Machtperspektive zeigt sich daran, dass Körperdisziplinierungen im Sport keineswegs nur repressiv und negativ sind, sondern zugleich produktiv und positiv. In jedem einzelnen Fall ist das Resultat der sportartspezifischen Körperdisziplinierung ein effektiver, leistungsfähiger und in diesem Sinne nützlicher Körper.

Dass der Sport ein Disziplinarsystem ist, welches produktive Körper hervorbringt, wird besonders am Leistungs- bzw. Hochleistungssport deutlich. Der (Hoch-)Leistungssport ist ein Disziplinarsystem, das Normen setzt – Leistungsnormen. Das Disziplinarsystem des Leistungssports individualisiert Sportlerinnen und Sportler hinsichtlich ihrer körperlichen Leistungen, insofern der Einzelne nach seiner gemessenen Zeit, Weite, Höhe etc. identifiziert wird; zugleich differenziert es die Athletinnen und Athleten ebenfalls gemäß ihren Leistungen nach gut oder schlecht, gewonnen oder verloren, Erster, Zweiter, Dritter. Die Körperpolitik des organisierten Leistungssports manifestiert sich gerade in dieser Setzung von Leistungsnormen, die die Athletinnen und Athleten zu erfüllen haben, um an Sportwettkämpfen teilnehmen zu dürfen. Dass dies nicht folgenlos bleibt, zeigt sich beispielsweise in ästhetischen Sportarten oder Gewichtsklassensportarten, für die ein überdurchschnittlich hohes Aufkommen von Essstörungen kennzeichnend ist. Der Ausdruck *Anorexia Athletica* verdeutlicht dabei, dass es eine spezifisch sportbezogene Magersucht gibt. Magersucht im Sport – wie auch die deutlich häufigere Bulimie – sind körperliche Selbstdisziplinierungen, die hauptsächlich

---

durch einen engen Zusammenhang von systematischen Übungen, die auf dem vorherrschenden naturwissenschaftlichen Wissen basierten, strenger Disziplin, Überwachung und Prüfung körperlicher Leistungen aus. Das damit verbundene Bildungsziel der Philanthropen war, die Kinder zu nützlichen, gehorsamen, effizienten Staatsbürgern zu erziehen (vgl. König, 1989).

weibliche Athleten praktizieren, um den fremdgesetzten Leistungsnormen zu entsprechen.

Beispiele wie die Anorexia Athletica lassen erkennen, dass die Geschlechtsspezifik der Körperpolitiken im Sport entscheidend mit dessen normativer Ordnung zu tun hat. Die normative Ordnung des Sports ist aufgrund seiner Entstehungsgeschichte als einer Freizeitbeschäftigung für weiße Männer aus der englischen Oberschicht sehr stark männlich geprägt. Normen wurden und werden im Sport traditionell von Männern gesetzt. Beziehungsweise: Männer sind die Norm im Sport. Der Männerkörper und männliche Attribute wie Kraft, Mut, Kampf repräsentieren die herrschenden Normen im Sport. Gut sichtbar wird das an den institutionalisierten Normen des Sports, seinen Regeln. Es gibt Sportarten, deren Regelwerk für Männer und Frauen getrennt sind, wobei die Männervariante der Sportart wie selbstverständlich höhere Anforderungen stellt: Männer betreiben Zehnkampf, Frauen Siebenkampf; Männer spielen Baseball, Frauen Softball; Männer laufen 110-Meter Hürden, Frauen 100 Meter; die längste Strecke im Skilanglauf der Männer beträgt 50 Kilometer, die längste Strecke der Frauen im Skilanglauf 30 Kilometer; usw. Darüber hinaus gibt es Sportarten, die sowohl von Männern als auch von Frauen ausgeübt werden, deren Regelwerk aber Männern Körperpraktiken gestattet, die Frauen nicht erlaubt sind. Im Eishockey etwa ist Männern der Bodycheck erlaubt, den Frauen jedoch nicht.

Solche geschlechtsspezifischen Normen im Sport und besonders die Verweiblichung von Sportregeln verdeutlichen noch einmal die herrschende Körperpolitik des organisierten Sports, die eben nicht zufällig von Männern – Sportfunktionäre sind mehrheitlich Männer – und nach wie vor überwiegend für Männer – Sportzuschauer und -rezipienten sind ebenfalls mehrheitlich Männer – betrieben wird.

Tabelle 1: Disziplinartechnologien des Sports

Machtform	**Disziplinarmacht**
Machtsubjekt (‚Akteur')	Institutionen & Organisationen
Machtobjekt (‚Zielscheibe')	Individualkörper
Machtmittel	Disziplin & Dressur
Körperpolitiken des Sports	– Philanthropische Leibeserziehung – Sportdisziplinen – (Hoch-)Leistungssport
↳ *Geschlechtsspezifika*	– geschlechtsspezifische Sportarten – Verweiblichung von Sportregeln – Anorexia Athletica

3 Diskursive Normalisierungen und Diskriminierungen im Sport

Die zweite Machtform nach Foucault, der Diskurs bzw. die *diskursiven Praktiken*, sind im Hinblick auf den Sport vor allem unter dem Gesichtspunkt der in ihm waltenden *diskursiven Normalisierungen und Diskriminierungen* relevant. Mit Foucault lässt sich zeigen, dass der Körper allgemein und der sportive Körper im Besonderen ein Gegenstand ist, der durch diskursive Praktiken hervorgebracht wird. Der Körper ist das Produkt der Diskurse, die es über ihn gibt. Der entscheidende Grund dafür ist, dass Diskurse untrennbar mit Macht verknüpft sind. Diskurse können dabei sowohl Instrument als auch Effekt, Produzent als auch Vermittler von Macht sein, Diskurse können Macht verstärken oder untergraben, aufrechterhalten oder zerstören (Foucault, 1977, S. 122). Entscheidend ist, dass Macht Diskursen immanent ist, wobei es sich hier primär um Macht im Sinne von Definitionsmacht handelt (Gugutzer, 2015, S. 78). Diskurse definieren, was als wahr oder falsch, normal oder anormal, dazugehörig oder auszugrenzen zu gelten hat, und damit üben sie Macht aus. Soziologisch relevant ist dabei vor allem die Frage, wer diese Definitionsmacht ausübt. Welcher sozialen Gruppe oder Institution gelingt es auf welche Weise, eine bestimmte Vorstellung von (in unserem Fall) Körper und Sport durchzusetzen? Wem gelingt es womit, ein bestimmtes Wissen oder Bild vom Körper und Sport als normal, richtig, wünschenswert, natürlich, gesund oder sportlich durchzusetzen? Wer besitzt die Definitionsmacht?

Das zu wissen ist wichtig, weil die Definitionsmacht immer auch darin besteht, das Andere, das Nicht-Normale, das Nicht-Natürliche, das Ungesunde etc. auszugrenzen. Die positive Seite der Macht setzt voraus, was sie unterdrückt. Mit Blick auf den Körper verweist der diskursiv konstruierte Normal-Körper daher immer auch auf den diskursiv konstruierten abweichenden Körper. Der diskursiv konstruierte Wunsch-Körper verweist immer auch auf den unerwünschten Körper. Dass es dabei nicht um einzelne Körper geht, sondern um Kollektivkörper, also um Gruppen oder ganze Gesellschaften, ist offensichtlich.

Im Sinne Foucaults ist der diskursive Körper der verkörperte Schnittpunkt von Wissen, Macht und Sprache. Der diskursive Körper ist der in Diskursen und durch Diskurse konstruierte Körper, der historisch gewordene, in spezifische Macht-Wissen-Komplexe eingebettete Körper. Die diskursive Konstruktion körperlicher Phänomene geht vonstatten, insofern sich bestimmte Wissensformen, Denkmuster und Deutungsschemata gesellschaftlich durchsetzen und eine Hegemonie über die Wahrnehmung und Bewertung von Körpern erlangen. In der Moderne sind es insbesondere wissenschaftliche Disziplinen, die ein spezifisches Wissen vom Körper produzieren und körperliche Phänomene damit überhaupt erst hervorbringen. Dazu zählt auch die Sportwissenschaft. In spätmodernen Gesellschaften sind

es außerdem die Massenmedien, die als Akteure der Herstellung und Vermittlung normativer Körperbilder und Körperideologien eine zentrale Rolle spielen.

Was heißt das für den Sport? (Siehe zusammenfassend Tabelle 2.) Anknüpfend an Judith Butler, die ihren diskurstheoretischen Ansatz in enger Anlehnung an Foucault entwickelt hatte, lässt sich über den Sport sagen, dass es sich bei ihm aufgrund seiner expliziten Körperorientierung um eine Welt handelt, in der der Diskurs der „Heteronormativität" bzw. der „Zwangsheterosexualität" (Villa, 2000, S. 143f.) omnipräsent und vielleicht so stark ausgeprägt ist wie in keinem anderen gesellschaftlichen Handlungsfeld. Für die sportliche Praxis stellt die Differenzierung der beiden Geschlechterkörper ‚Frau' und ‚Mann' eine konstitutive Norm dar, ein „regulierendes Ideal" (Butler, 1997, S. 21), das wie ein Zwang wirkt, dem man/frau sich nicht entziehen kann, und das vor allem auf organisatorischer Ebene auch nicht in Frage gestellt wird. Die binäre Geschlechterdifferenz entwickelt und erhält im Sport ihre normative Kraft dabei hauptsächlich deshalb, weil hier die ‚Natur des Körpers' ein fundamentales Prinzip darstellt.

Dass im Sport die am Körper festgemachte Geschlechterbinarität und die daraus abgeleitete Norm der Heterosexualität so unerschütterlich ist, hat vermutlich damit zu tun, dass die männlichen Akteure des Sports ihre historisch gewachsene hegemoniale Rolle sichern wollen. Wer besitzt die Deutungshoheit im Sport? Traditionell, aber auch noch in der Gegenwart, sind das Männer, da überwiegend sie es sind, die die Entscheidungspositionen in den Sportvereinen und -verbänden, in der Sportpolitik und im Sportjournalismus innehaben. Männer nutzen ihre hegemoniale Position seit Anbeginn des Sports an nicht zuletzt dafür, Frauen aus dem Sport insgesamt oder aus einzelnen Sportarten auszugrenzen. So erhielten Mädchen und Frauen systematisch später Zugang zum Turnen, zum Schul- und Wettkampfsport und den Olympischen Spielen als Jungen und Männer. Begründet wurde die soziale Exklusion von Frauen aus dem Sport bis weit ins 20. Jahrhundert hinein vorzugsweise mit der Biologie der Frau. Die Anatomie der Frau bzw., genauer gesagt, ihre im Vergleich zum Mann ‚anatomischen Defizite' wurden als ‚Argument' für psychische Wesensunterschiede und als Rechtfertigung für soziale Rollenzuschreibungen herangezogen. Die bekannte ‚Argumentation' lautet: Bedingt durch ihre Biologie seien Frauen emotional, schwach, weich, passiv, während Männer natürlicherweise rational, stark, aggressiv, kämpferisch seien. Auf Grund dieser biologischen Unterschiede seien Frauen nicht für den Sport oder nur für spezielle Sportarten geeignet. Gestützt auf pseudomedizinische ‚Erkenntnisse' galt und gilt die ‚Sorge' der Männer vor allem der Gebärmutter und damit der potenziellen Beeinträchtigung der Reproduktionsfähigkeit der Frau. Bestimmte Sportarten schädigten die Gebärmutter, daher sei es angeraten und sogar im Sinne der Frau, sie vor diesen Sportarten zu schützen.

Dieser Paternalismus, der auf einer Naturalisierung der Geschlechterdifferenz beruht, ist keineswegs ein Relikt längst vergangener Tage. Man findet ihn etwa im jüngeren Diskurs zum Frauen-Skispringen. Die Wochenzeitschrift *Die Zeit* veröffentlichte Anfang 2009 einen Artikel, in dem die Frage diskutiert wurde, ob der Skisprung für Frauen olympisch werden solle. Darin heißt es: „Helmut Weinbuch, Trainer im Deutschen Skiverband, hielt die weibliche Wirbelsäule für zu schwach, um die Landung zu überstehen. Gian-Franco Kasper, der Generalsekretär des Internationalen Skiverbandes, macht sich Sorgen um die Gebärmutter, die unter der Wucht des Aufsprungs leiden könnte“ (Schweikle, 2009, S. 18). Wie dieses Zitat offenlegt, ist die Körperpolitik zumindest einiger männlicher Sportfunktionäre auch noch im 21. Jahrhundert diskriminierend, und zwar in einem doppelten Sinne: Es wird eine biologische Trennung vorgenommen, mit der eine soziale Trennung legitimiert wird, wobei die diskriminierende Norm der Männerkörper und die Normabweichung der Frauenkörper ist. Im Skisprung hat diese Strategie bekanntlich nicht geklappt: Skispringen ist inzwischen auch für Frauen eine olympische Sportart.

Die Grundlage dieser diskriminierenden Körperpolitik ist neben dem Männerkörper als normativer Richtwert für die sportliche Praxis die oben erwähnte Heteronormativität, also die Vorstellung, dass Heterosexualität die normale Form von Sexualität sei beziehungsweise sein solle. Innerhalb des Sports ist es in unserer Sportkultur vor allem der Fußball, der diese Norm der Heterosexualität ganz besonders vertritt und Normabweichungen entsprechend negativ sanktioniert. Erkennbar wird das zum einen im Männerfußball mit seiner weit verbreiteten Homophobie – vor allem in der Fan-Szene – zum anderen am Frauenfußball, wo Sexismus immer noch gang und gäbe ist. Gesellschaftlich besonders bedenklich sind dabei nicht so sehr die offenkundigen Geschlechterrassismen, wie zum Beispiel die Äußerung zweier männlicher Fußballspieler im Oktober 2016, die die Entscheidung einer Linienrichterin, mit der sie nicht einverstanden waren, mit den Worten kommentierten, dass Frauen an den Herd gehörten und sich nicht in den Fußball einmischen sollten.[3] Bedenklicher sind die weniger offensichtlichen Geschlechterrassismen, die häufig auf ‚harmlose', kindlich-naive oder humoristische Weise inszeniert werden. Zu denken ist hier etwa an die Barbie-Puppen der DFB-Spielerinnen anlässlich der Fußballweltmeisterschaft 2011, die vom DFB als „einzigartig“ bezeichnet wurden, obwohl die Körper der Spielerinnen magersüchtige Formen und die Gesichter stereotype Weiblichkeitszüge aufwiesen (Gugutzer, 2011, S. 48). Zu denken ist außerdem an die mediale Inszenierung des Frauenfußballs, exemplarisch der Werbespot des ZDF kurz vor der Fußballeuro-

[3] Immerhin sorgte diese Bemerkung für Aufsehen und wurden die beiden Spieler zumindest vom eigenen Verein bestraft. Die pädagogisch gemeinte Strafe bestand darin, mehrere Trainingseinheiten mit der Frauenmannschaft des Vereins zu absolvieren (Einsiedler, 2016).

pameisterschaft 2013, wo der Körper einer jungen Frau (nicht aber ihr Kopf) im Deutschland-Trikot zu sehen ist, der einen Fußball in die Trommel einer Waschmaschine schießt.[4] All das sind diskursive Praktiken, die Geschlechterdiskriminierungen transportieren.

Tabelle 2: Diskursive Normalisierungen und Diskriminierungen im Sport

Machtform	**Diskursive Praktiken**
Machtsubjekt (‚Akteur')	Wissenschaft & Medien
Machtobjekt (‚Zielscheibe')	Kollektivkörper (Gruppen, Gesellschaft)
Machtmittel	Normalisierung & Regulierung
Körperpolitiken des Sports	– Heteronormativität in Sportverbänden und im Mediensport – Diskriminierungen, Stigmatisierungen, Vorurteile, Stereotypisierungen
↳ *Geschlechtsspezifika*	– Sexismus und Chauvinismus – Homophobie

4 Herrschafts- und Selbsttechnologien im Sport

Die dritte Machtform, die Foucault in seinen Arbeiten zur „Geschichte der Gouvernementalität" entwickelt hatte, kreist zentral um den Begriff *Regierung* (vgl. Foucault, 2006). Regierung versteht Foucault in dem ursprünglichen Sinn des Wortes als Lenkung, Leitung oder Führung von Individuen und Kollektiven. Regierung ist nicht in dem heute gebräuchlichen Verständnis von politischer oder Staatsregierung gemeint, sondern viel umfassender als jede Form der Führung von Menschen, einschließlich der Selbstführung, also des Sich-selbst-Regierens. Macht kommt dabei ins Spiel, insofern es sich um eine Führung der Führung handelt. Macht besteht für den späten Foucault darin, „‚Führung zu lenken', also Einfluss auf die Wahrscheinlichkeit von Verhalten zu nehmen" (Foucault, 2005, S. 256).

[4] Vgl. ZDF, 2013. Ein weiteres Beispiel: 2015 empfing der englische Fußball-Verband seine Frauen-Nationalmannschaft nach dem Gewinn der Bronzemedaille bei der WM in Kanada via Twitter mit den Worten: „Unsere Löwinnen kommen zurück, um wieder Mütter zu sein, Partnerinnen und Töchter, aber sie haben noch einen anderen Titel – Heldinnen" (Spiegel online, 2015).

Zu den charakteristischen Merkmalen der Macht im Sinne von Regierung gehört unter anderem, dass Regierungstechnologien Formen der Fremdführung mit Formen der Selbstregierung verbinden. Oder wie Foucault sagt: „Der Kontaktpunkt, an dem die Form der Lenkung der Individuen durch andere mit der Weise ihrer Selbstführung verknüpft ist, kann nach meiner Auffassung ‚Regierung' genannt werden" (Foucault, zit. n. Lemke, 2005, S. 342). Regierungstechnologien sind damit gleichermaßen *Herrschafts- und Selbsttechnologien*, die wiederum in den Technologien des Körpers ihre zentrale Schnittfläche finden (Gugutzer & Duttweiler, 2012, S. 7f.). Das zeigt sich besonders in neoliberalen Gesellschaften, die Foucault als eine spezifisch historische Regierungsform untersucht hat.

Neoliberale Gesellschaften sind nicht nur durch das Primat des Ökonomischen und des Marktes in allen gesellschaftlichen und individuellen Lebensbereichen gekennzeichnet, sondern neoliberale Gesellschaften zeichnen sich ebenso dadurch aus, dass politisch-ökonomische Regierungstechnologien und Technologien des Selbst Hand in Hand gehen. Mehr noch, neoliberale Gesellschaften generalisieren einen Imperativ der Selbstführung und des Selbstmanagements. Neoliberale Gesellschaften kontrollieren, unterwerfen, ‚subjektivieren' Menschen, weil und insofern es ihnen gelingt, dass Menschen sich die herrschenden Normen und Werte aneignen, ihr Verhalten danach ausrichten und typischerweise glauben, damit ganz eigenen, subjektiven Bedürfnissen zu folgen. Der Sport bietet dafür viele Beispiele (vgl. zusammenfassend Tabelle 3).

Zu denken ist hier allen voran an das weite und diffuse Feld des Gesundheitssports. Der neoliberale Gesundheitsimperativ ist nämlich mehr oder weniger gleichbedeutend mit einem Bewegungs- und Sportimperativ. Sich selbstverantwortlich um seine Gesundheit zu sorgen, heißt nicht nur, sich gesund zu ernähren, sondern heißt mindestens so sehr, sich regelmäßig zu bewegen und Sport zu treiben. Bewegung und Sport gelten in spätmodernen Gesellschaften einhellig als entscheidende Faktoren für ein gesundes Leben, weshalb es fast schon begründungsbedürftig ist, sport- und bewegungsabstinent zu leben. Damit es dazu erst gar nicht kommt, gibt es beispielsweise Gesundheitsinitiativen wie in den 1970er Jahren die „Trimm dich!"-Bewegung und seit 2003 die Initiative „Deutschland bewegt sich!". Solche Gesundheitsinitiativen werden von der Politik zwar nicht finanziert, aber doch von ihr moralisch unterstützt, so wie umgekehrt der Bewegungsmangel – insbesondere von Kindern – von der Politik beklagt wird. Jeder und jede, der und die sich von solchen expliziten oder anderen, eher impliziten Gesundheitskampagnen zum Sportmachen motivieren lässt, folgt dem herrschenden Gesundheitsimperativ, auch wenn er oder sie glaubt, sich damit ausschließlich um sich selbst zu sorgen.

Ganz ähnlich stellt sich der Sachverhalt im Betriebssport dar, jener – von der Sportsoziologie quasi vollständig übersehenen – Institution in zumeist grö-

ßeren Unternehmen, die ihren Mitarbeiterinnen und Mitarbeitern ein regelmäßiges Gesundheits-, Fitness- und Sportprogramm anbieten. Wer daran freiwillig teilnimmt, weil er ohnehin gern Volleyball spielt und so auch mal mit Leuten aus anderen Abteilungen zusammenkommt, wird gleichwohl fremdgeführt von Seiten des Unternehmens. Das Unternehmen verspricht sich durch seine großzügigen, vermeintlich selbstlosen Sportangebote sowohl eine höhere Identifikation der Angestellten mit dem Betrieb als auch einen besseren Gesundheitsstand der Mitarbeiterinnen und Mitarbeiter und damit weniger krankheitsbedingte Kosten.

Wie sehr Regierungstechnologien das individuelle Sportverhalten prägen, zeigt sich darüber hinaus besonders deutlich in jenem Bereich des Fitnesssports, für den die Verwendung digitaler Technologien zur Selbstvermessung kennzeichnend ist. Das Schlagwort heißt Self-Tracking. Self-Tracking bedeutet, mit Hilfe sensorenbasierter Technologien und einer dazugehörender Fitness-App ein individualisiertes Fitnessprogramm zu absolvieren. Die Fitness-App fungiert beim Self-Tracking als persönlicher Fitness-Coach, der nicht nur den individuellen Trainingsplan vorgibt, sondern diesen auch überwacht und mit bunten Bildern positiv oder negativ sanktioniert (vgl. Duttweiler, 2016; Gugutzer, 2016). Fitnesstracking ist damit eine technische Form der Selbstführung, deren Ziel die körperliche Selbstoptimierung ist. Um eine Regierungstechnologie handelt es sich dabei insofern, als dass die Selbstregierung auf der Grundlage normativer Vorgaben erfolgt, die in der Software gespeichert sind. Die Software ist mit unterschiedlichsten Wissensbeständen gespeist, die mit Hilfe von Algorithmen in Körpernormwerte übersetzt werden, und diese externen Normwerte lenken die Selbstführung der Fitnessaktiven. Das Smartphone avanciert auf diese Weise zu einer Herrschaftstechnologie in einem doppelten, nämlich materiellen und immateriellen Sinne.

Tabelle 3: Herrschafts- und Selbsttechnologien im Sport

Machtform	**Regierungstechnologien**
Machtsubjekt (‚Akteur')	Neoliberaler Staat & Individuum
Machtobjekt (‚Zielscheibe')	Individual- & Kollektivkörper
Machtmittel	Lenkung der (Selbst-)Führung
Körperpolitiken des Sports	– Gesundheitssport – Betriebssport – Fitnesssport (Self-Tracking)
↳ *Geschlechtsspezifika*	– smart fitness = undoing gender?

Zu den geschlechtsspezifischen Erscheinungsformen und Differenzierungen solcher Regierungstechnologien im Fitnesssport lässt sich gegenwärtig wenig sa-

gen, weil es dazu noch kaum Untersuchungen gibt. Mit aller Vorsicht ließe sich aber die These aufstellen, dass die Praxis des *smart fitness*, wie ich sie verkürzt nennen möchte, eine Praxis der Geschlechteremanzipation darstellt: Weil *smart fitness* Technologie und Ästhetik vereint, also traditionell männliche und traditionell weibliche Präferenzen verbindet, kann *smart fitness* womöglich als ein Feld des *undoing gender* aufgefasst werden.

5 Fazit: Widerständige Sportpraktiken?

Der Beitrag hatte das Ziel darzulegen, dass der Sport ein Handlungsfeld ist, in dem Körper, Wissen, Macht und Geschlecht eng miteinander verschränkt sind. Dabei ist deutlich geworden, dass der Sport aufgrund seiner historisch gewachsenen Deutungs-, Erwartungs- und Konstellationsstrukturen (vgl. dazu Schimank, 2000) auch gegenwärtig noch in weiten Teilen dezidiert geschlechtsspezifische Körperpolitiken aufweist. Der zeitgenössische Sport ist ein gesellschaftlicher Teilbereich, der durch Machtverhältnisse gekennzeichnet ist, die sich in den Körpern der Athletinnen und Athleten in einer Weise niederschlagen, die das Prinzip der Heteronormativität als regulierendes Ideal primär reproduziert statt transformiert. Das wirft die naheliegende Frage auf, auf welche Weise die strukturell angelegten, geschlechtsspezifischen Körperpolitiken des Sports überwunden werden können. Wo und wie ist *Widerstand* möglich gegen die herrschenden Zuschreibungen, Erwartungen und Inszenierungen verkörperter Geschlechtsidentitäten? Welche Optionen der Selbstermächtigung bieten sich für die Akteurinnen und Akteure im Rahmen der hegemonialen Geschlechterordnung des Sports? Dass es solche Optionen geben muss, lässt sich mit Foucault theoretisch begründen.

Die Machtverhältnisse in liberalen und neoliberalen Gesellschaften basieren Foucault zufolge auf dem Prinzip Freiheit (wodurch sie sich von Herrschaftsverhältnissen unterscheiden, die auf Zwang basieren; Foucault, 2005, S. 257). Aus diesem Grund wohnen den modernen Machtbeziehungen immer auch Möglichkeiten einer selbstbestimmten Subjektgestaltung inne. Subjekt meint eben beides: Einerseits Machtverhältnissen unterworfen zu sein, andererseits sich ihnen entziehen zu können und dadurch Subjekt zu werden. Subjektwerdung im foucaultschen Sinne heißt, sich vorgegebenen Identitätszuschreibungen zu widersetzen und mittels selbstgewählter Technologien des Selbst eine eigene Identität zu entwerfen. Mit Blick auf den Sport bedeutet Subjektwerdung entsprechend, solche Technologien der Selbstregierung zu wählen, die einen Widerstand gegen den hegemonialen Diskurs weiblicher und männlicher Identitätszuschreibungen anzeigen.

Dass und wie ein solcher Widerstand möglich ist, zeigt sich exemplarisch an einer Sportart, die in Deutschland relativ randständig ist, ungeachtet dessen aber als Avantgarde widerständiger geschlechtlicher Selbsttechnologien im Sport auf-

gefasst werden kann: *Roller Derby*. Roller Derby ist eine Mannschaftssportart, die von Frauen ausgeübt wird und dadurch auffällt, dass die Sportlerinnen sich einerseits traditionell weiblich inszenieren (Netzstrümpfe, Schminke, Minirock etc.), andererseits männlich konnotierte Körperinszenierungen und Verhaltensweisen zeigen, allen voran Aggressivität, Tätowierungen, ‚kriegerisch' bemalte Gesichter. Mit Butler (1991, S. 209ff.) gesprochen ist Roller Derby eine Sportart, in der weibliche Sexyness und männlicher Machismo gleichermaßen „parodiert" – und mittels dieser Parodie in Frage gestellt werden. Insofern im Roller Derby sowohl Weiblichkeit als auch Männlichkeit auf subversive Weise zitiert werden, handelt es sich hier um eine Sportart, die die Heteronormativität des Sports in ironischer Form in die Schranken weist. Ironie ist sicherlich nicht die einzige Art, Widerstand (nicht nur) gegen die geschlechtsspezifischen Körperpolitiken des Sports zu leisten, vielleicht aber eine der wirksamsten.

Literatur

Butler, J. (1991). *Das Unbehagen der Geschlechter*. Frankfurt am Main: Suhrkamp.

Butler, J. (1997). *Körper von Gewicht. Die diskursiven Grenzen des Geschlechts*. Frankfurt am Main: Suhrkamp.

Schweikle, J. (2009, 22. Januar). Frauen auf dem Sprung. *Die Zeit*.

Duttweiler, S. (2016). Körperbilder und Zahlenkörper. Zur Verschränkung von Medien- und Selbsttechnologien in Fitness-Apps. In S. Duttweiler, R. Gugutzer, J.-H. Passoth & J. Strübing (Hrsg.), *Leben nach Zahlen. Self-tracking als Optimierungsprojekt? (Reihe Digitale Gesellschaft)* (S. 221–251). Bielefeld: transcript.

Foucault, M. (1976). *Überwachen und Strafen. Die Geburt des Gefängnisses*. Frankfurt am Main: Suhrkamp.

Foucault, M. (1977). *Der Wille zum Wissen. Sexualität und Wahrheit 1*. Frankfurt am Main: Suhrkamp.

Foucault, M. (2005). Subjekt und Macht. In D. Defert & F. Ewald (Hrsg.), *Analytik der Macht* (S. 240–263). Frankfurt am Main: Suhrkamp.

Foucault, M. (2006). *Geschichte der Gouvernementalität, Band. I und II*. Frankfurt am Main: Suhrkamp.

Gugutzer, R. (2011). Körperpolitiken im Sport. Zur sportiven Verschränkung von Körper, Geschlecht und Macht. In D. Schaaf & J.-U. Nieland (Hrsg.), *Die Sexualisierung des Sports in den Medien* (S. 34–56). Köln: Halem.

Gugutzer, R. (2015). *Soziologie des Körpers* (5., vollst. überarbeitete und erweiterte Aufl.). Bielefeld: transcript.

Gugutzer, R. (2016). Self-tracking als Zeitgeist-Phänomen. In S. Duttweiler, R. Gugutzer, J.-H. Passoth & J. Strübing (Hrsg.), *Leben nach Zahlen. Self-tracking als Optimierungsprojekt?* (S. 161–182). Bielefeld: transcript.

Gugutzer, R. & Duttweiler, S. (2012). Körper, Gesundheit, Sport. Selbsttechnologien in der Gesundheits- und Sportgesellschaft. *Sozialwissenschaften und Berufspraxis, 35* (1), 5–18.

König, E. (1989). *Körper – Wissen – Macht. Studien zur historischen Anthropologie des Körpers*. Berlin: Reimer.

Lemke, T. (2005). Nachwort. Geschichte und Erfahrung. Michel Foucault und die Spuren der Macht. In D. Defert & F. Ewald, *Analytik der Macht* (S. 317–347). Frankfurt am Main: Suhrkamp.

Schimank, U. (2000). *Handeln und Strukturen. Einführung in die akteurtheoretische Soziologie*. Weinheim/München: Beltz.

Villa, P.-I. (2000). *Sexy Bodies. Eine soziologische Reise durch den Geschlechtskörper*. Opladen: Leske + Budrich.

Internetquellen

Spiegel online (2015, 7. Juli). *Willkommen, Töchter und Mütter Englands*. Zugriff am 09.01.2017 unter http://www.spiegel.de/panorama/gesellschaft/fussballfrauen-in-england-sexismus-vorwuerfe-gegen-verband-a-1042401.html

Einsiedler, M. (2016, 5. Oktober). *Der aussichtslose Kampf um die Männerbastion Fußball*. Zugriff am 09.01.2017 unter http://www.tagesspiegel.de/sport/sexismus-bei-sparta-prag-der-aussichtslose-kampf-um-die-maennerbastion-fussball/14645434.html

ZDF (2013). *Trailer Frauenfußball EM*. Zugriff am 09.01.2017 unter https://www.youtube.com/watch?v=rx4jAEyVJHE

Eltern – Wissen – Macht – Geschlecht. Geschlechtsbezogene Körper-, Bewegungs- und Sportsozialisation in der Kindheit

Ina Hunger

1 Einleitung

Geschlecht, verstanden als prozessuale und durch soziale Praktiken hervorgebrachte Differenzkategorie, wird in Verbindung mit dem Thema ‚Körper' regelmäßig zum theoretischen Bezugs- und Diskussionspunkt disziplinübergreifender Geschlechterforschung. Dabei wird über alle Disziplingrenzen hinweg betont, dass die Beziehung zwischen Körper und Geschlecht im Kern eine untrennbare ist. Sei es, dass am Körper(-lichen) geschlechtsbezogene (soziale) Erwartungen festgemacht werden, dass Körperpraktiken und ‚Körperarbeit' der Inszenierung von Männlichkeit und Weiblichkeit dienen oder dass durch bewegungsbezogene Interaktionsstile das Geschlecht hervorgebracht wird (vgl. Meuser, 2010).

Theoretisch und empirisch wenig beachtet werden dabei die Lebensphase der Kindheit und vor allem Fragen, die darauf abheben, wie und in welchen kulturell je spezifischen sozialen Praktiken in dieser Altersstufe körper- und bewegungsbezogene Differenzen vorstrukturiert oder ‚aufgerufen' werden, welches geschlechtsbezogene Wissen in Bezug auf Körper und Bewegung innerhalb welcher Praktiken erworben, verarbeitet, ein- oder hervorgebracht wird.

Der vorliegende Beitrag setzt an dieser Stelle an. Er widmet sich der Frage nach der geschlechtsbezogenen Körper-, Bewegungs- und Sportsozialisation[1] von Jungen und Mädchen (ca. 4 – 10 Jahre) und fokussiert – auf Basis eigener Studien – auf die Erziehungsvorstellungen und Handlungspraxen der *Eltern*[2] in diesem Zusammenhang. Durch den Beitrag wird angestrebt, das vielfach als geschlechtsneutral und anthropologisch verhandelte Themenfeld „Kindheit und Bewegung"

---

1 Zwischen körper-, bewegungs- und sportbezogenen Prozessen wird in diesem Beitrag im Hinblick auf die empirischen Daten nicht differenziert, da der Körper den bewegungsbezogenen Prozessen inhärent ist, Sport eine institutionalisierte Form von Bewegungsaktivitäten ist etc.

2 Mit dem Begriff ‚Eltern' sind gleichermaßen (alleinerziehende oder gemeinsam erziehende, leibliche und nichtleibliche) Mütter, Väter, Erziehungsberechtigte u. Ä. gemeint.

durch eine konstruktivistische Perspektive auf Geschlecht und Bewegung zu ‚erweitern‘ und die Rolle der elterlichen Deutungsmacht in diesem Zusammenhang zu konturieren.

Im Folgenden werden zunächst sozialkonstruktivistische Grundannahmen zur geschlechtsbezogenen Sozialisation in der Kindheit, allgemeine Ausführungen zur Bedeutung von Bewegungsaktivitäten im (geschlechtsbezogenen) Sozialisationsprozess dieser Altersphase sowie das forschungsmethodische Design der Studien dargelegt.

2 Sozialkonstruktivistische Grundannahmen zur geschlechtsbezogenen Sozialisation in der Kindheit

Die Studien gehen von einem wissenssoziologischen Theorierahmen aus. Grundannahme ist, dass sich im Rahmen der zweigeschlechtlich vorstrukturierten Lebenswelt und durch die Teilhabe an sozialen Praktiken ein (mehr oder weniger vorreflexives) Geschlechterwissen herausbildet, welches eine handlungsorientierende Funktion übernehmen kann (Hagemann-White, 1984; Bilden, 1991; Berger & Luckmann, 1993; Wetterer, 2008). In diesem Sinne gelten Vorstellungen von Weiblichkeit und Männlichkeit, ihre Symbolisierung und Verkörperung als sozial bedingt. Sie entwickeln sich in der Auseinandersetzung mit der Umwelt und durch die Übernahme von sozial Vorgegebenem und Typischem.

Die Konfrontation mit geschlechtsbezogenen Erwartungen der Gesellschaft gegenüber dem Kind beginnt gleich mit der Geburt. Schon gegenüber dem Säugling, so haben es die so genannten „Baby-X-Studien“ gezeigt (vgl. Seavey, Katz & Zalk, 1975), existieren Handlungsmuster im Rahmen von Kommunikation und im Handling des Säuglings, die mit dem – angenommenen – Geschlecht variieren. Während der ersten Monate fallen die geschlechtsbezogenen Erwartungen der Umwelt oder die divergierenden Handlungsmuster äußerst subtil aus. Mit zunehmendem Alter aber, wenn das Kind mehr und mehr an sozialen Praktiken teilnimmt, es durch seine motorische Entwicklung zunehmend eigenaktiv den lebensweltlichen Nahbereich erkundet, wenn es seine Interessen, sein ‚Temperament‘ etc. zeigt, nehmen die geschlechtsbezogenen Verhaltenserwartungen der Umwelt (Eltern, Verwandte, Peers, Nachbar_innen, Passant_innen usw.) zu. Entsprechend der verinnerlichten geschlechtsspezifischen Erwartungen ihrer Umwelt erfahren Jungen und Mädchen potenziell unterschiedliche Rückmeldungen (Bestätigung, Lob, Kritik) auf ihr Verhalten (ihr Aussehen, ihre Handlungsmuster usw.) und können sich durch einschlägige, vielfach geschlechtsspezifische Angebote (Mitmach-Offerten, Spielzeug etc.) – ganz unauffällig – in spezifischen Handlungskontexten üben und so Stärken und Expertisen entwickeln.

Jungen und Mädchen erfahren aber nicht nur durch ihre Umwelt (durch die zweigeschlechtlich vorstrukturierte Lebenswelt, auf Basis der verinnerlichten Zuschreibungen von Personen etc.) potenziell verschiedene Angebote und Reaktionen auf ihr Verhalten und werden in diesem Sinne unterschiedlich ermutigt, begrenzt, gefördert etc. Sie nehmen zeitgleich gemäß ihrer kognitiven Entwicklung ihre Umwelt auch unter dem geschlechtsspezifischen Aspekt immer differenzierter wahr und interpretieren sie. Unbemerkt filtert das Kind von klein auf aus seiner Lebenswelt tagtäglich Informationen über ‚Männlichkeit – Weiblichkeit', die unmittelbar in die Praxis eingebunden sind, heraus: So registriert es *beiläufig*, welche Aufgaben und Rollen die männlichen und weiblichen Personen im sozialen Nahbereich einnehmen (welche Tätigkeiten die Mutter verrichtet, welche der Vater, der Nachbar, die Nachbarin etc.). Das Kind registriert, welches Geschlecht mit welchen Aufgaben in der Öffentlichkeit betraut ist, wer beispielsweise primär körperlich schwere Arbeiten im Freien verrichtet (z. B. Müllabfuhr, Bauarbeiten), wer sozialen oder unterstützenden Tätigkeiten nachgeht (z. B. Erzieher_in, Sprechstundenhilfe). Es nimmt unthematisiert wahr, welche körperbezogenen Accessoires (z. B. Frisur, Kleidung, Schmuck o. Ä.) typisch für welches Geschlecht sind, welche Aktivitäten, Eigenschaften etc. für männliche und weibliche Personen in den Medien (z. B. Fernsehen, Märchen, digitale Spiele) vorgesehen sind, welche geschlechtsbezogenen Identitätsangebote Figuren vorhalten (z. B. Spiderman, Prinzessin Lillifee) und vieles mehr.

Auf dieser Basis, der mehr oder weniger unbemerkten und vielfältigen Informationsfilterung, bilden sich sukzessive übergeordnete geschlechtsbezogene Zuordnungen heraus. Das Kind entwickelt mit zunehmendem Alter (und in unterschiedlichen Differenzierungsstufen) ein Raster bezüglich dessen, was bei dem jeweiligen Geschlecht als typisch oder untypisch gilt, als normal oder abweichend angesehen wird (Berger & Luckmann, 1993, S. 23ff.). Durch die Teilhabe an den sozialen Praktiken – bzw. durch die Deutung und Verarbeitung der Lebenswelt – bildet sich also ein vorreflexives Geschlechterwissen aus (Wetterer, 2008, S. 19ff.). Dieses Wissen orientiert wiederum die „Nachforschungen in der Welt der Erfahrung und strukturiert [. . .] [die] Wahrnehmung" (Breuer, 1996, S. 23). Im Sinne von Blumer (1973, S. 81) übernimmt das in der Regel vorreflexive Geschlechterwissen mit zunehmendem Alter (unbewusst oder bewusst) handlungsorientierende Funktion und fungiert als mehr oder weniger unbeachtetes Bezugsraster im Alltagsleben.

Im Kindergartenalter haben Jungen und Mädchen also bereits über unterschiedliche soziale Lernprozesse, Informationsquellen, Beobachtungen der Umwelt, Zugeständnisse, Sanktionen, Rückmeldungen etc. erfahren, dass ‚weiblich sein' oder ‚männlich sein' etwas jeweils *anderes* bedeutet und dekodieren unter Heranziehung des bereits verinnerlichten Geschlechterwissens, was als ‚männ-

lich sein' und ‚weiblich sein' gilt. Sie wissen (implizit und explizit) bereits über Erwartungen hinsichtlich ihrer Geschlechtszugehörigkeit Bescheid und haben eine erste Identität über ihre eigene Geschlechtszugehörigkeit entwickelt (vgl. Hagemann-White, 1984; Bilden, 1991). Mit zunehmendem Bewusstsein über die eigene Geschlechtszugehörigkeit und damit dem Wissen, mit welchen normativen geschlechtsspezifischen Erwartungen sie *im Allgemeinen* konfrontiert werden, richten Kinder ihr Verhalten häufig zunehmend an den als typisch interpretierten Zuschreibungen aus und sozialisieren sich im Sinne dieser gegenseitig (Hunger, 2016).

3 Zur Bedeutung von Bewegung im (geschlechtsbezogenen) Sozialisationsprozess

Bewegung spielt im Kindesalter eine herausragende Bedeutung. Bewegung, so die allgemeine Grundaussage wissenschaftlicher Erkenntnisse (und auch ihrer pragmatischen Reproduktion), gehört zu den elementaren Bedürfnissen und Betätigungsformen im Kindesalter. Bewegung gilt, neben seiner Bedeutung für die körperliche Entwicklung, als Ausdrucks- und Kommunikationsmedium, Mittel zur Erkenntnisgewinnung und explorativen Auseinandersetzung mit der Umwelt (Scherler, 1975; Scheid, 1989; Grupe, 1992; Schmidt, 1998; Fischer, 2010; Hildebrandt-Stramann, 2010; Ungerer-Röhrich & Quante, 2010; Zimmer, 2014). Damit spielt Bewegung eine ganzheitliche und *entscheidende erfahrungskonstituierende* Rolle im kindlichen Entwicklungsprozess.

Das kindliche Bedürfnis nach Bewegung ist anthropologisch begründet. Typische motorische Aktivitäten sind in den ersten Lebensjahren u. a. laufen, klettern, rutschen, springen, ziehen, schieben, werfen. Die als typisch gekennzeichneten Funktionen werden dabei mit explorativ, expressiv, sozial, produktiv, personal, impressiv, komparativ und adaptiv umschrieben (vgl. Kretschmer, 1981; Zimmer, 2012).

Die Bewegungsaktivtäten als solche finden jedoch stets in einer sozial präformierten Umwelt statt, werden im Kontext sozialer Praktiken gerahmt, sinnhaft strukturiert, geformt und sozial und vielfach erzieherisch sanktioniert. Das heißt, jedem Kind werden potenziell andere Bewegungssituationen eröffnet; denn jede Bewegungssituation (an einem Klettergerüst hochklettern, mit jemandem Fußball spielen, versuchen, von einer erhöhten Ebene zu springen etc.) strukturiert im Kern jeweils andere motorische, kognitive, psycho-soziale Lern- und Erfahrungsmöglichkeiten für das Kind vor.[3] Ob und inwiefern in diesen Bewegungssituationen motorisch ‚profitiert' wird (z. B. in Form der Verbesserung der geforderten

[3] So strukturiert das Bewegungsfeld „Kämpfen" beispielsweise konstitutiv die Ambition ‚dominieren wollen' oder die Lerngelegenheit ‚Schmerzen in Kauf nehmen' vor; das Bewegungsfeld

motorischen Fähigkeiten), wie sie psychisch ‚durchlebt' werden (z. B. das Scheitern an der eigenen Angst, das Erleben von Durchsetzungsfähigkeit) und wie sie für das Selbstbild bilanziert werden (z. B. „ich kann das nicht"), ist nicht nur vom Kind selbst, sondern auch von dem sozialen Setting abhängig, in dem sie stattfinden. Das heißt, das Kind arbeitet (auch) soziale Rückmeldungen, die es im Kontext der Bewegungssituationen erfährt (Anerkennung, Ermutigung, Entmutigung, Geringschätzung etc.), entsprechend der Relevanzstruktur in sein Selbstbild ein.

4 Zielsetzung, Fokussierung und forschungsmethodischer Rahmen der Studien zur geschlechtsbezogenen Bewegungssozialisation im Kindesalter

Es erscheint naheliegend, dass Jungen und Mädchen – auch in dem für ihr Alter hochrelevanten Bewegungskontext – mit am Geschlecht orientierten Rückmeldungen, Offerten, Identitätsangeboten etc. konfrontiert werden und bezogen auf den Bereich ‚Körper und Bewegung' ein geschlechtsbezogenes Wissen aufbauen, das eine handlungsorientierende Funktion einnehmen kann (siehe u. a. auch Gieß-Stüber, Voss & Petry 2003; Diketmüller, 2004; Derecik, 2011; Erhorn, 2011; Voss, 2011; Sobiech, 2013; Hunger, 2015). *Welche* Rolle Eltern im Kontext dieser Sozialisation einnehmen, *inwiefern* sie bewusst oder unbewusst Einfluss nehmen auf das, was Jungen und Mädchen im Kontext des Bewegungshandelns erfahren, *welche* normativen Vorstellungen sie verinnerlicht haben und *welche* handlungsorientierende Funktion das elterliche Wissen einnimmt, ist empirisch jedoch weitgehend unklar. Die Forschung im Bereich ‚Frühe Kindheit und Bewegung' setzt bislang, wie bereits erwähnt, primär an entwicklungstheoretischen und/oder normativen Grundlegungen an und verhandelt das Thema bis heute weitgehend geschlechtsneutral.

Vor dem Hintergrund dieses Forschungsdesidarats setzten unsere Forschungen an der geschlechtsbezogenen Körper-, Bewegungs- und Sportsozialisation von Kindern an. Im Rahmen von verschiedenen Verbundstudien[4] war es u. a.[5] Ziel,

---

„Fußball" strukturiert Lern- und Erfahrungsgelegenheiten vor, wie ‚sich körperlich durchsetzen', ‚in Großgruppen sozial agieren' etc.; „das gemeinsame Seilhüpfen" ist an ‚kommunikative Prozesse der Abstimmung', an ‚Kreativität' etc. gebunden usf. Auch in körperlicher Hinsicht strukturieren die Bewegungsfelder entsprechend unterschiedlich vor, welche motorischen Kompetenzen gefördert werden etc.

4 Die Studien „Geschlechtsspezifische Körper- und Bewegungssozialisation in der frühen Kindheit" und „Geschlechter – Wissen – Macht – Körper. Eine interdisziplinäre Verbundforschung zur geschlechtsbezogenen Körper- und Bewegungssozialisation in der Kindheit unter besonderer Berücksichtigung sozialer und ethnischer Kategorien" waren jeweils Verbundprojekte, die vom Niedersächsischen Ministerium für Wissenschaft und Kultur gefördert wurden.

5 Fokussiert wurde im Rahmen der einzelnen Verbundstudien auch auf das thematisch relevante

die von den Eltern verinnerlichten geschlechtsbezogenen Normalitätsvorstellungen im Kontext von Körper und Bewegung sowie die von ihnen initiierten sozialen Praktiken zu explorieren und sie daraufhin zu befragen, welche Geschlechterbilder in ihnen eingelassen sind. Die von den Eltern vorstrukturierten Bewegungspraxen wurden vor allem im Hinblick darauf analysiert, inwiefern diese den Kindern geschlechtsgebunden unterschiedliche Lern- und Erfahrungsgelegenheiten eröffnen und in welches (hierarchische) Verhältnis die Geschlechter damit zueinander gesetzt werden. Alles in allem ging es darum, Einblick in das elterliche (sozial und kulturell je spezifische) geschlechtsbezogene Selbstverständnis zu gewinnen. Die Forschungen bezogen sich auf das Kindergartenalter (Studienlaufzeit 2009–2014) sowie auf das Grundschulalter (Studienlaufzeit 2015–2018).

Forschungsmethodisch orientierten sich die Studien am Konzept der Grounded Theory (Breuer, 2010; Glaser & Strauss, 2010). Für die Datenerhebung wurden ethnografische Beobachtungen und Interviews gewählt (Kelle & Breidenstein, 1996; Bollig & Kelle, 2012; Fritzsche & Tervooren, 2012). Die Mütter und Väter wurden zu den alltäglichen Bewegungspraxen der Kinder mit Hilfe von leitfadenorientierten Interviews befragt, wobei das alltägliche Bewegungsverhalten des Kindes, körperbetonte Interaktionsstile des Kindes, institutionalisierte sportliche Aktivitäten, gemeinsame Bewegungsaktivitäten etc. von besonderem Interesse waren. Evoziert wurden jeweils möglichst umfassende Beschreibungen und interpretatorische Auslegungen (Rückführungen der Bewegungsinteressen und körperbetonten Inszenierungsformen etc.). Die Kategorie ‚Geschlecht' wurde – wenn die Befragten die Kategorie nicht eigeninitiativ aufgriffen – im Verlauf (als Deutungsangebot) eingebracht, um die Selbstreflexivität der Interviewpartner_innen zu erhöhen und eine Positionierung zum fraglichen Themengebiet auch durch die Akteur_innen selbst anzuregen. Im Interview wurde ferner auf das Normenspektrum der Elternteile abgehoben, wobei sowohl allgemeine als auch geschlechtsbezogene Leitideen und normative Selbstverständlichkeiten von Interesse waren. Im weiteren Verlauf der Untersuchung wurden diese Daten auf einer tiefer liegenden Bedeutungsschicht auf implizites Geschlechterwissen, heteronormative Setzungen, religiös-kulturelle Prägungen etc. hin analysiert.

Des Weiteren wurden ethnografische Beobachtungen der ausgewählten Familien vorgenommen – an Orten, die für die o. g. Fokussierungsebenen naheliegend erschienen und zu welchen die Familien jeweils ‚Zutritt' gestatteten. Beobachtet wurden Settings, wie z. B. Schwimmbadbesuche, Bewegungsaktivitäten in Parks, auf der Straße, Bolzplätzen etc., aber auch Interaktionen, die zu Hause stattfanden und Einblick in eine mögliche Praxis geschlechtsrelevanter Symboli-

Wissen und Handeln von Erzieher_innen in Kindertagesstätten und von Kindern. Diese Teilstudien werden hier jedoch nicht berücksichtigt.

ken (z. B. Ausstattung der Kinderzimmer, Kleidung, Spielzeug, Accessoires) und geschlechtsspezifisch vorstrukturierter Interaktionsmuster gewährten.[6] Die Daten wurden ergänzt durch Beobachtungen weiterer Familien entsprechend einschlägiger Milieus (z. B. ‚Akademikerfamilien', ‚sozial-ökonomisch benachteiligte Familien', ‚Familien mit Migrationshintergrund') an öffentlichen Orten, um die interpretativen Bezugspunkte und Vergleichsebenen zu erhöhen.

Die Beobachtungen, Interviews und Feldgespräche wurden im jeweiligen Anschluss zu narrativ-deskriptiven Protokollen verdichtet und zu – vorläufigen – thematischen Sequenzen aufbereitet. Im Anschluss wurden die Daten kodiert bzw. das Material im Hinblick auf die aufgeworfenen Fragestellungen und in Bezug zueinander ausgewertet. Die unterschiedlichen Datenpools erlaubten dabei erweiterte Kontextualisierungs- und Reflexionsmöglichkeiten.

Ausgangspunkt des theoretischen Samplings waren zum einen Familien mit vier- bis sechsjährigen Kindern (Studie 1: „Geschlechtsspezifische Körper- und Bewegungssozialisation in der frühen Kindheit") sowie Familien mit sechs- bis zehnjährigen Kindern (Studie 2: „Geschlechter – Wissen – Macht – Körper"), die als ‚bildungsfern' bzw. als ‚bildungsnah' bezeichnet werden können und einen ‚deutschen' bzw. einen ‚anderen' als den deutschen ethnisch-kulturellen Hintergrund haben (vornehmlich türkisch und russisch). Vorüberlegung zum Sampling beider Studien war zunächst die allgemeine, theoretisch abgeleitete Annahme, dass Bewegungspraktiken und -förderung milieuspezifisch vorstrukturiert und flankiert sind. Die Kriterien dienten im Verlauf der Studien jedoch nicht als Konstanten, die die Befunde quasi-automatisch vorstrukturieren. Vielmehr orientierte sich die Auswahl der Familien im Verlauf der Studien – im Sinne von Breuer (2010) und Glaser & Strauss (2010) – am empirischen Erkenntnisgewinn.[7]

5 Befunde[8]

Die Ergebnisse aus dem Untersuchungsbereich ‚Eltern' verweisen klar darauf, dass Kindern im Bereich Bewegung bereits *früh* unterschiedliche Lern- und Er-

6 Darüber hinaus wurden die Kinder bei ihren individuellen Sport- und Bewegungsaktivitäten begleitet und in Form von Feldgesprächen aufgefordert, ihre Tätigkeiten zu kontextualisieren und deutend auszulegen. Ziel war es hier, die Bedeutsamkeit der jeweiligen Aktivität auch aus der Perspektive der Kinder zu erfassen sowie das jeweilige Bewegungssetting im Hinblick auf vorstrukturierende Erfahrungsmöglichkeiten, Profilsetzungen etc. auszulegen.

7 Dass das Vorgehen die Gefahr der Reifizierung der Geschlechter- und Milieuunterschiede birgt und durch die Beschreibung der Differenzen auch zu einer (kognitiven) Stabilisierung derer beigetragen werden kann, ist den Forscher_innen bewusst und wurde im Forschungsprozess durchgängig mitreflektiert. Die grundsätzliche ‚Problematik', dass unser Wissen unsere Wahrnehmungen (vor-)strukturiert und unsere Vorannahmen unsere Nachforschungen im Feld beeinflussen, kann – trotz methodischer Sensibilität und hoher Selbstreflexivität –nicht völlig getilgt werden.

fahrungsgelegenheiten *geschlechtsgebunden* eröffnet werden. Zwar verweisen die untersuchten herkunftsdeutschen Eltern im explizit normativen Bereich darauf, dass sie ihre Kinder in Abhängigkeit ihres individuellen „Typs“, „Temperaments“ oder „Charakters“ in ihrer Persönlichkeitsentwicklung fördern wollen und das jeweilige Geschlecht des Kindes dabei kaum eine Rolle spielen würde. Auf einer tiefer liegenden Bedeutungsschicht der Interview- und Beobachtungsdaten stellt sich jedoch milieuübergreifend heraus, dass im Bereich ‚Körper, Bewegung und Sport‘ eine Praxis der Differenzierung nach Geschlecht dominiert, in der traditionelle geschlechts- und körperbezogene Bilder noch weitgehend eingelagert sind.

Im Folgenden werden die Ergebnisse in konturierender Form vorgestellt. Exponiert wird einerseits die Phase des Kindergartenalters (4.1), in welchem die Bewegungsaktivitäten der Kinder noch eng an die Eltern gekoppelt sind; andererseits die Phase des Grundschulalters (4.3), in welchem sich die kindlichen Bewegungsaktivitäten zunehmend von den Eltern abkoppeln und vielfach in institutionellen Settings stattfinden. Inhaltlich strukturierend sind ferner auffällige geschlechtsbezogene Handlungsroutinen, Deutungsmuster und Legitimierungstheorien der Eltern.

5.1 Kindergartenalter[9]: Zur unbemerkten Verfestigung dualer Geschlechterbilder in der frühkindlichen Bewegungspraxis

Obgleich die untersuchten Eltern regelmäßig darauf verweisen, dass die Kategorie ‚Geschlecht‘ im Umgang mit ihrem Kind kaum Bedeutung hätte, fällt die zweigeschlechtliche Polarisierung bei den Eltern schnell ins Auge. Sie zeigt sich im Kindergartenalter auffällig im Rahmen von Kinderzimmer, Kleidung und Spielsachen – sie erweist sich aber vor allem als *nahezu durchgängig* in Bezug auf geschlechtsspezifische Applikationen, die das Kindergartenkind Tag für Tag auf Kindergartentaschen, Brotdosen, Getränkeflaschen, Hausschuhen u. v. m. begleiten. Die allgegenwärtigen Applikationen rekurrieren dabei vor allem auf Protagonist_innen aus Geschichten, Filmen etc., die für Kinder dieser Altersgruppen aktuelle Relevanz haben. Die Symbolik realisiert sich bei Jungen – neben klassischen Motiven wie Fußball, Feuerwehr etc. – derzeit in Form von (als Markenzeichen geschützten und unter Lizenz auf zahlreichen Produkten vertriebenen) Figuren, wie Lightning McQueen (‚erfolgreicher Rennwagen‘) und Spider-Man (‚Action-

8 Im Folgenden wird auf fallübergreifende Untersuchungsergebnisse bezogen auf herkunftsdeutsche Eltern fokussiert. Auch wenn individuelle Unterschiede selbstredend bei allen herkunftsdeutschen Elternteilen zu konstatieren sind und milieuspezifische Ausprägungen bzgl. der erzieherischen Umgangsweisen deutlich werden, zeigen sich im Kern (im Hinblick auf die im Folgenden beschriebenen Muster) klare Übereinstimmungen.

9 Die Ergebnisse wurden bereits in verschiedenen Beiträgen veröffentlicht (u. a. in Erhorn & Schwier, 2015).

held‘) sowie Motiven aus StarWars (‚Heldenepos‘), die jeweils Actionbereitschaft und Stärke, Raumexploration und Wettbewerbsbereitschaft, Technik und Angriff symbolisieren. Bei Mädchen dominieren aktuell im Kindergartenalter abgebildete Motive wie Prinzessin Lillifee (‚kleine Blütenfee‘), Hello Kitty (‚backende Katze‘), Filly (‚königliche, elfenartige Mini-Pferde bzw. Einhörner‘) etc., die in ihren prägenden Eigenschaften jeweils Harmonie, Ästhetik und Phantasie verkörpern. In der Untersuchung ist diese Symbolik, mit der die Kinder ausgestattet werden, insofern relevant, als dass sie polarisierende körperliche Verhaltenserwartungen bei den Kindern aufruft bzw. *körpernahe Identifikationsangebote* nahelegt. So nehmen die Jungen in ihrem Bewegungsverhalten beispielsweise immer wieder explizit durch symbolische Schwertkämpfe, das Einnehmen dominierender Posen, action- und risikoreiches Bewegungshandeln etc. darauf Bezug. Im Gegensatz dazu zeigt sich bei Mädchen im Bewegungshandeln kaum Bezug auf ‚ihre‘ Symbolik, was auf die geringe Bewegungsaffinität ihrer Figuren verweist.

Auch auf der Ebene der *alltäglichen Bewegungsaktivitäten* mit den Kindern werden, so die Befunde der Untersuchung, einschlägige Erfahrungsräume geschlechtsgebunden eröffnet. Insbesondere die Jungen, so haben die verbalen Daten gezeigt, erfahren über die Väter bzw. männlichen Bezugspersonen in Bewegungssituationen (z. B. Bewegungsspiele im Freien, körperbezogene Interaktionen zu Hause, Schwimmbadbesuche) immer wieder mehr oder weniger subtile Ermunterungen zum Stärke zeigen, (wett-)kämpfen, Risiken eingehen, Grenzen austesten u. Ä. Die angebotenen Bewegungsmuster sind also tendenziell kompetitiv, explorativ und risikoreich angelegt. Die Ermunterung zu einschlägig ästhetisch-expressiven oder tänzerischen Bewegungsformen durch männliche Bezugspersonen wurde nur im Einzelfall konstatiert.

Mit Mädchen wird zwar auch in ähnlichen Bewegungskontexten agiert, die mit ihnen gestalteten Bewegungssituationen haben jedoch in der Tendenz andere bzw. *noch weitere* sinnhafte Ausrichtungen. Hier dominiert ein Eingehen auf die Bewegungsideen der Mädchen, ein Einlassen auf ihr Bewegungstempo anstelle von proaktiven und vor allem von provokativen Anreizen zur Überbietung oder Bewegungsintensivierung durch die Eltern. Bewegungsideen werden hier, so die Daten, in der Tendenz immer wieder kommunikativ ausgehandelt oder in Absprache modifiziert. Kämpferische Bewegungsmuster oder explizite Ermunterungen zu risikoreichen explorativen Aktionen konnten – im Vergleich zu den untersuchten Jungen – nur in Einzelfällen ausgemacht werden. Aufforderungen der Mädchen, ihre „Stärke zu zeigen“, erfolgten im Vergleich zu den Jungen in einem eher nachsichtig-belustigenden Kontext.

5.2 Naturalisierung der Jungen vs. Individualisierung der Mädchen

Einen Widerspruch zwischen formulierten geschlechtsunabhängigen Erziehungsansprüchen und der alltäglichen Handlungspraxis, welcher traditionelle Geschlechterbilder innewohnen, nehmen die untersuchten (herkunftsdeutschen) Eltern kaum wahr. Sie legitimieren ihre Handlungspraxis im Bereich Bewegung vielmehr durch (implizite) Verweise auf biologische Grundbedingungen und stecken damit eine grundsätzliche Differenz zwischen Jungen und Mädchen ab: Jungen werden in Bezug auf ihre körperlichen Bewegungsbedürfnisse im Kern als biologisch einschlägig determiniert wahrgenommen. Verhaltensmuster, die mit diesem Bewegungsverhalten einhergehen, zum Beispiel Dominanz- oder Vergleichsstreben, werden damit gleichsam als quasi-natürliches männliches Verhalten bezeichnet („Das ist eben ein Junge"; „Jungen brauchen das eben, so Kämpfen und so").

Widerspricht ein fünf-, sechsjähriger Junge dem gängigen Normenspektrum in weiten Teilen, insofern er z. B. als ängstlich-unsicher in Bewegungssituationen wahrgenommen wird *und* bei ihm ästhetisch konnotierte Bewegungshandlungen dominieren, so erfährt dieses *‚andere'* Bewegungsverhalten der Jungen besondere Aufmerksamkeit. Das Verhalten dieser Jungen wird in Folge vielfach als zeitlich begrenzt deklariert („Der braucht halt seine Zeit"), argumentativ relativiert und oftmals zum Objekt pädagogischer Interventions- und Fördermaßnahmen gemacht. Darüber hinaus ist teilweise auch eine unterschwellige (und durchaus homophobe) Form der Sexualisierung des Jungenverhaltens zu konstatieren, insofern nicht selten bzgl. des für Jungen als atypisch *und* weiblich wahrgenommenen Bewegungshandelns auf die ‚sexuelle Ausrichtung' des Jungen angespielt wird, wenn es aus Sicht der interviewten Elternteile der als – selbstverständlich gesetzten – heteronormativen Rahmung nicht entspricht („Der tänzelt dann so schwul rum.").[10]

Mädchen werden im Bereich Bewegung dagegen eher als biologisch unspezifisch wahrgenommen. Es existiert zwar auch für das (Bewegungs-)Verhalten von Mädchen eine verinnerlichte Typik, an der die Eltern Abweichungen festmachen („die ist eben nicht das typische Mädchen"). Auf der Ebene des beobachtbaren Bewegungsverhaltens wird ihnen jedoch ein prinzipiell breiteres Verhaltensspektrum zugestanden – auch wenn dieses nicht aktiv und nicht in der Breite durch erzieherische Impulse provoziert wird. Das von den Eltern „eigentlich mädchenuntypisch" umschriebene Bewegungsverhalten („Die ist wild und eher draufgän-

[10] Das subtile Bild eines Jungen wird hier gewissermaßen durch die Vision einer sexuellen Ausrichtung auf das weibliche Geschlecht komplettiert. Mit Blick auf (vermeintlich) jungentypische Verhaltensmuster, wie Machtgesten und Dominanzstreben, werden die Geschlechter implizit in ein einschlägiges hierarchisches Verhältnis zueinander gesetzt.

gerisch"; „Die geht auch gut mit dem Ball um") wird im Übrigen mit gewissem Stolz bzw. durchaus positiv konnotiert; gleichsam aber damit in der Regel in das typische Verhaltensrepertoire der Jungen verortet („Die ist eher wie ein Junge"; „An der ist ein Junge verloren gegangen"). Die positive Konnotierung verweist auf eine implizite Anerkennungshierarchie, die sich am Geschlecht orientiert und ‚den Jungen' – hier im Bereich Bewegung – einen Vorsprung attestiert („Die steht den Jungen in nichts nach!").

Des Weiteren wird sowohl bei in Bewegungssituationen ängstlichen oder unsicheren Mädchen, als auch bei einem Bewegungsverhalten, das als „wild", „draufgängerisch" oder „jungenhaft" gekennzeichnet ist, auf die *individuelle Persönlichkeit* des Mädchens als Ursache rekurriert, und nicht wie bei Jungen auf am Geschlecht festgemachte biologische Bedürfnisse oder – bei einer Abweichung von der verinnerlichten Typik – auf Entwicklungsbesonderheiten.

Der Rekurs auf (oder auch der latente Glaube an) biologische Bedürfnisse der Jungen und die prinzipielle biologische Offenheit der Mädchen stehen wiederum in Verbindung mit den assoziierten (wenn auch nicht aktiv genutzten) Chancen des erzieherischen Einflusses der Eltern auf ihr Kind. So legen die Daten den Schluss nahe, dass bei Jungen tendenziell der elterliche Handlungsspielraum geringer ausgelegt wird, da sie quasi natürliche Bedürfnisse bedienen müssen („Der braucht das!"). Bei Mädchen wird der erzieherische Spielraum – aufgrund der zugeschriebenen ‚biologischen Unbestimmtheit' – dagegen potenziell größer wahrgenommen. Im Hinblick darauf, dass quasi kein spezifisch-natürlicher Entwicklungsverlauf vermutet wird, ‚*darf*' das Bewegungsverhalten der Mädchen im Sinne des verinnerlichten traditionellen Normenspektrums eingeschränkt oder im Sinne eines emanzipatorischen Normenspektrums frei gefördert werden. Eine Mutter drückt es pointiert wie folgt aus: „Man versucht einen Jungen eigentlich wie einen Jungen zu erziehen und bei Mädchen ist es egal."

Diskursfähig ist dieses Geschlechterwissen jedoch selten bzw. wird eher bei bildungsfernen Elternteilen explizit in die Argumentation miteinbezogen. Insbesondere bei bildungsnahen Eltern fällt immer wieder auf, dass sich Elternteile schwertun, ihre implizite biologistische Argumentation zu kommunizieren, da der normative erzieherische Diskurs dieser Eltern offensichtlich durch Werte, wie Gleichberechtigung der Geschlechter, Persönlichkeitsentfaltung etc., dominiert wird und die Eltern für sich beanspruchen, die ‚alten Geschlechterbilder' in ihrem Denken überwunden zu haben.

5.3 Grundschulalter: Die Zurückweisung von geschlechtsbezogener Sozialisations- und Erziehungsverantwortung

Im Grundschulalter setzt sich die beschriebene geschlechtsbezogene Sozialisation in den Grundsätzen weiter fort. Flankiert von – durch die Eltern ermöglichten – allgegenwärtigen geschlechtstypischen Applikationen auf Ranzen, Federmappen, T-Shirts etc., ausgestattet mit einschlägigen Mädchen- und Jungenaccessoires und symbolisch zweigeschlechtlich verkörpert (Frisuren, Kleidung, Schuhe etc.) zeigen die Kinder ihre geschlechtliche Zugehörigkeit im Alltag deutlich an.[11] Ein Junge oder ein Mädchen zu sein, erfährt darüber hinaus auf struktureller bzw. auf institutioneller Ebene eine größere Betonung als im Kindergartenalter, insofern Schulen, Vereine etc. zunehmend symbolhaft darauf Bezug nehmen. Das heißt, während im Kindergartenalter noch geschlechtsübergreifende Kurs- und Vereinsangebote typisch sind und auch bei Toiletten- und Umkleideräumen in der Regel nicht nach Geschlechtern separiert wird, greift im Grundschulalter zunehmend das Prinzip der Geschlechtertrennung: Einerseits auf der formal ausgewiesenen Ebene (Sanitärräume, Leistungen bei Bundesjugendspielen etc.), andererseits aber auch im privaten Kontext der Kinder. Unseren Beobachtungen nach werden die im Kindergartenalter noch typischen geschlechtsgemischten Verabredungspraxen, geschlechtsgemischte Kindergeburtstage und der Besuch von geschlechtsübergreifenden Sportangeboten ab der ersten Klasse deutlich seltener. Auch auf dem Schulhof zeigen sich die Kinder zunehmend in geschlechtshomogenen Gruppen.

Die Eltern beobachten bei ihren Kindern auf der Interessens- und Verhaltensebene vielfach eine zunehmend ausgeprägte Geschlechtstypik, auch wenn sie diese mit Verweis auf die Individualität ihrer Kinder stets mehr oder weniger relativieren („aber er ist nicht durchgängig so.“). Eine aktive Einflussnahme auf die geschlechtsspezifische Prägung ihrer Kinder zu haben, sprechen sie sich jedoch weitgehend ab. Die Eltern reden von den ausgebildeten Interessen ihrer Kinder vielmehr im Sinne von unbeeinflussbaren Entitäten und stellen diese quasi unabhängig von ihrer bisherigen elterlichen Einwirkung dar („Wir haben da eigentlich nicht so viel beigetragen“). Zum einen wird den Peers im Verlauf des Grundschulalters eine zunehmend bedeutsamer werdende Rolle bei der geschlechtsbezogenen Sozialisation zugesprochen. Zum anderen plausibilisieren die Eltern nach wie vor regelmäßig kompetitives, actionreiches und intensives Bewegungshandeln (z. B. imaginäre Schwertkämpfe, wilde Tobespiele) ihres Sohnes mit dem Hinweis auf die ‚Natur‘ von Jungen. Bei Mädchen wird bei vergleichbaren Ausprägungen ihres Bewegungsverhaltens vom ‚individuellen‘ Temperament gespro-

11 Nur im Einzelfall waren die Symboliken nicht eindeutig (z.B. lange Haare bei Jungen; Undercut bei Mädchen). In der Regel wurde jedoch durch entsprechende Verweise (wie die Auswahl und die Farben der Kleidung) eine geschlechtliche Identifizierbarkeit (wieder-)hergestellt.

chen; zum Teil auch in positiver Konnotation von „Jungenanteilen“ bei ihrer Tochter. Im umgekehrten Fall, wenn der Junge in weiten Teilen dem verinnerlichten Normenspektrum eines Mädchens entspricht, wird dies dagegen durchaus mit (etwas) Sorge registriert.

In einigen Fällen konnte zwar konstatiert werden, dass vor allem bildungsnahe Mütter – mit einem Anflug gewissen Bedauerns – die (mehr oder weniger) klassische geschlechtstypische Interessensentwicklung beschreiben; eine aktive erzieherische ‚Gegensteuerung‘ wird aber gleichwohl nicht realisiert. Vielmehr wird an diesen Stellen der Interviews der Glaube an eine gewisse Zwangsläufigkeit der geschlechtsbezogenen Interessensentwicklung (wieder) virulent („Naja, so ist das eben bei Jungen“), auf die Bedeutung der Anerkennungspraxis der Peers hingewiesen („Da fällt er schon auf, wenn ... er nicht gegen den Ball treten kann. ... Wenn Du nicht mithalten kannst, bist du eben raus“) oder auch auf einen quasi unausweichlichen gesellschaftlichen Druck („Das ist die Gesellschaft ... “). Unter dem Strich wird nahezu durchgängig der Wunsch der Kinder nach einer geschlechtstypischen Ausstattung als Primat des elterlichen Handelns deklariert („Soll ich der das verbieten und sagen: Nein, du gehst jetzt zum Fußball und nicht zum Tanzen, weil du nicht so'n Mädchen-Mädchen werden sollst?“; „Das kann ich dem ja nicht verbieten!“) – selbst dann, wenn diese geschlechtstypischen Wünsche der eigenen gesellschaftspolitischen Überzeugung widersprechen.[12]

5.4 *Sport als Freizeitbeschäftigung im Grundschulalter: Geschlechtstypisch aufgeladen – geschlechtsneutral verhandelt*

Mit steigendem Grundschulalter finden die Bewegungsaktivitäten weniger im Rahmen von Eltern-Kind-Aktivitäten statt, sondern zunehmend im Rahmen von Peers oder im Verein. Fast nur noch am Wochenende, an besonderen Tagen oder in den Ferien werden von den Eltern aus exklusiv Bewegungsaktivitäten initiiert und flankiert (Schwimmbadbesuche, ausgewählte sportive Aktionen o. Ä.). Die noch im Kindergartenalltag typischen täglichen (und oftmals von erzieherischen Gedanken flankierten) Bewegungs*interaktionen* zwischen Kind und Mutter, die unmittelbar und spontan im Alltag integriert waren, wie z. B. die Begleitung der kindlichen Bewegungsaktivitäten auf dem Spielplatz, direkte Bewegungsbegleitung im Schwimmbad, Begleitung bei Bewegungsexperimenten (Springen von Treppenstufen etc.) oder beim Erlernen neuer Fähigkeiten (Laufrad oder Fahrrad fahren etc.), nehmen mit steigendem Schulalter rapide ab. Vielfach nehmen die Väter im Grundschulalter eine vergleichsweise größere sportsozialisatorische Funktion ein, insofern sie mit den Kindern bewegungsintensive Tätigkeiten rea-

12 Auch in den untersuchten Familien, in denen bewusst feministische Ansichten vertreten wurden, wurde der Widerspruch nicht zugunsten der eigenen genderbezogenen Überzeugung gelöst.

lisieren („Dafür ist mein Mann zuständig"; „Wenn mein Exmann die Kinder hat … geht er schwimmen, Fußball, solche Sache. Da ist immer Action.").[13] Ähnlich den Ergebnissen im Kindergartenalter entfalten sich bei Vater-Sohn-Interaktionen während des sportlichen Tuns vielfach besondere Sinnperspektiven, wie Wettkampf und Leistungsfähigkeit. Bei Aktivitäten mit der Tochter bringt sich der Vater, soweit interpretierbar, vielfach in der Rolle des Unterstützers und z. T. auch Bewunderers ein; während er beim Sohn tendenziell in der Rolle des Herausforderers fungiert.

Aus der Perspektive der Eltern sind im Grundschulalter Sport und Bewegungsaktivitäten für Jungen und Mädchen von hoher Bedeutung. Während im Kindergartenalter bewegungs- und sportbezogene Aktivitäten eher der Charakter des ‚Ausprobierens' und ‚Kennenlernens' zugeschrieben wird, geht es im Grundschulalter zunehmend um den Erwerb von motorischen Kompetenzen, die Ausbildung bzw. Schärfung eines Hobbies etc. Sport und Bewegung werden als körperlich notwendig interpretiert, im Sinne gängiger Freizeitgestaltung als selbstverständlich deklariert und unter dem Gesichtspunkt des Verfügens über sportliche Kompetenzen als sozial vorteilhaft ausgewiesen. Den jeweiligen Effekt der ausgeübten Sportarten bilanzieren die Eltern in der Regel sportartunabhängig. Sport, so ist den Interviewaussagen zu entnehmen, scheint per se sozial erwünschte Kompetenzen wie Anstrengungsbereitschaft, Disziplin, „Mannschaftsgeist" u. Ä. zu fördern und ist damit erzieherisch zunächst positiv konnotiert. Gleichzeitig wird Sport in der Tendenz als ein geschlechtsneutrales Handlungsfeld konstruiert; erst auf der tiefer liegenden Bedeutungsstruktur der Aussagen zeigt sich, dass die Eltern durchaus geschlechtsspezifische Erwartungen an ihn herantragen.

Bei der *Sportartenwahl* der Kinder und der Ausrichtung ihrer informellen Bewegungsaktivitäten wird in der Tendenz eine Geschlechtertypik deutlich. Zwar haben wir, indem wir gezielt auch Settings aufgesucht haben, die nicht im traditionellen Sinne klassisch geschlechtstypisch sind (z. B. Tanzen für Jungen; Kämpfen für Mädchen), auch Eltern gefunden, die ganz bewusst „andere" als die traditionell geschlechtstypischen Bewegungsfelder für ihre Kinder suchen, und Sportarten und Bewegungsfelder aufgesucht, die geschlechtsneutral verhandelt werden.[14] Routinemäßig werden die Mädchen und Jungen aber offensichtlich nach wie vor (auch) mit geschlechtsstereotypen Ansprüchen im Sport konfrontiert.

Bei *Jungen* nimmt milieuübergreifend der Bereich „Fußball" eine *herausragende* Bedeutung in der Lebenswelt ein (im Sinne von Vereinsmitgliedschaft, medialem Interesse, Pausen- und Freizeitgestaltung). Während bildungsferne Eltern

---

13 Die Mutter übernimmt im Kontext des organisierten Sports in der Regel unterstützende Aufgaben, wie die Kinder zum Training zu fahren, Sportwäsche zu waschen u. Ä.

14 Bei der Sportartenwahl spielt darüber hinaus auch die biografische Nähe der Mutter oder des Vaters zu der ausgewählten Sportart der Tochter oder des Sohnes eine Rolle.

dieses Hobby mit knappen Worten als mehr oder weniger „normal“ für das jeweilige Geschlecht ausweisen, verweisen bildungsnahe Eltern darüber hinaus oft auch wortreich auf den ‚*individuellen*‘ Wunsch ihres Sohnes, Fußball zu spielen, zum Teil auch auf das besondere Talent, auf den unausweichlichen Einfluss der Peers etc. Zwar wird (insbesondere von den Müttern) im Kontext vom Vereinsfußball der ruppige Umgangston der Trainer, das elterliche Verhalten am Spielfeldrand und infolgedessen der Druck, dem die Jungen ausgesetzt sind, vielfach beklagt; manchmal auch eine mädchendiskriminierende Haltung der Akteure konstatiert („Da schreit der dann, ‚eye, spiel nicht so wie'n Mädchen!‘“). Die Jungen aus dem Vereinssetting herauszunehmen, wird jedoch nicht (ernsthaft) in Erwägung gezogen, solange die Jungen sich dies nicht selbst wünschen bzw. proaktiv vorschlagen.

Thematisch in den Interviewpassagen virulent und offensichtlich, aus Sicht der Eltern sozialisatorisch von Bedeutung, sind im Kontext von Fußball vor allem die hohe Ernsthaftigkeit und der Leistungsgedanke, mit denen die Söhne diese Sportart (mit ihren Freunden) betreiben. Geschürt wird diese Ernsthaftigkeit vor allem durch die Väter, insofern diese gemeinsam mit ihren Söhnen Fußball in den Medien verfolgen, diese die Söhne mit Trikots der Idole ausstatten u. Ä.

Bei Jungen, die kaum oder keinerlei Interesse am kompetitiven sportlichen Tun haben und durch Ängstlichkeit im Bewegungsverhalten sowie Einzelgängertum auffallen, wird von elterlicher Seite in mehreren Fällen Fußball (oder auch anderer Mannschaftssport) als erzieherisches Mittel in Erwägung gezogen oder erprobt („Das hat auch der Kinderarzt uns dann empfohlen, weil er so unsicher ist.“). Auch wenn bei den betreffenden Gesprächspassagen die Kategorie ‚Geschlecht‘ nicht direkt angesprochen wurde, erscheint (insbesondere im kontrastiven Vergleich mit den Mädchen) naheliegend, dass diese Intervention durchaus geschlechtsspezifisch angelegt ist: Man erhofft sich durch die Teilnahme an einer Mannschaftssportart die Ausbildung von Durchsetzungsfähigkeit, Teamgeist und Abhärtung („dass er da auch lernt, … “). Als übergeordnete Handlungsorientierung zeigt sich hier die Sorge vor Stigmatisierungen durch die Peers, wenn der Sohn nicht hinreichend ‚jungengerechtes‘ Bewegungsverhalten an den Tag legt.

Bei den *Mädchen* zeigt sich im Grundschulalter eine Vielzahl an verschiedenen sportiven Freizeitaktivitäten. Als traditionell geschlechtstypisch erweist sich der Bereich „Tanzen und Turnen“ (bei bildungsnahen Eltern auch „Reiten“) von auffälliger lebensweltlicher Bedeutung. Zu konstatieren ist jedoch gleichsam, dass Mädchen im Gegensatz zu Jungen vielfach auch bei traditionell nicht geschlechtstypischen Bewegungsfeldern angemeldet werden. Hier ist die Entscheidung vielfach bewusst getroffen worden; die von den Eltern erhofften Sozialisationseffekte sind dabei mitunter emanzipatorischer Natur („eben nicht so mädchentypisch“). Die Teilnahme in diesen Feldern wird dabei jedoch kommunikativ deutlich an-

ders verhandelt als bei den Jungen. In den Gesprächspassagen zum Beispiel im Kontext Fußball wird von Eltern (anstelle der Ernsthaftigkeit und Leistungsbezogenheit bei Jungen) vorwiegend der „Spaß an der Sache“ und die Möglichkeit des ‚Jederzeit-Aufhören-Könnens‘ betont. Damit erhält das Fußballspielen der Mädchen den Charakter des Unverbindlichen und Austauschbaren („das ist so ein Versuchsballon“). Die bei den Jungen zu konstatierende profilschärfende Ernsthaftigkeit des Hobbies (siehe Trikots, Verfolgen der Medienberichte) wird bei den Mädchen durch die Eltern kaum geschürt.

Analog zu der oben angedeuteten potenziellen Offenheit (vgl. 4.2) des von den Eltern konstruierten ‚Naturells‘ werden Mädchen im Vergleich zu Jungen auch deutlich seltener im Kontext ihres Bewegungsverhaltens als ‚normabweichend‘ deklariert. Offensichtlich ist das bei Eltern verinnerlichte Normenspektrum bei Mädchen auch im Grundschulalter noch weit gespannt. Wurde dennoch Interventionsbedarf in Erwägung gezogen (zum Beispiel bei bewegungsbezogenen Auffälligkeiten wie Unsicherheit und Ängstlichkeit), so wurden vor allem Sportarten gesucht, von denen die Eltern dachten, dass sie mit ihren Verhaltensauffälligkeiten korrespondierten (auffallend der Bereich Tanz) bzw. die die Mädchen *nicht* mit ihren ‚Schwächen‘ konfrontieren und somit nicht unter gewissen Druck setzen, wie es bei den Jungen zu beobachten war.

Die im Vergleich zu den Söhnen größere Akzeptanz gegenüber der Bandbreite im Bewegungsverhalten sowie die prinzipielle Offenheit, was die Sportartenwahl der Mädchen betrifft, wird, so deuten die Daten an, gegen Ende des Grundschulalters wieder eingeschränkt. Die bei vielen Mädchen einsetzenden körperlichen Veränderungen veranlassen einige Eltern, die Mädchen im Kontext von Bewegung bewusst in Augenschein zu nehmen. So wird nun gezielt beobachtet, ob Kleidung oder Bewegung nicht zu „aufreizend“ sind, es wird reflektiert, ob das Bewegungsverhalten nicht zu maskulin geprägt ist u. Ä. Das heißt, der ursprünglich weite erzieherische Spielraum der Bewegungserziehung und -sozialisation wird mit Blick auf das andere Geschlecht wieder verengt – zumindest gedanklich im Interview.

6 Zusammenfassung: Eltern – Wissen – Macht – Geschlecht

Obgleich der elterliche Diskurs zum Thema Erziehung und Geschlecht auf Werte wie Gleichbehandlung der Geschlechter und Individualität abhebt, erweisen sich im Kindesalter die Bereiche Körper und Bewegung als (milieu-)übergreifender Anker für die Verfestigung geschlechtsbezogener Ungleichheiten. Im Kindergartenalter eröffnen Eltern den Jungen und Mädchen mehr oder weniger subtil geschlechtsbezogene Sinndimensionen im Kontext gemeinsamer Bewegungssituationen im Alltag, die vor allem bei Jungen mit Risiko, Überbietung und Stärke, bei Mädchen vor allem mit Kooperation, Ästhetik und unverbindlichem Ausprobie-

ren zu charakterisieren sind. Darüber hinaus statten die Eltern milieuübergreifend ihre Kinder auf einer für alle sichtbaren Ebene mit klassischen geschlechtsspezifischen Symbolen aus, die vor allem Jungen traditionell geschlechtsspezifische, körperbezogene Identitätsangebote machen. Im Grundschulalter – in welchem die Kategorie Geschlecht in institutionellen Zusammenhängen eine größere Rolle spielt, sich die einverleibten geschlechtsbezogenen Handlungsmuster auf der Bewegungs(-verhaltens)ebene der Kinder vielfach deutlicher zeigen, (vor allem wenn sie im Kontext geschlechtshomogener Gruppierungen agieren) – übernehmen zunehmend die Peers, sportvereinsbezogene Angebote u. Ä. die Flankierung und auch Forcierung einschlägigen geschlechtstypischen Verhaltens im Kontext von Bewegung und Sport.

Auffällig ist, dass die Eltern, obgleich sie eine aktive Funktion und auch einen deutlich sichtbaren Beitrag in der geschlechtsspezifischen Körper-, Bewegungs- und Sportsozialisation einnehmen, ihren aktiven Part bei der Ausbildung geschlechtsbezogener Verhaltensmuster im Kontext von Bewegung und Sport negieren. Sie vermuten vielmehr bei den Jungen eine ‚natürliche Anlage' für kompetitives, risikoreiches, intensives Bewegungsverhalten und fühlen sich in der ‚Verantwortung' (im Sinne der Bedürfnisbefriedigung oder auch hinsichtlich gesellschaftlicher Erwartungen), diese Bedarfe zu bedienen. Im Falle einer Kontrastierung ihrer jungenbezogenen Erwartungen wird durchaus auch durch einschlägige Bewegungs- und Sportangebote in der ‚Entwicklung' der Jungen nachjustiert. Mädchen, denen in der Regel keine biologische Spezifität zugesprochen wird, wird grundsätzlich ein breiteres Verhaltensspektrum im Kontext von Bewegung zugestanden, wenn auch im Vergleich zu den Jungen selten proaktiv herausgefordert. Mit Blick auf die körperliche Entwicklung der Mädchen Ende des Grundschulalters und der antizipierten Thematik der ‚Attraktivität für das andere Geschlecht' wird jedoch das vormals weite Zugeständnis teilweise wieder eingeschränkt. Pointiert formuliert: mit dem verinnerlichten traditionell männlichen Blick werden emanzipatorische Zugeständnisse gewissermaßen wieder zurückgesetzt und Jungen und Mädchen in einem traditionell hierarchischen Verhältnis verortet.

Alles in allem zeigt sich, dass Eltern ‚Geschlecht' nicht als relevante Kategorie im Kontext familialer Bewegungssozialisation und -erziehung ausweisen, gleichzeitig aber auf der Handlungsebene mehr oder weniger subtil einer geschlechtspolarisierten Verhaltenserwartung Vorschub leisten und eine einschlägige Geschlechtersozialisation im Bereich Körper, Bewegung und Sport befördern. Die in den elterlichen Handlungen eingelagerten traditionellen Geschlechterbilder werden – oft in der Überzeugung, diese bereits überwunden zu haben selten reflektiert. Geraten die eingelagerten Geschlechterbilder dennoch in den Bereich des Bewusstseins (zum Beispiel im Interview), so wird sich ihnen selten reflexiv

zugewendet. Vielmehr werden die traditionellen Geschlechterbilder mit Hinweis auf die *Natur*, die *Individualität* der Kinder oder mit Blick auf Anforderungen der *Gesellschaft* gewissermaßen gefestigt. Der aktualisierte Widerspruch zwischen normativem Denken und praktischem Handeln wird durch die praktischen Legitimationstheorien also gleichsam kurzfristig wieder eingeschläfert; die eigene geschlechtsbezogene Erziehungs- und Sozialisationsverantwortung zurückgewiesen.

Insgesamt verdeutlicht dieser Prozess die mehr oder weniger subtile elterliche (Konstruktions- und Handlungs-)Macht bezogen auf Körper und Geschlecht der Kinder auf imposante Weise: Inkorporierte Routinen der Eltern befördern eine geschlechtstypische Bewegungssozialisation, in der traditionelle Verhaltensmerkmale von Mädchen und Jungen und eine Hierarchie der Geschlechter eingelassen sind. Routinierte Diskurse zur Relativierung von Geschlecht überdecken diese Praxis und geben ihr so gleichsam die Chance, sich unbemerkt zu stabilisieren.

Literatur

Berger, L. P. & Luckmann, T. (1993). *Die gesellschaftliche Konstruktion der Wirklichkeit. Eine Theorie der Wissenssoziologie* (5. Aufl.). Frankfurt am Main: Fischer.

Bilden, H. (1991). Geschlechtsspezifische Sozialisation. In K. Hurrelmann & D. Ulich (Hrsg.), *Neues Handbuch der Sozialisationsforschung* (4., völlig neubearbeitete Aufl.) (S. 281–303). Weinheim: Beltz.

Blumer, H. (1973). Der methodologische Standort des symbolischen Interaktionismus. Die Grundsätze des symbolischen Interaktionismus. In Arbeitsgruppe Bielefelder Soziologen (Hrsg.), *Symbolischer Interaktionismus und Ethnomethodologie* (S. 80–100). Reinbek: Rowohlt.

Bollig, S. & Kelle, H. (2012). Vergleichen und Kontrastieren. Zur analytischen Konstruktion von Feldern und Vergleichsobjekten in der ethnographischen Forschung. In B. Friebertshäuser, H. Kelle, H. Boller, S. Bollig, C. Huf, A. Langer, M. Ott & S. Richter (Hrsg.), *Feld und Theorie. Herausforderungen erziehungswissenschaftlicher Ethnographie* (S. 201–216). Opladen: Barbara Budrich.

Breuer, F. (1996). *Qualitative Psychologie. Grundlagen, Methoden und Anwendungen eines Forschungsstils*. Opladen: Westdeutscher Verlag.

Breuer, F. (2010). *Reflexive Grounded Theory. Eine Einführung in die Forschungspraxis* (2. Aufl.). Wiesbaden. VS.

Derecik, A. (2011). Der Schulhof als sozialer Raum zur Erprobung und Herstellung von Geschlechterverhältnissen. In J. Erhorn, J. Wibowo, I. Bähr & C. Krieger (Hrsg.), *Geschlecht und bewegungsbezogene Bildung(sforschung): Jahrestagung der dvs-Kommission Geschlechterforschung vom 18.-20. November 2010 in Hamburg* (Band 218) (S. 73–78). Hamburg: Feldhaus.

Diketmüller, R. (2004). „Wilde Spiele" im Sportunterricht für Mädchen – „Gegenerfahrungen" ermöglichen und Handlungsperspektiven erweitern. *Mädchen im Turnsaal, 3*, 6–10.

Erhorn, J. (2011). „Und dann wird es zum Spiel irgendwie“ – Geschlechterbeziehungen im Kontext von Bewegung, Spiel und Sport. In I. Bähr, J. Erhorn, C. Krieger & J. Wibowo (Hrsg.), *Geschlecht und bewegungsbezogene Bildung(sforschung): Jahrestagung der dvs-Kommission Geschlechterforschung vom 18.-20. November 2010 in Hamburg* (Band 218) (S. 66–72). Hamburg: Feldhaus.

Fischer, K. (2010). Die Bedeutung der Bewegung für Bildung und Entwicklung im (frühen) Kindesalter. In G. E. Schäfer, R. Staege & K. Meiners (Hrsg.), *Kinderwelten – Bildungswelten. Unterwegs zur Frühpädagogik* (S. 117–130). Berlin: Cornelsen-Scriptor.

Gieß-Stüber, P., Voss, A. & Petry, K. (2003). Gender Kids – Geschlechteralltag in der frühkindlichen Bewegungsförderung. In I. Hartmann-Tews, P. Gieß-Stüber, M. L. Klein, C. Kleindienst-Cachay & K. Petry (Hrsg.), *Soziale Konstruktion von Geschlecht im Sport* (S. 69–108). Opladen: Leske & Budrich.

Fritsche, B. & Tervooren, A. (2012). Doing difference while doing ethnography? Zur Methodologie ethnografischer Untersuchungen von Differenzkategorien. In B. Friebertshäuser, H. Kelle, H. Boller, S. Bollig, C. Huf, A. Langer, M. Ott & S. Richter (Hrsg.), *Feld und Theorie. Herausforderungen erziehungswissenschaftlicher Ethnographie* (S. 25–40). Opladen: Barbara Budrich.

Glaser, B. G. & Strauss, A. L. (2010). *Grounded Theory. Strategien qualitativer Forschung* (3., Aufl.). Göttingen: Hogrefe.

Grupe, O. (1992). Zur Bedeutung von Körper-, Bewegungs- und Spielerfahrungen für die kindliche Entwicklung. In H. Altenberger & F. Maurer (Hrsg.), *Kindliche Welterfahrung in Spiel und Bewegung: sportpädagogische Perspektiven* (S. 9–38). Bad Heilbrunn: Klinkhardt.

Hagemann-White, C. (1984). *Sozialisation: Weiblich — männlich?* Wiesbaden: VS.

Hildebrandt-Stramann, R. (2010). Mit Bewegung die Welt erschließen. In R. Laging (Hrsg.), *Bewegung vermitteln, erfahren und lernen* (S. 233–246). Baltmannsweiler: Schneider Hohengehren.

Hunger, I. (2015). Neue Diskurse – alte Geschlechterpraxis? Verfestigung dualer Geschlechterbilder in der frühkindlichen Bewegungspraxis. In J. Erhorn & J. Schwier (Hrsg.), *Die Eroberung urbaner Bewegungsräume. SportBündnisse für Kinder und Jugendliche* (S. 25–40). Bielefeld: transcript.

Hunger, I. (2016). Frühkindliche Bewegungssozialisation und geschlechtsbezogene Vorstellungen in Familien. *Betrifft Mädchen, 29* (2), S. 59–64.

Kelle, H. & Breidenstein, G. (1996). Kinder als Akteure. Ethnografische Ansätze in der Kindheitsforschung. *Zeitschrift für Sozialisationsforschung und Erziehungssoziologie (ZSE), 16* (1), 47–67.

Kretschmer, J. (1981). *Sport und Bewegungsunterricht 1–4* (Praxis und Theorie des Unterrichtens). München: Urban & Schwarzenberg.

Meuser, M. (2010). Körperdiskurse und Körperpraxen der Geschlechterdifferenz. In B. Aulenbacher, M. Meuser & B. Riegraf (Hrsg.), *Soziologische Geschlechterforschung. Eine Einführung* (S. 125–140). Wiesbaden: VS.

Scheid, V. (1989). *Bewegung und Entwicklung im Kleinkindalter: eine empirische Studie über die pädagogische Bedeutung materialer, sozialer und personaler Einflüsse.* Schorndorf: Hofmann.

Scherler, K. (1975). *Sensomotorische Entwicklung und materiale Erfahrung. Begründung einer vorschulischen Bewegungs- und Spielerziehung durch Piagets Theorie kognitiver Entwicklung.* Schorndorf: Hofmann.

Schmidt, W. (1998). *Sportpädagogik des Kindesalters.* Hamburg: Czwalina.

Seavey, C. A., Katz, P. A. & Zalk, S. R. (1975). *Baby X. Sex Roles, 1* (2), 103–109.

Sobiech, G. (2013). Mädchen spielen Fußball. Positionierungschancen in ‚männlich' dominierten Spielräumen. In B. Bütow, R. Kahl & A. Stach (Hrsg.), *Körper, Geschlecht, Affekt. Selbstinszenierung und Bildungsprozesse in jugendlichen Sozialräumen* (S. 217–238). Wiesbaden: VS.

Ungerer-Röhrich, U. & Quante, S. (2010). Sportunterricht in verschiedenen Schulstufen und Schulformen. Vorschulische Erziehung. In N. Fessler, A. Hummel & G. Stibbe (Hrsg.), *Handbuch Schulsport. Beiträge zur Lehre und Forschung im Sport* (Band 176) (S. 262–275). Schorndorf: Hofmann.

Voss, A. (2011). Geschlechteralltag im Bewegungskindergarten. In A. Voss (Hrsg.), *Geschlecht im Bildungsgang. Orte formellen und informellen Lernens von Geschlecht im Sport: Jahrestagung der dvs-Kommission Geschlechterforschung vom 13.-15. November 2008 an der Carl von Ossietzky Universität Oldenburg* (S. 45–56). Hamburg: Czwalina.

Wetterer, A. (2008). *Geschlechterwissen und soziale Praxis: Theoretische Zugänge – empirische Erträge.* Königstein: Helmer.

Zimmer, R. (2012). *Handbuch der Sinneswahrnehmung. Grundlagen einer ganzheitlichen Bildung und Erziehung* (22., neu bearbeitete Aufl.). Freiburg: Herder.

Zimmer, R. (2014). *Handbuch der Bewegungserziehung. Grundlagen für Ausbildung und pädagogische Praxis* (26., neu bearbeitete Aufl.). Freiburg: Herder.

Machtvolle Blicke. Adressierungen von Schüler_innen durch Sportlehrkräfte im Sportunterricht

Daniel Schiller

1 Visuelle Wahrnehmung in ihrer unterrichtspraktischen Dimension

Eine (fiktive) Momentaufnahme des Geschehens in einer Turnhalle bei laufendem Sportunterricht führt vor Augen, dass Körper, Wissen, Macht und Geschlecht in diesem Fach eine zum Klassenraumunterricht hoch-differente Bedeutung haben. Kleidungswechsel, Gruppen- und Mannschaftseinteilungen, körperbezogene Rituale, Aufstellungsformen und so weiter. Alle diese Praktiken eint, dass sie die Sportunterrichtswirklichkeit (mit-)konfigurieren und eine bestimmte soziale Ordnung des Sportunterrichts immer wieder herstellen (vgl. Wolff, 2017). Dass sich diese Praxis weder permanent neu vollzieht, noch modifikationsresistent ist, haben praxeologische Forschungen empirisch (vgl. Bennewitz, 2015) aufgezeigt und Praxistheorien (vgl. exemplarisch Hörning, 2001; Reckwitz, 2004) ausgearbeitet.

Dass auch die Betrachtung und Deutung einer solchen Momentaufnahme durch eine Person, welcher die gesehene Ordnung nicht fremd ist, weder immer wieder neu noch unterschiedlich ausfällt, verweist darauf, dass visuelle Wahrnehmung aufgrund seiner strukturellen Merkmale ebenfalls als wissensbasierte[1] soziale Praxis betrachtet werden kann. Der Blick[2] auf das Geschehen im Sportunterricht reicht deswegen zur Deutung der Situation aus, weil er auf ein, von den (meisten) Betrachtenden verfügbares, geteiltes Wissen zurückgreift. Das im praktischen Vollzug relevant werdende Hintergrundwissen charakterisiert Mannheim (1980) als einen *„über die Vorstellungen der Einzelindividuen hinausragenden*

---

1 Bezüglich des Verständnisses und Verhältnisses von Wissen, Handlung und Sinn in praxistheoretischer Perspektive folgt der Beitrag den Überlegungen von Hörning (2001) und Reckwitz (2004).

2 Die Begriffe Blick, Sicht und visuelle Wahrnehmung sowie dazugehörige Verbformen werden im Rahmen des Beitrags synonym gebraucht Schürmann (2008) spricht sich gegen eine strikte terminologische Trennung von „Sehen" und „Blick" aus und somit auch gegen eine mögliche – jedoch künstliche – Verhältnisbestimmung, dass der Blick letztendlich den Akt des Sehens meint (Schürmann, 2008, S. 84).

geistig-systematischen Zusammenhang, der sich aus dem sinnvollen Zusammenspiel der individuellen Bewusstseinsvollzüge“ ergibt (Mannheim, 1980, S. 250f.). Die beteiligten Akteur_innen des Sportunterrichts teilen als Zugehörige zu einer Fachkultur und dem Sportunterricht als konjunktiven Erfahrungsraum ein solches Wissen: Spätere Sportlehrkräfte haben zunächst als Schüler_innen hunderte Stunden in der Sporthalle verbracht und waren in die Aktualisierung verschiedenster Praktiken involviert. Zusammen mit außerschulischen Erfahrungen und flankiert von wissenschaftlich-theoretischem und alltagsweltlichem Wissen von und über Sportunterricht greifen sie in ihrer beruflichen Praxis auf ein insgesamt dichtes und vielfältiges Erfahrungswissen (vgl. exemplarisch Ernst, 2018; Volkmann, 2008) zurück. Eine „implizite Vertrautheit und Kennerschaft“ (Hörning, 2001, S. 164) prägt dann unser tägliches Handeln. Hörning (2001, S. 160) benutzt dafür den anschaulichen Begriff der „Handlungsgepflogenheiten“. Eine Gepflogenheit wird dabei weder als rein intentionale Handlung noch im Sinne einer Regelbefolgung verstanden, sondern als eine an implizites Handlungswissen gebundene Tätigkeit. Sie läuft in Praktiken involviert und damit in gewisser Weise routiniert ab, ist aber gleichzeitig offen für Veränderung.

Dem auf strukturidentischen Erfahrungen basierenden konjunktiven Wissen – so die begründete Vorannahme einer empirischen Forschungsarbeit zu Orientierungen von Sportlehrkräften in Hinblick auf Schüler_innen im Sportunterricht – kommt nun bezogen auf die visuelle Wahrnehmung im Sportunterricht ein Verweisungscharakter zu. Als „semantisches Sehen“ (Schürmann, 2008, S. 73) ist der visuelle Wahrnehmungsvorgang in praxeologischer Perspektive gerade kein direkter Zugriff auf etwas, was eindeutig da ist, sondern eine routinierte Konstruktion, bei der Wahrnehmen und Deuten koinzident liegen (Schürmann, 2008, S. 73). Ein solches Sehen *von-etwas-als-etwas*, respektive *von-jemand-als-jemand*, ist in den Vorgang der Erfassung miteingelassen und mit weiteren Praktiken[3] verknüpft (vgl. hierzu auch Reckwitz, 2015, S. 446f.).

Eine praxeologisch-wissenssoziologische Erforschung von Unterricht (vgl. Sturm, 2013) hat zum Ziel, jenes Wissen zu rekonstruieren, anhand dessen die Tätigkeiten der in Praktiken involvierten Akteur_innen – und damit auch ihre Sehtätigkeiten – ausgerichtet sind. Diverse Erfahrungen im und über Sportunterricht sowie mit Schüler_innen lagern sich im Sinne der Seinsgebundenheit des Wissens als Erfahrungswissen ab (vgl. Mannheim, 1980), prä-konfigurieren die Sinnkonstruktion zukünftiger Handlungserlebnisse und spannen so auch einen Wahrnehmbarkeitsraum auf (vgl. Schmidt, 2012). In Anlehnung an nun knapp zu skizzierende praxistheoretische Arbeiten zum Sehen hat sich eine empirisch-rekonstruktive

[3] Die vorgenommene Trennung zwischen Schüler_innen- und Lehrer_innen-Praktiken ist eine analytische. Im praktischen Vollzug existieren sie gerade nicht losgelöst voneinander, sondern nehmen permanent aufeinander Bezug.

Studie der Frage zugewendet, wie Sportlehrkräfte ihre Schüler_innen im Sportunterricht wahrnehmen und wie diese (bereits im Blickgeschehen) adressiert werden[4]. Im Anschluss an theoretische Überlegungen zum Sehen als Praxis wird der methodologische Zugang der Studie kurz skizziert. Exemplarisch werden zwei Episoden bezogen auf blickleitende Orientierungen vorgestellt. Abschließend wird Wahrnehmung von Schüler_innen durch ihre Lehrkräfte als spezifisches Adressierungsgeschehen (vgl. hierzu Ricken, 2013) diskutiert und theoretisiert.

2 Sehen als Praxis

Visuelle Wahrnehmung, verstanden als performative Praxis, ist das Medium, durch das ein Bild von etwas oder jemandem gebildet wird (Schürmann, 2008). Der Blick eröffnet einen Zugang zu Welt und Umwelt, „der die Wahrnehmung im jeweiligen Handlungsfeld bedingt und bestimmt und insofern für das jeweilige Feld konstitutiv ist" (Schmidt, 2012, S. 15). Sehen ist insofern produktive Praxis, in dem es – eingebunden in bestimmte soziale Kontexte, welche die Bedeutung einer Sehpraxis jeweils mit generieren – immer schon selektiert und interpretiert. Schürmanns praxeologische Blickkonzeption ermöglicht, das Sehen als eine je individuierte Aufmerksamkeitsleistung und zugleich als sozial und personal verankert zu verstehen. Zwar bleibt die individuelle Blickperspektive erkenntnistheoretisch unhintergehbar, dennoch ist das Erblickte kommunikativ mitteil- und verstehbar. Eine Annäherung an Blicke in diesem Verständnis bemüht sich darüber hinaus um eine Alternative zu subjektivistischen und objektivistischen Ansätzen des Sehens. Subjektivistische Konzepte visueller Wahrnehmung betonen die Individualität und Freiheit des Sehvorgangs, bei der das Subjekt zum reinen Konstrukteur des Gesehenen wird. Objektivistische Konzepte hingegen überbetonen die Repräsentation von Welt und die damit einhergehende physiologische Reizreaktion.

Villa (2011) zeigt an ihren Studien zu Geschlecht und Körper, dass ein Sehen als Bewusstseinstätigkeit im Sinne des konstruktiven Erkennens und das Sehen als Handlung im Erblicken von etwas in einem engen Zusammenhang stehen. Sie nennt diesen Zusammenfall als soziale Produktion ein „doing sehen" (Villa, 2011, S. 105).[5] So sehen wir – in ihrem Fall – Zweigeschlechtlichkeit, weil wir sie sehen müssen, denn wir wissen sozial vermittelt immer schon, wie das eine und

[4] Die hier diskutierten empirischen Fälle stammen aus dem Datenmaterial des eigenen (noch nicht abgeschlossenen) Dissertationsprojektes zu Adressierungen im Sportunterricht, welches im Verlauf des Beitrages noch knapp skizziert wird.

[5] Bereits im Anschluss an Garfinkels (1967) sogenannte Agnes-Studie, die die alltägliche Konstruktion von Geschlecht zum Gegenstand hat, haben Kessler und McKenna (1978) gezeigt, dass zugrundeliegende Konstruktionsprinzipien als eine Art Beobachtungsmuster in unsere Wahr-

das andere Geschlecht in einer auf zwei Geschlechter ausgerichteten Lebenswelt auszusehen hat. Die historische und soziokulturelle Bedingtheit – und damit auch die Kontingenz – ermöglicht und verstellt individuelle Sehpraxis. So erklären sich gerade auch die sichtbaren Dinge, die nicht gesehen beziehungsweise übersehen werden, durch ein gewohnt routiniertes Sehverhalten entsprechend sozial vereinbarter Regeln (Schürmann, 2008, S. 80f). Der regelgebende Kontext des Sehens verweist auf dessen Involviertheit in distinkte soziale Praktiken in spezifischen sozialen Feldern.

Schmidt (2012) arbeitet in einer empirischen Studie implizite Blicklogiken grundlagentheoretisch aus und differenziert ihre heuristische Blickkonzeption hinsichtlich der Struktur eines Wahrnehmbarkeitsraumes. Sehen vollzieht sich als mimetische Praxis immer auch als Ausdruck eines bestimmten Selbstverständnisses. Das Wissen, über welches wir einen ordnenden Zugang zur (sozialen) Umwelt erhalten, wird uns dabei von unterschiedlichen Diskursen zur Verfügung gestellt. Der Fokus unserer Wahrnehmung, der das Wahrnehmbare in seiner Komplexität reduziert, wird schließlich von impliziten habitualisierten Mustern orientiert (vgl. Schmidt, 2012).

3 Wahrnehmung und Adressierung von Schüler_innen durch Sportlehrkräfte im Sportunterricht: Einblicke in eine rekonstruktive Studie

Einer solchen Perspektive auf visuelle Wahrnehmung folgt ein eigenes Projekt im Bereich der qualitativen Sportunterrichtsforschung. Die dem Beitrag zugrundeliegende Studie fragt zum einen nach dem blick- und handlungsleitenden Wissen der Sportlehrkräfte, welches die unterrichtlichen Praktiken in Bezug auf Schüler_innen orientiert und die Bedeutung des Gesehenen konstituiert. Zum anderen liegt der Fokus auf der handlungspraktischen Wirkmacht im Kontext von Adressierung: Wie werden durch einen bestimmten *Modus Vivendi* Schüler_innen als bestimmte Schüler_innen im Einzelnen und im Kollektiv identifiziert und gleichsam (mit-)hergestellt?

Visuelle Wahrnehmung, gefasst als Praxis, bleibt einer Beobachterperspektive zunächst verschlossen. Methodologisch erlaubt die dokumentarische Methode der Interpretation einen Zugang zum praktischen Wissen von Sportlehrkräften in Bezug auf Schüler_innen. Sie geht empirisch begründet davon aus, dass unsere Denk-, Wahrnehmungs- und Handlungsmuster gleichsam in unsere Erzählpraxis über unser alltägliches Handeln sowie in die erzählte Praxis eingelassen sind. Mit

nehmung eingeschrieben sind. Gleichwohl konstatieren Prinz und Göbel (2015), dass im Rahmen des practice turn in den Sozialwissenschaften der sozialen Bedeutung von Wahrnehmungsprozessen „kaum Beachtung geschenkt" wurde (Prinz & Göbel, 2015, S. 9).

ihrer methodologischen Leitdifferenz von kommunikativ-generalisierendem und konjunktivem Sinngehalt (vgl. Bohnsack, 2014) stellt die dokumentarische Methode ein Verfahren zur Verfügung, welches die Rekonstruktion individueller und kollektiver Sinnkonstruktionen auf beiden Wissensebenen ermöglicht und dabei permanent den empirischen Vergleichsfall als Referenz heranzieht, um die Standortgebundenheit der Interpretierenden mit deren eigenen Sinnkonstruktionen von Welt und Wirklichkeit methodisch zu kontrollieren (vgl. Bohnsack, 2014; Nohl, 2017).

4 Methodologischer und methodischer Zugang

Zur Rekonstruktion der Wahrnehmungspraxis wurden zunächst narrativ-episodische Interviews mit zwölf Sportlehrkräften im Sekundarbereich durchgeführt. Entlang dreier übergeordneter Erzählstimuli[6] konnten Erfahrungsschilderungen (mit Schüler_innen im Sportunterricht) generiert werden. Konzepte narrativer Handlungsmodellierung (vgl. Straub, 1999) berücksichtigen methodisch, dass die handlungsleitenden Orientierungen in Geschichten eingelassen sind und die einzelnen Akteur_innen deshalb über die Beweggründe ihres Handelns weder intentional zielgerichtet noch Regeln befolgend verfügen (können). Erkenntnistheoretisch ist der *intendierte Ausdruckssinn* des Individuums nicht vollständig erfassbar. Methodologisch ermöglichen die sprachlichen Darstellungen jedoch Zugang zum *kommunikativen Wissen* (Stereotypen, Normen, Rollen, etc.) und zum *atheoretischen Wissen* als Modus Operandi der Handlungspraxis (Nohl, 2017, S. 4ff.).

Die Auswertung orientiert sich an den Analyseschritten der Dokumentarischen Methode der Interpretation nach Nohl (2017), der das genuin für Gruppendiskussionen konzipierte Auswertungsverfahren für Interviews elaboriert hat. Im Anschluss an die formulierende Interpretation als thematische Zusammenfassung des Interviews, fokussiert die reflektierende Interpretation als zweiter Auswertungsschritt die Herstellungsweisen des Erzählten auf formaler und semantischer Ebene. Durch die Rekonstruktion der Sinnkonstruktion dieser Textfragmente, „konstruiert man gleichzeitig mögliche kognitiv-interaktionale Konstruktionsregeln für ihr Zustandekommen. Diese Regeln wiederum verweisen auf generative Strukturen (z. B. Haltungen oder Wissensbestände von Individuen und Kollektiven), durch die sie erzeugt werden (Tiefenstruktur)" (Bonnet, 2011, S. 196). Dies geschieht nicht nur im Rahmen fallinterner Vergleichshorizonte oder aus der Perspektive der interpretierenden Forscher_innen, sondern vom ersten Fall

6 Die interviewstrukturierenden Erzählstimuli betrafen die Nacherzählung der zuvor durchgeführten Unterrichtsstunde(n), Erzählungen über/ Beschreibungen von einzelne(n) Schüler_innen sowie Erfahrungsschilderungen mit ganzen Schulklassen.

an in Komparation zu weiteren empirischen Fällen. Die sorgfältigen komparativen Analysen ermöglichen einen Zugang sowohl zu individuellen Orientierungen der einzelnen Befragten als auch zu kollektiv geteilten Orientierungen. Über die Suche nach minimalen und maximalen Kontrasten zwischen den Fällen werden Typen identifiziert, welche in einem vergleichbaren Modus Operandi Orientierungsprobleme in der Praxis bearbeiten (Nohl, 2017, S. 29ff.; Bohnsack, Nentwig-Gesemann & Nohl, 2013). Auf diese Weise konnten Orientierungen der Sportlehrkräfte rekonstruiert werden, in denen sich auch wahrnehmungsleitendes Wissen dokumentiert[7].

5 Ausgewählte Rekonstruktionen

Exemplarisch soll eine Facette der Wahrnehmungspraxis von Sportlehrkräften anhand zweier teilweise kontrastierender Fälle[8] vorgestellt werden. Gemeinsam ist beiden Fällen zunächst, dass Schüler_innen permanent in einer geschlechtlichen Gruppenzugehörigkeit betrachtet werden. Die beiden Fälle unterscheiden sich gleichzeitig hinsichtlich der Adressierungen einzelner Schüler_innen:

5.1 Der Fall Braun

Braun rahmt ihre Erzählungen und Beschreibungen permanent am Problematischen und Defizitären. Dieser Modus zeigt sich unter anderem an der Schilderung einer Unterrichtsphase zum Fußballspielen im Sportunterricht:

„Äh gut, dann haben die Mädchen gespielt. Da ist ein Mädchen dabei, die ist Fußballerin //mmh//. Äh dann haben die gespielt und wie es dann so ist, dieses Mädchen setzt- die hätte normal bei den Jungen mitspielen können, hab ich auch schon mal bei den Jungen mitspielen lassen. Dann hab ich dem Mädchen gesagt, sie sollte ins Tor gehen. Hat sie dann auch gemacht, ne, damit sie mal n bisschen aus der Aktivität @(.)@ rauskam, immer nur Tore zu schießen, ne und naja nachher war sie sehr sauer, ne. Wollte dann wieder raus, nachdem sie unglücklicherweise dann zwei Tore reinbekommen hat, ne. Hat sie sich so aufgeregt und ist auch ausgerastet und ich hab versucht, ihr das zu erklären, weil

---

7 Auch hier gilt festzuhalten, dass die Trennung von handlungs- und wahrnehmungsleitenden Orientierungen eine analytische ist: In den Schilderungen dokumentieren sich Denk-, Wahrnehmungs- und Handlungsmuster, wobei im Rahmen der Auswertungen den wahrnehmungsbezogenen Aspekten entsprechend der Fragestellung das Hauptaugenmerk gilt.

8 Frau Braun und Frau Adler sind zum Zeitpunkt der Erhebung beide um die 60 Jahre alt und unterrichten jeweils mehr als 25 Jahre an weiterführenden Schulen. Frau Braun unterrichtet als Diplom-Sportlehrkraft ausschließlich das Schulfach Sport an einem Gymnasium in einer Großstadt. Frau Adler unterrichtet an einer Realschule in einer Großstadt. Sie bekleidet aktuell neben ihrer Tätigkeit an einer Schule eine Funktionsrolle im Studienseminar und war vor ihrer Zeit als Realschullehrerin unter anderem für einen begrenzten Zeitraum an einer Laborschule beschäftigt.

die Mannschaften eigentlich sehr fair waren dadurch, ne. Die kamen alle ein bisschen mehr zum Spielen, ne, //mmh// und sie hat ja nun Erfahrung auch im Tor. Dass sie jetzt so unglücklich da @en Ball reinbekommen hat@ das passiert schon Mal, aber sie war sehr uneinsichtig. Das war also bei den Mädchen dann das Problem, dass die ausrastete, rausrannt-, „unfair, unmöglich", ne und ne, also so." (BR-EP, Z. 26–38)

Eine Schülerin wird anhand einer besonderen Spielfähigkeit im Fußball exponiert. Die Sportart wird sogar als Herkunft ausgerufen und damit das Mädchen als ein bestimmter Typus markiert, welcher sich von anderen unterscheidet. Der gleichzeitig aufgeworfene zentrale Verweisungszusammenhang ist (Leistungs-)Heterogenität beim gemeinsamen Spielen, welche mit dem Hinweis auf erlebte Regelmäßigkeit *(„wie es dann so ist")* als alltägliches Phänomen im Sportunterricht konstatiert wird. Die Beschreibung der fußballerischen Fähigkeit der Schülerin wird nun nochmals gesteigert. Sie ist so gut, dass sie vom Leistungsniveau her bei den Jungen mitspielen könnte, was Braun auch *„schon mal"* ermöglicht hat. Sie schildert mit dieser Maßnahme einen Versuch, die (Leistungs-)Heterogenität zu homogenisieren, indem sie eine grundsätzlich strikte Geschlechtertrennung in ihrem Unterrichtskonzept durchbricht. Diese Ordnung macht deutlich, dass die Jungen als prinzipiell leistungsfähiger konstruiert werden. Die sich überlagernden Differenzlinien Geschlecht und Leistung werden dann aufgeweicht, wenn ein Mädchen so leistungsstark ist, dass sie bei den Jungen mithalten kann und dann auch dort mitspielen darf. Das macht sie jedoch nicht permanent *(„schon mal")* und so auch nicht in der erzählten Stunde. Sie behält es sich situativ vor, diese Maßnahme anzuwenden. In der Fortführung der Erzählung zeigt sich nun eine weitere Praktik der Homogenisierung: Braun bittet das fußballstarke Mädchen, ins Tor zu gehen. Damit nimmt sie eine spielstarke Schülerin aus dem Feldspiel und positioniert sie an einer Stelle, in der ihre Überlegenheit und Spielstärke nicht in der üblichen Form zur Geltung kommt. Die Anschlussäußerung *(„hat sie dann auch gemacht")* zeigt, dass das Befolgen ihrer Anweisung zumindest erwähnenswert und somit nicht selbstverständlich ist. Schildert sie in vorherigen Sätzen lediglich die Lehrer_innenentscheidung/-handlung, wird in der Folge nun erstmals die Reaktion der Schülerin miterzählt. Die Schülerin wird als *„sehr sauer"* beschrieben. Sie will wieder aus dem Tor heraus, weil sie zwei Tore *„reinbekommen"* hat. Aus Sicht von Braun sind die Tore unglücklich gefallen und nicht etwa aufgrund mangelnder Fähigkeiten. Damit bewertet sie die Maßnahme gerade nicht als erfolglos und folglich diametral zur geschilderten Reaktion der Schülerin. Die Charakterisierung der Teams als *„sehr fair"* dokumentiert eine übergeordnete Orientierung, dass alle *„mehr"* zum Spielen kommen. Damit und mit dem geschilderten Bemühen, der Schülerin diese Intention auch zu verdeutlichen, nimmt Braun Setzungen vor, welche der dem Fußballspiel inhärenten Leistungs- und Wettkampflogik zuwiderlaufen. Die Spielerin, die Tore schießt, wird in ih-

rer Aktivität gebremst. Höheres Ziel sind faire Mannschaften. Der Begriff fair wird hier mit von der Spielstärke her ausgeglichenen Teams gleichgesetzt und damit von Braun umgedeutet, es dokumentieren sich dem Fußballspielen und damit auch der in dieser Sportart verorteten Schülerin entgegenstehende Zielorientierungen: Alle bekommen den Ball *(„zum Spielen“)*, sind gleich schnell, es ist flüssig. Diese führen in Kombination mit der leistungsstarken Fußballerin zu einem Konflikt, welcher dann auch in ihr personalisiert wird. Es kommt zu einer deutlichen Diskrepanz zur Sichtweise bzw. Orientierung der Schülerin, die sich in einer ebenso deutlichen Reaktion ausdrückt. Braun charakterisiert die Schülerin in dieser Situation als *„sehr uneinsichtig“*. Von dieser wird stillschweigend vorausgesetzt, dass sie die Maßnahme von Braun zur Herstellung von Ausgeglichenheit im Spiel teilt und mitträgt. Die Schülerin vollzieht das Handeln von Braun jedoch offensichtlich nicht nach. Es zeigt sich auf der Ebene erzählter Praxis, dass hier kein gemeinsamer Orientierungsrahmen von Lehrkraft und Schülerin hergestellt werden kann: Braun möchte durch ihre Maßnahme ausgeglichene Mannschaften (ihre Interpretation von *„fair“)* bilden und Reibungslosigkeit herstellen. Die von der Schülerin geäußerte unfaire Behandlung wird als deren Uneinsichtigkeit ausgelegt und konkludiert. Damit wird die Entstehung der aufkommenden Reibung deutlich der Schülerin zugewiesen.

Sowohl das Geschlecht als auch die Leistungsstärke zeigen sich – und dass auch in anderen Erzählsequenzen – als latentes Orientierungsproblem für ihr Unterrichten. Die sich im Konflikt ausdrückende temporäre Unordnung – sowohl die nachträglich zugeschriebene Absicht, eine Schülerin als kleineres Übel (unzufriedene Schülerin) zugunsten eines größeren Wohlergehens (die Mannschaften waren sehr fair, alle können mehr spielen) ins Tor zu stellen als auch die explizite Zuschreibung von Uneinsichtigkeit auf Seiten der Schülerin – verweisen auf eine in der Wahrnehmungspraxis angelegte habitualisierte Identitätsnorm von Sportschülerinnen im Vergleich zum Sportschüler. Diese Muster leiten nicht nur die Diagnose von Unterrichtssituationen, sondern auch Anschlussadressierungen. Bevor dieser Gedanke weiter unten elaboriert wird, sei zunächst der Fall Adler eingeführt:

5.2 *Der Fall Adler*

Auch Adler rahmt die Schilderungen aus dem Sportunterricht entlang des Differenzmerkmals Geschlecht.

„Und ähm dann hab ich eben in zwei Gruppen gearbeitet. Einmal mit den Mädchen alleine, einmal mit den Jungen alleine. Und das war ganz gut. Also das Arbeiten in den Gruppen war, war gut, in beiden Gruppen. Die waren ganz motiviert dabei, auch zum Thema Weitsprung zum (Beispiel), den hab ich in der zweiten Stunde gemacht. Ehm, da

war es dann so, dass sie, dass sie eigentlich durch diese Tipps, die ich ihnen geben konnte, ganz motiviert waren und auch die Mädchen wirklich versuchten, nach vorne zu kommen, die Arme mitzunehmen und, und diese Tipps umzusetzen. // mmh // Hab ich gedacht, ja eigentlich sind sie erstmal vielleicht auch n bisschen verängstigt, was kommt da auf mich zu, aber wenn man ihnen dann zeigt, ey das ist alles gar nicht so schlimm und ähm ihr könnt hier viele Erfolge auch erzielen //mmh//, merkt man, die wollten gar nicht aufhören. Als ich dann sagte, so eure Zeit ist um, jetzt müssen die Jung-, oh nee @(.)@ ich hadarf aber nochmal oder ich darf nochmal. Also, ehm, war eigentlich trotz des Inhalts, der ihnen eigentlich erstmal nicht so, so motivierend erschien, aber doch, doch n bisschen Leidenschaft entstanden //mmh//, und das fand ich ganz schön. Und deswegen hats mir gut gefallen //mmh// (.) Und bei den Jungen war das sowieso stärker da. Die kannten das Thema Weitsprung //mmh// besser und die hatten auch, wie es eigentlich auch eher üblich ist, äh ne große Motivation, eine bestimmte Weite zu erzielen //mmh// und äh, ja, da war es auch also, ja, die hatten auch Lust da zu springen und eigentlich immer noch weiter zu machen, //mmh// aber da ging es dann eigentlich mehr noch, noch weiter zu kommen //mmh// (.) Und, gut also das war, das war so aus der Leichtathletik, wo ich gemerkt habe, okay ähm, in den Übungen selbst kommen sie äh ganz gut zu ner Motivation und die folgen mir auch" (AD-ER, Z.17–40).

Die Schüler_innen werden als Adressat_innen ihrer Arbeit *(„mit den")* eingeführt und dabei als zwei gleichgeschlechtliche und abgeschlossene Gruppen („mit den Mädchen alleine"; „mit den Jungen alleine") konstruiert. Adler bewertet das *„Arbeiten in den Gruppen"* und damit implizit auch ihre Einteilungspraxis als gelungen. Kriterium für ihre positive Evaluation ist die Motivation der Schüler_innen. Diese wird allen Schüler_innen gleichermaßen und pauschal zugewiesen *(„die")*, es kommt für Adler offensichtlich zu keiner nennenswerten Ausnahme. Motivierte Schüler_innen werden als positiver Horizont deutlich, wobei sie sich selbst als Motivations-Herstellerin konstruiert (*„durch diese Tipps, die ich ihnen geben konnte")*. Sie attestiert den Schüler_innen ein Bemühen in der Umsetzung der Tipps und stellt Responsivität her. Die Mädchen werden dabei als Gruppe konstruiert, die üblicherweise nicht so motiviert und aufgrund der Ungewissheit der Situation eher ängstlich ist. Adler schildert einen spezifischen Umgang mit den Mädchen, der deutlich von dem gegenüber den Jungen abweicht. Sie nimmt ihnen Bedenken und stellt Erfolgsaussichten. Die Art und Weise der Darstellung konstruiert die Jungen als nicht-Verängstigte sondern Willige. Sie schreibt ihnen implizit eine vorhandene Leistungsmotivation zu und konstruiert eine Normalität *(„war das sowieso stärker da")*. Abhängig von der geschlechtlichen Zugehörigkeit bringen Schüler_innen bestimmte Ressourcen für die Anforderungsbewältigung im Sportunterricht mit.

Die Unterschiedlichkeit der Geschlechter wird in der Folge weiter elaboriert. Adler expliziert eine vorausgegangene Erwartung *(„hab ich gedacht")* und baut einen Spannungsbogen auf. Die positive Schilderung des *„nicht-aufhören"*-

Wollens dokumentiert dann etwas Unerwartetes. Adler macht Erfahrungen, welche sie im Modus einer Generalisierung *(„merkt man“)* mitteilt. Damit übernimmt dieser Konditionalsatz eine erklärende Funktion, dass die Angst von Mädchen kein grundsätzliches Problem ist. Vielmehr kann *„man“* es mit einer bestimmten Methodik *(„wenn man ihnen dann zeigt“)* auch in den Griff bekommen. Sowohl die Angst der Gruppe der Mädchen als auch der Umgang der Lehrkraft damit werden also als von Adler losgelöstes und allgemeines Phänomen betrachtet.

Adler stellt im Modus der Erzählung über die Jungen heraus, was beide Geschlechter eint und worin sie sich unterscheiden. Gemein ist ihnen die *„Lust“ „weiter zu machen“*. Die doppelte Verwendung des bekräftigenden *„Ja“* verleiht dem Nachdruck. Dabei schreibt sie den Jungen eine stärkere Wettkampforientierung zu als den Mädchen und setzt eine geschlechtsbezogene Leistungsorientierung.

Die einleitende Gegenüberstellung zeigt an, dass sich die Zwischenkonklusion zur Herstellung von Motivation und Leidenschaft zunächst auf die Mädchen bezog. Dass dies aus ihrer Sicht bei den Jungen bereits angelegt ist *(„war das sowieso stärker da“)* zeigt, dass sie kategorische Unterschiede zwischen den Geschlechtern sieht. Das *„sowieso“* markiert eine Selbstverständlichkeit und wird von ihr weiter expliziert: Sie schreibt ihnen sowohl Vorwissen als auch eine bestimmte *„große“* Leistungsmotivation zu. Dass diese nun auch der Mädchengruppe zukommt, erklärt sie mit ihren Lehrhandlungen *(„Tipps“)*. Sie strebt nach einer Art Mädchenförderung aufgrund ihres ‚natürlichen‘ Nachteils. Damit zeigt sich ein Wahrnehmungsfokus der von geschlechtsbezogenen pauschalen Vorstellungen strukturiert wird und Jungen und Mädchen eine generelle Unterschiedlichkeit zuweist.

6 Diskussion der Ergebnisse

Die beiden geschilderten Episoden zeigen zunächst in homologer Weise, wie Wahrnehmen und Handeln „innerhalb einer Praktik“ (Reckwitz, 2015, S. 447) unmittelbar miteinander verwoben sind. Identifizierung von Subjekten *(„dieses Mädchen“)* und deren Gruppierung *(„bei den Jungen“)* erscheinen als „untrennbar miteinander verzahnt“ (Reckwitz, 2015, S. 447). Die Zugehörigkeit zu einer der beiden Gruppen wird als zentrale Differenzkategorie deutlich und weist Schnittmengen mit der Differenzlinie motorische Leistung – in den zwei Spielarten Leistungsfähigkeit und Leistungsmotivation – auf. Die Herstellung einer mono-edukativen Konstellation qua Einteilungspraxis zeigt sich in den Erzählungen als normales Wahrnehmungsmuster und verweist auf ein praktisches Wissen um geschlechtliche Unterschiedlichkeit.

Die Reaktualisierung dieser Routine impliziert eine weitere Asymmetrie, welche ebenfalls auf diskursive Tradierung verweist: Die Leistungsstärke der Jungen wird als Norm gesetzt, zu welcher die Mädchen in Relation gesetzt werden (Braun: *„die hätte normal bei den Jungen mitspielen können“*; Adler: *„und auch die Mädchen wirklich versuchten, nach vorne zu kommen“*). Eine solche androzentrische Sicht weist gleichzeitig die Logik des Prinzips *pars pro toto* auf und wird dementsprechend pauschalisierend wirkmächtig. Die Ausnahme des leistungsstarken Mädchens wird als solche registriert (*„Da ist ein Mädchen dabei, die ist Fußballerin“)* und bearbeitet *(„hab ich auch schon mal bei den Jungen mitspielen lassen“)* und damit in ihrem Ausnahmecharakter akzentuiert.

Eine zentrale empirische Heterologie stellt dagegen die Rahmung der jeweiligen Erzählungen dar. Fokussiert Braun das Differente und Problematische und elaboriert es als wiederkehrendes Element *(„wie es dann so ist“)*, bearbeitet Adler die positive Responsivität einer Schüler_innengruppe, welche sich in der vorweggenommen Bewertung *(„Und das war ganz gut“)* als unerwartet äußert. In der Bearbeitung einer Differenzerfahrung strebt Adler danach, dem Kollektiv der Mädchen entgegen einer Normalität *(„eigentlich sind sie erstmal vielleicht auch n bisschen verängstigt“)* Bewegungsfreude und Leistungsfähigkeit zu vermitteln bzw. diese anzubahnen. Ausgehend von ihren Differenzsetzungen zwischen Schülerinnen und Schülern dokumentiert sich in ihrem Fall eine Art Mädchenförderung in Form einer spezifischen Herstellung von Motivation. Dies zeigt sich im Zusammenhang zu ihrem Selbstverständnis sehr deutlich an anderer Stelle, wo Adlers Orientierung einer (Mädchen-)Motivierung nicht zur Enaktierung kommt (*„Ich bin selbst eine leidenschaftliche Sportlerin und ich kann es so gar nicht verstehen, dass man da kein Spaß hat. Ich versuche sehr viel Angst zu nehmen und Motivation aufzubauen, auch die Schülerwünsche mit zu berücksichtigen und wenn dann trotzdem keine Motivation da ist, das fällt mir n bisschen schwer //mmh//. Das ist dann mein blinder Fleck sozusagen, ne“)*.[9]

Im anderen Fall begrenzt die als *„Fußballerin“* identifizierte Schülerin Brauns Orientierungsrahmen deutlich. In ihren Darstellungen wird die Schülerin offensichtlich diametral gegenüber Brauns eigenem habitualisierten Rollenverständnis und dem damit verbundenen Auftrag (*„kamen alle ein bisschen mehr zum Spielen“)* als *„sehr uneinsichtig“* elaboriert. Differenzen als Abweichung von einer erwarteten Normalität – und damit auch zum eigenen Selbstverständnis – verortet Braun also in der Schülerin. Als Fußballerin steht sie Brauns Streben nach ei-

[9] Adler ist der einzige Fall, in dem sich eine (selbst-initiierte) reflektierte Auseinandersetzung mit dem eigenen Selbstverständnis zeigt. Diese Äußerung erfolgt im Modus eines Geständnisses und verweist auf ein Bemühen, mit diesem „blinden Fleck“ umzugehen. In dieser Hinsicht stellt Adler einen deutlichen empirischen Kontrastfall dar.

nem kontrollierten harmonischen Spielen gegenüber. Auch Adler blickt aus ihrem Selbstverständnis heraus auf die Schüler_innen.

Konzepte von Wahrnehmung im Hinblick auf mimetische Fähigkeit als Ausdruck eines Selbstverständnisses (Schmidt, 2012, S. 65ff.) unterscheiden zwischen einer Logik der Mimikry, welche den Blick zwischen Anpassung und Unterordnung aufspannt und einer Logik der mimetischen Annäherung, bei der „bestehende Wahrnehmungsschemata eingeordnet, angepasst und untergeordnet [werden]“ (Schmidt, 2012, S. 67). Vor dem Hintergrund einer Gesamtregel wird im Modus einer Differenzierung der Individuen untereinander und einer Disziplinierung der Akteur_innen im Feld soziale Ordnung hergestellt, welche ein Unterrichten erst möglich macht. Diese zugrundeliegende Norm wird nun vor jeder weiteren Tätigkeit bereits im Blicken zum Machtmittel (vgl. Hörning, 2001): Adressiert als Fußballerin erwartet Braun von der Schülerin offensichtlich eine stärkere Unterstützung ihrer pädagogischen Orientierung des harmonischen Miteinanderspielens. Deren eigentliche Stärke wird ihr zum Verhängnis, sie wird als *„Problem“* gesehen, was Braun als Kontrollinstanz herausfordert. Adressiert als *„sowieso stärker“* leistungsmotiviert kommt den Jungen bei Adler ebenfalls mehr Kapital zu – eine pauschale Unterschiedlichkeit wird reproduziert. Die als tendenziell ängstlich konstruierten Schülerinnen werden unerwarteterweise als ansprechbar für ihre motivierenden Tipps erfahren. Eine plötzlich eintretende Annäherung an das Handeln der Jungen und an Adlers eigenes Selbstverständnis wird zu einer Chance für die Mädchen. Im Sinne einer Mädchenförderung folgt auf den zuteilenden Blick eine direkte Zuwendung.

In diesen Attributionen zeigen sich Anschlüsse an anerkennungstheoretische Überlegungen (Ricken, 2013; 2016). Subjektordnungen sind Praktiken in doppelter Weise inhärent: In diskursivem Modus als Subjektrepräsentationen und als praktische Subjektformen. „So wie die soziale Wirklichkeit allererst durch sozial geregelte, symbolisch codierte und kulturell etablierte Praktiken – kurz: routinisierte Arten und Weisen, etwas zu tun – hergestellt und auf Dauer gestellt wird, wird auch die Form des Subjekts in Alltagspraktiken hervorgebracht, trainiert und stabilisiert“ (Ricken, 2013, S. 83). Die Analysen zeigen nun, dass bereits in der Wahrnehmung der beiden Lehrkräfte sowohl soziale Ordnung mit hergestellt als auch im Modus des Erblicktwerdens Schüler_innen als Subjekte oder (Praxis-)Akteure mithervorgebracht werden (Ricken, 2013, S. 83)[10]. Das performative Strukturmoment einer Praxis des Sehens und Gesehenwerdens (Schürmann, 2008, S. 102f.) ist dann immer bereits Teil eines Anerkennungsgeschehens

---

[10] Ricken betont, dass weder Subjektposition mit Identität gleichgesetzt werden darf, noch die Herstellung im Sinne der Positionierung mit Subjektivierung. Es geht um eine feldspezifische Praxis und damit auch um das Verhältnis in einer konkreten praktischen Konstellation und eben nicht darüber hinaus (Ricken, 2013 S. 84).

im Sinne einer Adressierung (Ricken, 2013, S. 92ff.) und weisen der gesehenen Person „eine soziale Aufgabe und eine bestimmte soziale Rolle als auch einen Horizont und Kontext zu, der mit der Adressierung und deren Implikationen unweigerlich verbunden ist“ (Ricken, 2013, S. 94).

Gegenseitige Wahrnehmung zeigt sich hier nun als eine besondere Spielart innerhalb Rickens Topologie von Adressierungsgeschehen. In Unterschied zu oder körperlich-material verfassten und damit sichtbaren Praktiken, zeigt sich in der Wahrnehmung und Identifikation von Schüler_innen zunächst nicht die Dimension der „Antwortverpflichtung“ (Ricken, 2013, S. 94): Ein Blick auf Schüler_innen, der beispielsweise einer binären Logik auf Geschlecht folgt und somit einen Jungen in einer zu Mädchen differenten Leistungserwartung adressiert, kann die Antwortverpflichtung nur mittelbar evozieren. Sie geht einher mit einer blickkonformen Anschluss-Praktik, wie zum Beispiel einer Einteilung von Gruppen oder einem spezifischen Modus der Motivierung. Auch die Zuweisung von Responsivität vollzieht sich zum einen auf der Ebene des Blickens selber und nur in vermittelter Form auf körperlicher oder materialer Ebene. Sogar dann, wenn dem Blickgeschehen selbst diese manifeste Objektivation abgeht, geht es sämtlichen weiteren Objektivationen voraus: Bereits im „Vollzug des Sehens fallen Prozess und Resultat in eins“ (Schürmann, 2008, S. 103).

7 Ausblick – Alter Wein aus neuen Schläuchen?

Die Rekonstruktionen stützen zunächst in praxeologischer Perspektive die empirischen Befunde aus der Schulsportforschung, dass ko-edukativer Sportunterricht in seiner praktischen Ausgestaltung eher zu einer „Verfestigung von Geschlechtsstereotypen und zu einer Einweisung der Mädchen in Geschlechterhierarchien“ (Bräutigam, 2011, S. 90f.) führt, als dass solche Prozesse aufgebrochen und umgekehrt werden. Gerade das erste Fallbeispiel konnte zeigen, dass es die Abweichung einer Identitätsnorm ist, die als besondere markiert wird und damit im Sinne des Prinzips ‚*Ausnahmen-bestätigen-die-Regel*‘ den dichotomen Blick auf Geschlecht mit einer androzentrischen Facette als zentrales Wahrnehmungsmuster bestätigt. Damit ist die Reproduktion der Differenzlinie Geschlecht als das zentrale Heterogenitätsmerkmal im Sportunterricht bereits mit der visuellen Identifizierung angelegt[11].

Bezüglich der Bedeutung der sozialen Konstruktion von Geschlecht in Handlungsfeldern des Sports hat Anfang der 2000er bereits Hartmann-Tews (2003, S. 27) betont, sowohl „den Prozesscharakter als auch die Kontextabhängigkeit der

[11] Sowohl die Zuschreibung einer sportlichen Herkunft als auch die Zuteilung von (Leistungs-) Motivation zeigt sich ebenfalls als praxisrelevanter Gehalt im Vollzug des Blickens. Darauf kann an dieser Stelle jedoch nicht weiter eingegangen werden.

Aktualisierung bzw. Neutralisierung von Geschlechterdifferenz in Rechnung“ zu stellen. Die Rekonstruktionen zeigen nun, wie in einer formalisierten koedukativen Unterrichtsstruktur eine Einteilungskultur entlang von Geschlechtszugehörigkeit aufrechterhalten wird. Der binäre Wahrnehmungsfokus auf das Klassenkollektiv ermöglicht den Sportlehrkräften nicht nur eine gewisse Handlungsfähigkeit. Darüber hinaus vollziehen sich geschlechtsbezogene kapitalzuweisende Adressierungen bereits im Wahrnehmungsgeschehen und werden in einer positionierenden Dimension wirkmächtig. Neben ausbleibender „Antwortverpflichtung“ (Ricken, 2013, S. 94) im Wahrnehmungsvollzug ist dabei zunächst auch keine Antwort*ermöglichung* gegeben. Anders als bei einem Ansprechen ist die wahrnehmende Identifizierung gerade keine Konstellation von „Selektion und Reaktion“ (Ricken, 2013, S. 94), sondern eine einseitige Markierung, welche dem/der Adressierten erst in Anschlusspraktiken vermittelt als „Position“ und „Normation“ (Ricken, 2013, S. 95) offensichtlich wird. So wird im Wahrnehmungsvollzug die soziale Ordnung antizipiert, die unweigerlich als Wissensgrundlage für zusammenhängende Praktiken zur Verfügung steht und dann in Anschlusspraktiken, beispielsweise der Einteilung von Gruppen äußerlich erst hergestellt wird.

Die (Wirk-)Macht dieser Sicht auf Schüler_innen, im Sinne von Subjektivationsgeschehen, wird von den handelnden Sportlehrkräften nicht intentional ausgeübt. Diese (Wirk-)Macht zeigt sich als verwoben in etablierte Praktiken und über ihre Träger_innen in Form eines fachkulturell tradierten Blicks, welcher durch entsprechende Handlungsgepflogenheiten aktualisiert und weitergetragen wird. Im Sportunterricht lässt es sich offensichtlich nur schwerlich anders auf Klassen blicken, als in der Unterscheidung von Mädchen und Jungen und dieser Dichotomie inhärenten Subjektordnungen. Dieses Ergebnis zeigt sich in der zugrundeliegenden Studie sowohl im kompletten Sportlehrkraft-Sample als auch in deutlichem Kontrast zu Schilderungen von Nicht-Sportlehrkräften aus dem Klassenraumunterricht, bei denen Geschlecht in den Erzählungen nicht relevant markiert wird.

Gerade für den Klassenraumunterricht gibt es erste Studien, die die soziale Genese einer pädagogischen Wahrnehmungspraxis rekonstruieren. Amling (2016) weist einzelschulspezifische Erfahrungen nach, die sich in bestimmten Wahrnehmungsmodi sedimentieren und ergänzt damit professions- und organisationsbezogene Erklärungsansätze (Amling, 2016, S. 201f.). Die kollektive wahrnehmungsleitende Orientierung einer binären Geschlechtsordnung in der eigenen Studie deutet stärker ein fachkulturelles Muster an. In Anlehnung an Schierz (2013) wird deutlich, wie beharrlich und machtvoll die sedimentierten Gepflogenheiten einer spezifischen Kultur der Sportlehrerschaft gegenüber Reformbemühungen – in diesem Fall der Einführung von koedukativem Sportunterricht – fortwirken. Die Verwobenheit der rekonstruierten Sicht mit Anschlusspraktiken, wie beispielswei-

se die Alternative einer temporären Zuordnung des Mädchens zur Jungengruppe oder deren Positionierung ins Tor, zeigt, wie sich Wahrnehmungsmuster als Dimension des konjunktiven Erfahrungsraums Sportunterricht ausbilden und damit reproduzieren.

Literatur

Amling, S. (2016). Blicke auf Schüler_innen – Formen und Genese der milieuspezifischen Wahrnehmungspraxis von Grundschullehrer_innen. In F. Schmidt, M. Schulz & G. Graßhoff (Hrsg.), *Pädagogische Blicke* (S. 193–206). Weinheim: Beltz.

Bennewitz, H. (2015). ‚Doing School'. Akteure, Unterricht und Organisation in praxistheoretischer Perspektive? In K. Bräu & C. Schlickum (Hrsg.), *Soziale Konstruktion in Schule und Unterricht* (S. 35–47). Opladen: Barbara Budrich.

Bohnsack, R. (2014). Dokumentarische Methode. In R. Bohnsack (Hrsg.), *Rekonstruktive Sozialforschung. Einführung in qualitative Methoden* (S. 33–70). Opladen: Barbara Budrich.

Bohnsack, R., Nentwig-Gesemann, I. & Nohl, A.M. (Hrsg.) (2013). *Die dokumentarische Methode und ihre Forschungspraxis*. Wiesbaden: Springer VS.

Bonnet, A. (2011). Erfahrung, Interaktion, Bildung. In W. Meseth, M. Proske & F.-O. Radtke (Hrsg.), *Unterrichtstheorien in Forschung und Lehre* (S. 189–208). Bad Heilbrunn: Klinkhardt.

Bräutigam, M. (2011). Schülerforschung. In E. Balz, M. Bräutigam, W.-D. Miethling & P. Wolters (Hrsg.), *Empirie des Schulsports* (S. 65–94). Aachen: Meyer & Meyer.

Ernst, C. (2018). *Professionalisierung – Bildung – Fachkultur. Rekonstruktionen zur berufsbiographischen Entwicklung von Sportlehrerinnen und Sportlehrern.* Wiesbaden: Springer VS.

Hartmann-Tews, I. (2003). Soziale Konstruktion von Geschlecht im Sport: Neue Perspektiven der Geschlechterforschung in der Sportwissenschaft. In I. Hartmann-Tews, P. Gieß-Stüber, M. Klein, C. Kleindienst-Cachay, & K. Petry (Hrsg.), *Soziale Konstruktion von Geschlecht im Sport* (S. 12–27). Opladen: Leske + Budrich.

Hörning, K. H. (2001). *Experten des Alltags. Die Wiederentdeckung des praktischen Wissens*. Weilerswist: Velbrück Wissenschaft.

Kessler, S. J. & McKenna, W. (1978). *Gender: An ethnomethodological approach*. Chicago: University of Chicago Press.

Mannheim, K. (1980). *Strukturen des Denkens*. Frankfurt am Main: Suhrkamp.

Meuser, M. (1999). Subjektive Perspektiven, habituelle Dispositionen und konjunktive Erfahrungen. Wissenssoziologie zwischen Schütz, Bourdieu und Mannheim. In R. Hitzler, J. Reichertz & N. Schröer (Hrsg.), *Hermeneutische Wissenssoziologie. Standpunkte zur Theorie der Interpretation* (S. 121–146). Konstanz: VS.

Nohl, A.-M. (2017). *Interview und dokumentarische Methode: Anleitungen für die Forschungspraxis* (5. Aufl.) Wiesbaden: Springer VS.

Prinz, S. & Göbel, H. K. (2015). Die Sinnlichkeit des Sozialen. Eine Einleitung. In H. K. Göbel & S. Prinz (Hrsg.), *Die Sinnlichkeit des Sozialen. Wahrnehmung und materielle Kultur* (S. 9–49). Bielefeld: transcript.

Reckwitz, A. (2004). Die Entwicklung des Vokabulars der Handlungstheorien: Von den zweck- und normorientierten Modellen zu den Kultur- und Praxistheorien. In M. Gabriel (Hrsg.), *Paradigmen der akteurszentrierten Soziologie* (S. 303–328). Wiesbaden: Springer VS.

Reckwitz, A. (2015). *Sinne und Praktiken.* In H. K. Göbel & S. Prinz (Hrsg.), *Die Sinnlichkeit des Sozialen. Wahrnehmung und materielle Kultur* (S. 441–455). Bielefeld: transcript.

Ricken, N. (2013). Anerkennung als Adressierung. Über die Bedeutung von Anerkennung für Subjektivationsprozesse. In T. Alkemeyer, G. Budde & D. Freist (Hrsg.), *Selbstbildungen. Soziale und kulturelle Praktiken der Subjektivierung* (S. 69–99). Bielefeld: transcript.

Ricken, N. (2016). Die Macht des pädagogischen Blicks. Erkundungen im Register des Visuellen. In F. Schmidt, M. Schulz & G. Graßhoff (Hrsg.), *Pädagogische Blicke* (S. 40–53). Weinheim: Beltz.

Schierz, M. (2013). Bildungspolitische Reformvorgaben und fachkulturelle Reproduktionen – Beobachtungen am Beispiel des Schulfaches Sport. *Spectrum der Sportwissenschaften, 25* (1), 64–79.

Schmidt, F. (2012). *Implizite Logiken des pädagogischen Blickes. Eine rekonstruktive Studie über Wahrnehmung im Kontext der Wohnungslosenhilfe.* Wiesbaden: Springer VS.

Schürmann, E. (2008). *Sehen als Praxis. Ethisch-ästhetische Studien zum Verhältnis von Sicht und Einsicht.* Frankfurt am Main: Suhrkamp.

Straub, J, (1999). *Handlung, Interpretation, Kritik. Grundzüge einer textwissenschaftlichen Handlungs- und Kulturpsychologie.* Berlin: de Gruyter.

Sturm, T. (2013). Orientierungsrahmen unterrichtlicher Praktiken: lerntheoretische Vorstellungen und schulischer Kontext. In J. Budde (Hrsg.), *Unscharfe Einsätze: (Re-) Produktion von Heterogenität im schulischen Feld, Studien zur Schul- und Bildungsforschung* (S. 275–294). Wiesbaden: Springer VS.

Villa, P.-I. (2011). *Sexy Bodies. Eine soziologische Reise durch den Geschlechtskörper* (4. Aufl.). Wiesbaden: Springer VS.

Volkmann, V. (2008). *Biographisches Wissen von Lehrerinnen und Lehrern. Der Einfluss lebensgeschichtlicher Erfahrungen auf berufliches Handeln und Deuten im Fach Sport.* Wiesbaden: Springer VS.

Wolff, D. (2017). *Soziale Ordnung im Sportunterricht. Eine Praxeographie.* Bielefeld: transcript.

Fitnessstudio macht Körperwissen. Zu Wechselwirkungen von Spiegelbild und Körperunzufriedenheit

Peter Kiep

1 Einleitung

Das Unterworfensein des Individuums unter das Diktat der Schönheit ist von jeher von hoher gesellschaftlicher Relevanz. Die Bedeutung, die dem (eigenen) Körper dabei beigemessen wird, ist mittlerweile so groß, dass in einer gesellschaftskritischen Weise von einem „Körperkult“ (Gugutzer, 2007) gesprochen werden kann. Zum Ausdruck kommt dieser durch die ausgiebige, teils wahnhafte Beschäftigung mit dem Körper und die Vielzahl hervorgebrachter Körperpraktiken. So werden Jugendlichkeit und Attraktivität beispielsweise mittels Diäten, gesunder Ernährung, Sport und dem Nacheifern nach vorherrschenden Schönheits- und Körperidealen zu erhalten bzw. herzustellen versucht. Schönheit und Körperideal unterliegen dabei der Zeit, weshalb ihnen als flüchtige bzw. vergängliche Attribute ein besonderer Wert zukommt, den es aufrecht zu erhalten gilt.

Kommerzielle Fitnessstudios[1] nehmen innerhalb dieses Körperkultdiskurses eine besondere Rolle ein. Sie vereinen eine Vielzahl körperbezogener Diskurse und bringen Wissen über die an den Körper gestellten Erwartungen über selbige zum Ausdruck. Beispiele dafür sind der Austausch über das gezielte Training für den Muskelaufbau, die Vermittlung und Umsetzung von Praxen zur Senkung des Körpergewichts oder Rehabilitationsmaßnahmen zur Minderung körperlicher Probleme wie beispielsweise Rückenschmerzen. Weiterhin stellt das Fitnessstudio einen Ort dar, an dem über die körperliche Präsenz unmittelbar sichtbar wird, welche Form der Körperarbeit innerhalb der jeweiligen Gruppen zu Anerkennung

[1] Im Folgenden wird der Begriff „Fitnessstudio“ anstelle des Begriffs des kommerziellen Fitnessstudios verwendet. Verwiesen wird damit ausschließlich auf jene Studios, die in ihren Angeboten nicht auf eine bestimmte Richtung des Sporttreibens festgelegt sind, sondern aufgrund ihrer breiten Ausrichtung die Möglichkeiten für Kraft-, Gesundheits- und Rehabilitationssport, Bodybuilding etc. umfassen.

führt. Allgemein stehen hier die Leistung, die Selbstinszenierung sowie das Aussehen im Vordergrund. Als gemeinsames Merkmal hegemonialer Schönheitsideale von Männern und Frauen im Fitnessstudio — mehr noch als in anderen gesellschaftlichen Bereichen — fungiert in diesem Zusammenhang der sportive Körper. Dieser verweist auf gesellschaftlich geschätzte Werte wie Jugendlichkeit, Ehrgeiz, Disziplin, Leistungsfähigkeit, Gesundheit, sexuellen Erfolg und weitere positive Zuschreibungen (vgl. Graf, 2013). Dieses Wissen über den Körper entsteht über eine Vielzahl diverser Kanäle: Über die Medien, auf den Werbeplakaten innerhalb der Fitnessstudios, anhand der Sichtbarkeit der Körper auf der Trainingsfläche, der Kommunikation über den Körper sowie der sichtbaren Handlungspraxen zeigt sich, welches Normverständnis gegenwärtig zugrunde liegt.

Wenngleich die Mitgliederzahl in Deutschland mittlerweile auf 10,1 Millionen Menschen angewachsen ist (Deloitte, 2017), ist das Sporttreiben im Fitnessstudio nur selten Gegenstand der (genderbezogenen) körper- und sportsoziologischen Diskussion. Allgemein kann festgehalten werden, dass dem regelmäßigen Sporttreiben zumeist positive Effekte wie die Stärkung des Selbstvertrauens, die Förderung der Gesundheit oder der Abbau von Stress zugeschrieben werden (Mrazek & Hartmann, 1989; Conzelmann & Müller, 2005). Mit Blick auf das vielfältige Angebot von Fitnessstudios liegt die Vermutung nahe, dass diese positiven Zuschreibungen auch für das dort stattfindende Sporttreiben Gültigkeit besitzen. Aktuellere Studien deuten jedoch an, dass Fitnesssport auch Negativeffekte hervorbringen kann. So analysieren beispielsweise Bette und Gugutzer (2012) die soziokulturellen Bedingungen des modernen Phänomens der Sportsucht. Seltener, und zumeist auch nur im Kontext zunehmender Dopingpraxen, wird der körpermodellierende Sport[2] von Männern in den Blick genommen (vgl. z.B. Kläber, 2010). Aus der Perspektive der Gender-Studies wird vor allem die Bedeutung des im Fitnessstudio stattfindenden Sporttreibens bezugnehmend auf seine Bedeutung für die geschlechtsspezifische Herstellung sozialer Ordnung analysiert (vgl. z.B. Sobiech, 2006; Gosch, 2008; Graf, 2012).

Die in diesem Kontext kaum zum Gegenstand gemachte Perspektive auf das Fitnessstudio als zentralem Ort autonomer Körpergestaltung überrascht. Auch vor dem Hintergrund der zunehmend steigenden Körperunzufriedenheit (vgl. z.B. Nuber, 2010), die bis zu psychischen bzw. psychosomatischen Störungen wie Anor-

---

[2] Umgangssprachlich wird nach wie vor der Begriff „Fitnesstraining" verwendet. Dieser Begriff verweist jedoch auf einen bewusst durch Training, Ernährung und gesunde Lebensführung angestrebten körperlichen und geistigen Zustand, der über gesundheitliches Wohlbefinden hinausgeht (Martin, Carl & Lehnertz, 2001, S. 319). Der Begriff „Körpermodellierender Sport" schließt hingegen auch jene Praxen mit ein, die die Modellierung des Körpers in den Vordergrund stellen und das körperliche und geistige Wohlergehen (zumindest in Teilen) vernachlässigen.

exia nervosa oder Muskeldysmorphie[3] reichen können. Aufgrund der zunehmend schwerer erreichbaren hegemonialen Schönheitsideale (Posch, 2009, S. 33) bei gleichzeitiger Zunahme von Übergewicht und Adipositas (Deutsche Gesellschaft für Ernährung, 2016) fungiert der sportive Körper innerhalb vorherrschender individualgesellschaftlicher Machtverhältnisse[4] (besonders bei Jugendlichen und jungen Erwachsenen) als ein Distinktionsmerkmal (Fuchs, 2013). Entsprechend erscheinen diese Unzufriedenheitsentwicklungen auf den ersten Blick als logische Folge des Sich-unterwerfen-Wollens unter das- und gleichzeitigem Scheiterns am Diktat der Schönheit.

Ausgehend von einem Blick auf das Fitnessstudio als ambivalentem Erfahrungsraum, wird in diesem Beitrag der Moment des In-den-Spiegel-Blickens während des Sporttreibens aus der Perspektive von Körperunzufriedenheit betroffener Besucher_innen analysiert.

2 Untersuchung: Körperunzufriedenheit im Kontext körpermodellierenden Sports

Das übergeordnete Ziel des laufenden Dissertationsprojektes besteht darin, das Phänomen „Körperunzufriedenheit“[5] im Kontext körpermodellierenden Sports vielfältig und komplex in seinen bei jungen Männern auftretenden Erscheinungsformen zu beschreiben und zu analysieren. Dazu werden die subjektiven Unzufriedenheitserfahrungen der Interviewpartner_innen sowie die sozialen und kulturellen Bedingungskontexte, die diese im Einzelfall bedingen, rekonstruiert und die räumliche Bedeutsamkeit des Fitnessstudios hinsichtlich des Phänomens analysiert.

Konzeptionell orientiert sich die Untersuchung am qualitativ-sozialwissenschaftlichen Forschungsstil der Grounded Theory (Breuer, Muckel & Dieris, 2017; Glaser & Strauss, 2010 [1967|; Strauss & Corbin, 2010 [1996]), der methodologisch sozialkonstruktivistische Überlegungen (vgl. Berger & Luckmann,

---

3 Unter *Muskeldysmorphie* (ugs. auch als *Muskelsucht* bezeichnet) versteht man analog zur *anorexia nervosa* eine zumeist bei Männern auftretende Körperschemastörung, die sich dadurch auszeichnet, dass die Betroffenen* unter der Vorstellung leiden, der eigene Körper sei nicht ausreichend muskulös (ausführlich dazu siehe u.a. Schneider, Agthe, Yanagida, Voracek & Henning-Fast, 2017).

4 Zum besseren Verständnis der Einflussnahme von Macht auf den Körper siehe ausführlich die an Foucault orientierten Ausführungen Robert Gugutzers in diesem Band.

5 Das für die nachfolgende Darlegung relevante Verständnis von Körperunzufriedenheit bezieht sich auf dysfunktionale Überzeugungen sowie negative Emotionen, Gedanken, Einstellungen und Bewertungen, die die subjektive Bewertung des Aussehens des eigenen Körpers umfassen. Dabei verweist der Begriff der Körperunzufriedenheit auf einzelne Körperteile, auf bestimmte Attribute des Körpers oder auf das Gesamtbild der Figur einer Person gleichermaßen.

2013 [1966]; Knoblauch, 2005) berücksichtigt. Diese sagen aus, dass soziale Wirklichkeit eine Konstruktion der Handelnden ist. Der Körper (re-)produziert mit und durch seine/n Symbole/n das Soziale, weshalb er folglich immer auch im Kontext dessen gedacht werden muss, was innerhalb der ihn betrachtenden Gesellschaft aus ihm gemacht wird. So fällt die seit den 1970er Jahren zunehmend zu konstatierende Unzufriedenheit mit dem eigenen Körper in jene Zeit gesellschaftlichen Wandels, die im Zuge der Individualisierung die Eigenverantwortlichkeit für den Körper zunehmend erhöht hat. Diese drückt sich (in Abhängigkeit zum sozialen Kontext in unterschiedlichem Maße) unter anderem im Zwang zur Annäherung an den sportiven Körper aus und bestimmt den Status einer Person mit. In diesem Zusammenhang erscheint auch die Sorge um den eigenen Körper und die Abweichung von der Norm plausibel. Folglich lässt sich auch das Phänomen der Körperunzufriedenheit als eine auf dem Alltagswissen basierende soziale Konstruktion verstehen, die als eine negative Folge des gegenwärtigen Sport- und Gesundheitsimperativs (Gugutzer & Duttweiler, 2012) gedeutet werden kann.

Die Datenerhebung erfolgte mittels der beobachtenden Teilhabe (Honer, 1989) und narrativer Interviews (Schütze, 1977; 1983). Die Technik der beobachtenden Teilhabe wurde zum einen gewählt, um aus der intensiven Involvierung als Fitnessstudiomitglied „eine ‚Innensicht' des Feldes zu erlangen" (Honer, 1993, S. 58). Dazu habe ich mich in einem von drei beobachteten Fitnessstudios als Forscher zu erkennen gegeben, der aufgrund der eigenen biographischen Nähe zum Sport Interesse am Thema der zunehmenden Körperunzufriedenheit im Kontext des gegenwärtigen Körperkults hat. Dies spielt(e) für die Interviews eine wichtige Rolle. Durch die Akzeptanz, die mir in meiner Doppelrolle als Forscher und Mitglied des Fitnessstudios entgegengebracht wurde und wird, begegne(te)n mir die meisten Besucher_innen sehr offen. Auf diese Weise wurde mir eine Vielzahl potentieller Kontakte zu Menschen eröffnet, die über das sensible Thema der Körperunzufriedenheit sprechen wollten; Kontakte, die auf anderem Wege nur schwerlich bis gar nicht zustande gekommen wären, da das Sprechen über den eigenen Körper besonders für junge Männer keine Selbstverständlichkeit darstellt.

Die 9 bislang geführten Interviews wurden mit 8 Männern und einer Frau[6] geführt, die unterschiedlichste Formen der Körperunzufriedenheit aufweisen. Unter anderem habe ich mit einem durch den Sport magersüchtig gewordenen Mann,

---

6 Wenngleich die dem Beitrag zugrundeliegende Untersuchung auf Körperunzufriedenheit bei männlichen Fitnessstudiobesuchern fokussiert, wurde im Sinne der Grounded Theory das theoretische Sampling zu Zwecken des Vergleichens mit maximal kontrastiven Fällen und der Theoriebildung genderkontrastierend um ein Interview mit einer unter Körperunzufriedenheit leidenden Frau erweitert (ausführlich zum Theoretical Sampling siehe u.a. Breuer et al., 2017, S. 156 ff.). Im Rahmen des in diesem Beitrag vorgestellten Phänomens zeigt sich jedoch eine geschlechtsunabhängige Relevanz hinsichtlich des In-den-Spiegel-Blickens im Zusammenhang mit Körperunzufriedenheit.

zwei mit ihrer Körper-Ästhetik unzufriedenen Hobby-Bodybuildern sowie einem Fitnessstudioinhaber sprechen können, der aufgrund seiner Körperfülle nicht mehr in sein eigenes Fitnessstudio geht. Zu Beginn der Interviews stand eine themenfokussierte Erzählaufforderung, in der ich die Interviewpartner_innen bat, mit mir über den Sport und seine Relevanz in Bezug auf das Thema Körperunzufriedenheit zu sprechen. Dadurch, dass mich die Interviewpartner_innen als Mitglied positioniert haben, bekamen die Interviews den Charakter eines Gesprächs, das vom Prinzip der Gleichheit geprägt war, wodurch sich eine größere Nähe zur Wirklichkeit der Befragten einstellte.

Die Auswertung der Interviewdaten und ethnografischen Protokolle erfolgte mit dem Kodierparadigma nach Strauss und Corbin (2010 [1996]). Die in diesem Beitrag dargelegten Ergebnisse sind als (vorläufiges) Teilergebnis dieser Untersuchung zu werten. Die beitragsleitende Fragestellung ergab sich dabei als eine Kategorie im Laufe des Auswertungsprozesses und fokussiert darauf, wie das In-den-Spiegel-Blicken und Körperunzufriedenheit im Kontext des körpermodellierenden Sports interdependent wirken. Illustrativ wird anhand exemplarisch ausgewählter Interviewsequenzen von zwei Besuchern sowie einer Besucherin die Bedeutung des In-den-Spiegel-Blickens zentriert und rekonstruiert, wie (feld-)spezifisches Wissen über den Körper durch den Blick in den Spiegel erzeugt, verdichtet oder verändert wird. Die genderkontrastive Auswahl der Fälle soll dabei neben den fallübergreifenden Erfahrungen auch geschlechterdifferenzierte Aspekte innerhalb des stark geschlechtsbinär geprägten Fitnessstudios (vgl. Sobiech, 2006) in der Datenauswertung berücksichtigen.

3 Ergebnisse: Bedeutung des In-den-Spiegel-Blickens

Gemeinsam ist der Mehrzahl der Fitnessstudios, losgelöst von den ausgeübten Praxen, die weitflächige Bespiegelung. Systematisch aufgehängt, befinden sich die Spiegel vor allem in den Umkleidekabinen, Kurs- und Freihantelbereichen, dem Cardiobereich und dem mit Trainingsmaschinen ausgestatteten Trainingsbereich. Durch die hergestellte Gegenüberstellung von Subjekt und Spiegelbild eröffnet sich die Möglichkeit, ein (sozial produziertes) Bild vom Selbst zu erstellen, sich mit diesem zu identifizieren und die Illusion zu schaffen, sich mit den Augen anderer Menschen zu sehen. Dem Subjekt wird dabei die Möglichkeit eröffnet, den Körper sowohl ganzheitlich als auch detailliert zu betrachten, weshalb die Spiegel eine wichtige Grundlage für die Bewertung des eigenen Körperbildes darstellen. Doch welche Bedeutung hat das In-den-Spiegel-Blicken für die Betrachter_innen und was macht die aus der Bespiegelung resultierende erhöhte Selbstaufmerksamkeit mit ihnen?

3.1 „Dann macht mich das manchmal auch irre“ — Selbstaufmerksamkeit und körperliche Veränderbarkeit

Stefan[7] ist ein 31 Jahre alter ehemaliger Besucher[8], dessen Unzufriedenheit mit dem eigenen Körper Anlass für die Anmeldung im Fitnessstudio war.

Er selbst nahm sich in seiner Zeit vor der Anmeldung sowie in seiner Anfangszeit im Fitnessstudio, gemessen an anderen Männern in seinem Umfeld, als zu schmal wahr und sah zudem seinen Bauchansatz als Problem an. Retrospektiv schildert er das Erleben der omnipräsenten Konfrontation mit dem eigenen Körper im Spiegel:

„Du guckst halt immer. Geht ja auch nicht anders, man will ja wissen, wie man / welche Form man gerade hat, wie aussieht. Und die sind ja auch überall. Und ja / kein Plan, ist halt so, dass Du da richtig genervt und frustriert und so sein kannst. Vor allem, wenn Du zugenommen hast. Also am Bauch mein ich. Masse wär' ja cool. Oder so halt, wenn Du so siehst, dass / wenn Du mal nicht warst ein paar Tage oder Wochen und Deine Muskeln sind nicht mehr so da oder so, das hat mich immer genervt.“

Das Zitat veranschaulicht, wie dem Subjekt im Fitnessstudio der Zwang auferlegt wird („*geht ja auch nicht anders*“), einen interpretativ kontrollierenden Blick auf den eigenen Körper zu werfen, dessen Bewertung sich in starkem Maße aus den sozial konstruierten Erwartungen hinsichtlich normativer und devianter Körper speist. Der Blick auf den Körper ist dabei auch mit Genderwissen im Sinne stereotyper Vorstellungen von Mann und Frau verschränkt, was nicht zuletzt aus dem diskursiven Konsens über Körperideale hervorgeht, der innerhalb des stark zweigeschlechtlich vorstrukturierten Raums (re-)produziert wird. In diesem Fall ist es die für Männlichkeit stehende (Muskel-)„Masse“, die wiederum Produkt (selbst-) disziplinierender Praktiken ist.

Körpernormen (insbesondere innerhalb des Feldes) können dem Subjekt darüber hinaus in der Konfrontation mit dem Spiegel vergegenwärtigt werden. Dabei erblickt das Subjekt unter Umständen nicht nur sich, sondern auch einen im Blickfeld befindlichen Ausschnitt einer auf die Körperoptimierung bezogenen Welt (samt anderer Besucher_innen), in die es wie ein Avatar projiziert wird. Auf diese

---

7 Aus Datenschutzgründen wurden alle Namen pseudonymisiert.

8 Wenngleich Stefan als Einziger zum Zeitpunkt des Interviews nicht mehr sportlich aktiv war, lässt sich konstatieren, dass die retrospektiven Schilderungen einer von Körperunzufriedenheit geprägten Zeit von großem Mehrwert für die Beantwortung der Forschungsfrage sind. So fällt es ihm heute durch den gewonnenen Abstand leicht, beispielsweise zu erklären, welche Bedeutung das Fitnessstudio in dieser Lebensphase für ihn hatte, welche Relevanz seine Körperform in Bezug auf die Identitätsbildung eingenommen hat und wie belastend er die Anwesenheit muskulöserer Männer während des Sporttreibens empfand.

Weise kann die Einordnung des Selbst durch den direkten Vergleich des eigenen Körpers mit den Körpern anderer Subjekte aktualisiert werden.[9]

Aus der ausgewählten Sequenz geht neben dem Erfahren des eigenen Körpers als deviant bzw. partiell nicht sportiv die sichtbare Veränderbarkeit des Körpers hervor. Die genderspezifische Implikation (männlich konnotierte Muskelmasse), die als maßgeblich für die Unzufriedenheit mit dem eigenen Körper benannt wird, wird an dieser Stelle um zwei Aspekte erweitert, die geschlechtsübergreifend problematisch wirken können, wie im weiteren Verlauf sichtbar wird: zum einen die Konfrontation mit der Abweichung vom Schlankheitsideal durch sichtbares Körperfett („Vor allem, wenn Du zugenommen hast. Also am Bauch mein ich"), welches nach wie vor in westlichen Gesellschaften die Verfehlung einer selbstdisziplinierenden Lebensweise symbolisiert (Ried, 2010, S. 182), zum anderen stellt das Kriterium der reversiven Veränderbarkeit des Körpers einen weiteren naheliegenden Bedingungskontext dar, der die Genese und/oder Aufrechterhaltung einer Körperunzufriedenheit plausibilisiert. Mit dem Fitnessstudio als zentralen Ort für die Körpermodellierung rückt die Modellierbarkeit des Körpers folgerichtig als weiterer Aspekt in den Fokus der Analyse.

Besteht eine Diskrepanz zwischen aktuellem Körperbild und einem individuell (zumeist fremdbestimmten) angestrebten oder in der Vergangenheit bereits dagewesenen Ideal, lassen sich diese Entwicklungen hinterfragen: Habe ich intensiv genug trainiert? Habe ich mich meinen Zielen entsprechend ernährt? Werden diese Fragen mit Nein beantwortet, resultiert daraus – je nach Ausmaß der Vernachlässigung – eine negativ bewertete körperliche (Rück-)Entwicklung, die sich, wie bei Stefan, beispielsweise darin äußert, dass sich die zwischenzeitlich antrainierte Muskelmasse zurückbildet oder an Körperfett zugenommen wird. Wie die geleistete Körperarbeit schreibt sich folglich auch die Vernachlässigung des Sports in den Körper ein. Damit kann aus dieser Perspektive auch die Praxis selbst als „nervendes" Problem gewertet werden, da sie an eine gewisse Kontinuität gebunden ist, um einen bestimmten Ist-Zustand zu halten oder einen Soll-Zustand zu erreichen.

Interessant ist zudem die ambivalente „Mal-so-mal-so"-Wirkweise, die Stefan den Spiegeln zuschreibt. So fährt er wie folgt fort:

---

9 Auch wenn diese Situation nicht in den Daten verbalisiert wurde, kann ihr Vorkommen als wichtiges Moment im Prozess der Institutionalisierung von Wissen bezeichnet werden. Insofern, dass das Fremdverstehens in kaum einer anderen Situation auf größeren Vergleichsmöglichkeiten fußt als im Spiegelungseffekt. Der Spiegel führt in besonderer Art und Weise dazu, dass sich das Subjekt wie durch die Augen der Anderen sieht. Dem Subjekt wird folglich die Gemeinsamkeit des Wissens von ihm und den Anderen über den eigenen Körper suggeriert. Ausführlich zur Ausbildung sozialen Wissens siehe die Ausführungen von Knoblauch, 2005.

„Aber wenn ich einigermaßen gut dabei war, war das okay. Und wenn man dann richtig fit ist (lacht), dann guckt man auch mal 'nen Moment länger und feiert sich dafür. Und wenn nicht / Vielleicht sollte man das auch so gestalten, dass man sich / also dass man nicht sich zwangsläufig sieht, so. Weil so, dann ist das nicht so belastend, wenn man eh schon weiß, dass man gerade nicht so aussieht, wie man das will. Ach, keine Ahnung. Ich würde jedenfalls sagen, dass mich das immer belastet hat, wenn ich nicht gut aussah, ne. Aber das geht wohl jedem so."

Während die im Spiegel sichtbar gewordene reversive Veränderung des Körpers negative Emotionen in Bezug auf das eigene Körperbild hervorruft, zeigt sich umgekehrt, dass dem Subjekt unter bestimmten Voraussetzungen positive Erfahrungen durch die omnipräsente Bespiegelung ermöglicht werden: Der Blick in den Spiegel kann bei als positiv empfundenem Körperbild förderlich sein, um sich selbst anzuerkennen und körperlich-ästhetische Stärken oder Veränderungen zu registrieren. Die sichtbare Veränderung in Richtung eines Ideals steht für eine erbrachte Leistung, die je nach Ausmaß bis zum Erfahren von Glücksgefühlen reichen kann („Und wenn man dann richtig fit ist, dann guckt man auch mal 'nen Moment länger und feiert sich dafür"). Auf der anderen Seite lässt die Konfrontation mit dem eigenen Selbst bei einer vorherrschenden Körperunzufriedenheit kaum positive Erfahrungen in Bezug auf denen eigenen Körper zu („Ich würde jedenfalls sagen, dass mich das immer belastet hat, wenn ich nicht gut aussah"), weshalb das Sporttreiben unter den strukturell gegebenen Voraussetzungen zum Problem werden kann.

Ähnliche (krisenhafte) Erfahrungen hat auch die 25-jährige Mona gemacht. Sie begann mit dem Sporttreiben im Fitnessstudio aufgrund einer sehr verletzenden Äußerung seitens einer ihr nahestehenden Person hinsichtlich ihres Körpers:

„Naja, fassen wir es mal so zusammen, dass er mich körperlich nicht sonderlich attraktiv findet [...]. Das hat mich halt sehr verletzt, dann hab' ich mir gesagt, dass ich jetzt unbedingt was ändern muss."

Durch den Sport und die gestiegene Anerkennung anderer Besucher_innen für ihre körperliche Veränderung ebenso wie für sie als Frau

„je mehr ich mich verändert hab', je mehr ich abgenommen hab' und auch sportlicher geworden bin, desto mehr Leute haben sich auf einmal für mich interessiert. Gerade die Männer"

kam es hinsichtlich des Trainings und der Ernährung zum Kontrollverlust. Wenngleich sich eine Zufriedenheit mit dem eigenen Körperbild einstellte („Ich hab dann langsam aber sicher gerne angefangen, mich im Spiegel anzugucken."), wurde die radikale Trainings- und Ernährungspraxis fortgeführt. Einerseits aus Angst vor einer Gewichtszunahme, primär jedoch aus dem entstandenen Gefühl heraus,

durch die Kontrolle über ihren Körper auch eine zuvor nicht dagewesene Kontrolle über ihr Leben erlangt zu haben. Dies führte letztlich zu starkem Untergewicht, weshalb sie sich in Behandlung begab. Auch für Mona, die im Zuge der darauffolgenden Therapie die notwendige Gewichtszunahme und das Einhalten eines gesunden Sportpensums zu akzeptieren lernen musste, spielt die im Spiegel sichtbare Veränderung des eigenen Körpers eine große Rolle:

„Klar, dann verändert sich der Körper natürlich auch wieder. Also, ich hab' wieder zugenommen und (...) da (...) hat sich 'n unangenehmes Gefühl eingestellt. Das hab' ich auch bis heute. Wenn ich / Ich geh' auch jetzt noch regelmäßig zum Sport. Auch sehr, weil es mir auch Spaß macht, weil es mich auch irgendwie entspannt. Aber wenn ich jetzt im Fitnessstudio bin und irgendwie überall diese Spiegel sehe, dann macht mich das manchmal auch irre, weil ich jetzt halt immer damit immer konfrontiert bin, dass mein Körper sich in eine Richtung verändert, die ich lange Zeit einfach um alles in der Welt vermeiden wollte."

Vergleichend setzt sie ihr einst durch den Sport im Fitnessstudio erarbeitetes positives Körperbild, das der Spiegel ihr während der Gewichtsabnahme präsentiert hat, mit ihrer jetzigen, aus ihrer Sicht, immer unzulänglicher werdenden Figur in ein Verhältnis. Basierend auf ihren gemachten Erfahrungen, als „mollige" Frau weniger Anerkennung von anderen Besucher_innen innerhalb des Feldes bekommen zu haben und erst durch die Gewichtsabnahme von anderen Männern „wahrgenommen" worden zu sein („Jetzt nehmt ihr mich wahr, aber vorher war ich Luft"), ordnet sie die jetzt stattfindenden körperlichen Veränderungen als emotional belastend ein. Auch dieser Vergleich hebt das Problem der reversiven Veränderbarkeit des Körpers hervor, die dem Subjekt in der Zeit des Sporttreibens durch den (Kontroll-)Blick vergleichend zu einer mentalen Vorstellung vom Selbst zu einem früheren Zeitpunkt sichtbar werden kann. Geprägt vom Normverständnis eines sportlich-schlanken (Frauen-)Körpers als hegemoniales Ideal, erfährt Mona sich durch die Konfrontation mit dem zunehmend größer werdenden Differenzverhältnis zwischen individuellem und gesundem Körperideal so, wie sie sich selbst nie wieder sehen wollte. Wenngleich heute nicht mehr das Aussehen, sondern die Motive des Spaßhabens und der Entspannung im Vordergrund stehen, führt die bewusst wahrgenommene reversive Veränderung des Körpers zu einem Verlustgefühl. Dem Verlust des Körpers, den sie ‚besessen' hat, der ihr soziale Anerkennung gewährleistete und in dem sie sich wohlfühlte.

Gemeinsam ist beiden Fällen, dass bei einer bereits vorhandenen Unzufriedenheit mit dem eigenen Körper die Gefahr besteht, dass der infrastrukturell bedingte unausweichliche Zwang zur Selbstaufmerksamkeit und -reflexion durch den Blick in den Spiegel zu einer Minderung des Wohlbefindens führen kann. Die Bewusstwerdung, dass eine vernachlässigte oder notwendige Vernachlässigung der Körperkontrolle sich in entgegengesetzter Richtung zu sozial anerkann-

ten Werten in den Körper einschreibt, nehmen die Besucher_innen insbesondere durch das Setting des körpermodellierenden Sports wahr: in Form von Körperfett, was losgelöst vom Geschlecht als unerwünscht gilt, in Form des Widersprechens des weiblichen Schlankheitsideals durch die Gewichtszunahme oder den Verlust männlich konnotierter Muskeln. Die Wirkungsmacht (gender-)normierter Körperarbeit zeigt sich dabei insbesondere in den Konsequenzen ihrer Nichtbefolgung. Gleichzeitig zeigt sich, dass die durchgängige Bespiegelung besonders bei Menschen, die unzufrieden mit dem eigenen Körper sind, als problematisch gewertet werden muss. Dabei sind es nicht die Spiegelbilder an sich, sondern das durch den vergesellschaftlichten Blick in den Spiegel konstruierte Selbst, das als Vergleichsbasis dient, auf der unter Bezugnahme auf (eigene) Körpernormvorstellungen emotionale Zustände hervorgerufen werden, die bis hin zu (situativen) psychischen Belastungen reichen können.

3.2 „Das sind so diese Psychosachen" — Von der ganzheitlichen zur selektiven Wahrnehmung des eigenen Körpers

Tony ist ein 32 Jahre alter ehemaliger Bodybuilder. Sein Blick auf den eigenen Körper lässt sich konträr zu den beiden dargelegten Fällen verorten, da dieser geprägt von *Sonderwissen*[10] ist, das sich aufgrund seiner Biografie vom *Alltagswissen* dahingehend unterscheidet, dass es auf einer hochsystematisierten und akribischen Auseinandersetzung mit den Wirkweisen von Training und Ernährung auf die körperliche Konstitution basiert.

In seiner Kindheit und frühen Jugend war Tony nach eigener Aussage „dick". Im Alter von 17 Jahren hat er dann den Sport für sich entdeckt und mithilfe bewusster Ernährung und intensiven Trainings einen stark muskulösen, fettfreien und leistungsfähigen Körper aufgebaut, den er selbstbewusst als „krass" bezeichnet und distinktiv als materielles Machtinstrument gegenüber anderen Männern nutzt. Die trotz dieser Situation vorhandene Körperunzufriedenheit zeichnet sich zum einen dadurch aus, dass er immer wieder ein bereits erreichtes Ideal als Ausgangspunkt seiner momentanen Körperbewertung sieht und zum anderen das Streben nach noch mehr fettfreier Muskelmasse die Motivation seines Trainings prägt. Im Interview spricht er ausführlich über den Sport, seine körperliche Entwicklung und sein Selbstbild. Dabei geht er auch auf die Bedeutung der Spiegel und die Verschiebung einer ganzheitlichen Betrachtung des Körpers hin zu einer immer selektiver werdenden Wahrnehmung einzelner Körperteile ein. Ein Zitat soll die Fokusverschiebung der Wahrnehmung des eigenen Körpers verdeutlichen:

---

10 Ausführlich zur Kategorisierung und Trennung der Begriffe „Alltagswissen" und „Sonderwissen" in der phänomenologisch orientierten Wissenssoziologie siehe u.a. Knoblauch, 2005, S. 162.

„Im Endeffekt ist es 'n undankbarer Sport, weil (.) je besser du wirst, desto unzufriedener wirst du. Dann hast du da was zu mäkeln und da, da könnt ich besser und da. Oder wenn du einmal ins Extrem gegangen bist, wie dein Körper aussehen kann, ja, dann hast du auch Probleme – was heißt Probleme? Aber dann fühlst Du Dich natürlich nicht wohl, wenn du jetzt nicht so unbedingt dein Eightpack hast oder so, ne. [...] Du kannst vor dem Spiegel stehen und du siehst es nicht. Ja, aber du kannst dann nebenbei 'n Foto machen und später guckst du dir 'n Monat später das Foto an und denkst „krass", ja, krass hast du ausgesehen, wo du in der Zeit gedacht hast „Ey, das geht ja gar nicht". Weil du verlierst wirklich irgendwann so das Selbstbild von dir selber. Auch von der Masse und so, dann wirst du / Alle sagen „Whoa, bist du breit" und du denkst dir immer noch, du siehst so aus wie am Anfang. Ja, das sind so diese Sachen bei dem Sport, so diese Psychosachen so."

Die von Tony angesprochenen Aspekte weisen darauf hin, dass „besser werden" nicht nur auf Kraftaspekte und Muskelzuwachs abzielt, sondern durch die intensive Selbstbeschäftigung auch auf eine sich stets steigernde selektive Wahrnehmung des eigenen Körpers sowie steigende Ansprüche an das eigene Erscheinungsbild. So entsteht Unzufriedenheit durch den Blick auf den Körper im Detail, welcher ihm eine Rückmeldung darüber gibt, wo es „was zu mäkeln" gibt. Dass bei der selektiven Wahrnehmung der ästhetische Aspekt dominiert, wird darüber hinaus erkennbar, indem die Voraussetzung für Wohlbefinden hinsichtlich der Körperbildbewertung in Verbindung mit einem in der Vergangenheit erreichten Trainingszustand gebracht wird, dessen Bewertungsgrundlage nicht die Leistung, sondern explizit das Aussehen ist. Wenngleich der Körper formbar ist und der einst erreichte Zustand durch die Disziplinierung des Körpers (im Alter abnehmend) zumindest in Teilen wiederholbar ist (siehe beispielsweise jene Wettkampf-Bodybuilder, die noch im Alter von 35-40 Jahren einen wettkampffähigen Körper erreichen, der sie mit deutlich jüngeren Athleten konkurrieren lässt), wird dennoch die Bedeutung der Veränderbarkeit des Körpers erneut deutlich. Nicht nur, dass die körperliche Veränderung an das Alter gebunden ist und der Zeit unterliegt. Ebenso ist es ein Phänomen, welches im Kontext des körpermodellierenden Sports umso mehr zum Tragen kommt, denn durch bewussten Muskelaufbau, die gezielt auf Veränderung abzielende Ernährung und andere Modellierungspraktiken sind die körperlichen Veränderungen in der Regel intentional und sichtbar nachvollziehbar – Muskulosität, Vaskularität, ein geringer Körperfettanteil oder andere mit dem Sport verbundenen Ideale sind Resultat harter Körperarbeit. Gleichzeitig sind sie, wie bereits dargelegt, momenthaft und als negativ bewertete körperliche Veränderungen wie der Abbau von Muskulatur oder die Gewichtszunahme bei Vernachlässigung von Sport und Ernährung die Folgen.

Weiterhin geht eine den Sport kritisch zu bewertende Erkenntnis aus dem Interview mit Tony stellvertretend für die Erfahrungen vieler Interviewpartner her-

vor: Die Entstehung einer Körperunzufriedenheit bei Sporttreibenden durch den sich ändernden Blick auf das eigene Körperbild als charakteristisches Merkmal körpermodellierenden Sports. Betrachtet man die Ausrichtung des Sports, so lässt sich ein Trend zu ganzkörperlichen Trainingsmethoden wie ‚Functional Training' oder ‚Crossfit' erkennen. Die Mehrzahl trainiert und betrachtet jedoch nach wie vor isolierte Muskelgruppen, was zum einen das Gefühl von Macht über den eigenen Körper vermittelt, zum anderen aber auch zur selektiven Wahrnehmung der als ästhetisch positiv oder abnormal empfundenen Körperteile führt. Wenn Tony von „Problemen" spricht, zeigt sich dabei eine besondere Qualität, indem er auf das Unwohlsein verweist, welches daraus resultiert, dass „Du jetzt nicht unbedingt Dein Eightpack hast oder so". Daraus wird zudem ersichtlich, dass sich die „Probleme" durch die Modellierbarkeit des Körpers mehr und mehr im Sinne einer kontinuierlichen Selbstoptimierung verschieben und einen Anspruch an die eigene körperliche Verfassung formulieren, der nahezu unerreichbar ist. Anhand der gemachten Aussage „Im Endeffekt ist es 'n undankbarer Sport, weil (.) je besser du wirst, desto unzufriedener wirst du. Dann hast du da was zu mäkeln und da, da könnt ich besser und da" lässt sich überdies eine zentrale Aussage über den körpermodellierenden Sport machen. Auf diese Weise wird ein Zusammenhang zwischen der regelmäßigen, ausgiebigen Beschäftigung mit dem Körper, dem Verlust der Wahrnehmung körperlicher Veränderungen und einer Verselbstständigung des Defizitblicks im Einzelfall hergestellt. Besonders die kurzen Zeitabstände zwischen ausgiebigen Phasen der Selbstbetrachtung werden hier als Bedingungskontext für die Genese einer ähnlichen Symptomatik herangezogen, die vorwiegend bei Menschen zu konstatieren ist, die unter körperdysmorphen Störungen[11] leiden.

Stefan und Mona haben mithilfe der Spiegel die Resultate ihrer Arbeit am Körper wahrnehmen und im Falle der Annäherung an ihre über fremde Ansprüche definierten Ideale positive Erfahrungen sammeln können. Tony hingegen nimmt seinen Körper ambivalent wahr: Zum einen ist er stolz auf seinen „krassen" Körper, zum anderen bleiben die steigenden Ansprüche an sich und seinen Körper aufgrund des Verlusts der Wahrnehmung körperlicher Veränderungen unbefriedigt, was sich in seiner Unzufriedenheit mit dem eigenen Körper ausdrückt.

4 Schlussbetrachtung

Im Zentrum des Beitrags stand die Frage, wie das In-den-Spiegel-Blicken und Körperunzufriedenheit im Kontext des körpermodellierenden Sports interdependent wirken. Aus der Sicht von Körperunzufriedenheit betroffenen Besu-

[11] Störung, die sich durch die krankhafte Fixierung einer Person auf einen bestimmten Makel des eigenen Körpers auszeichnet. Ausführlich dazu siehe beispielsweise Philipps (1996).

cher_innen lässt sich den Spiegeln im Fitnessstudio eine wichtige Bedeutung zuschreiben, da sie als Medium visuellen Feedbacks zum natürlichen Alltag der Sporttreibenden zählen, die Wahrnehmung des eigenen Körpers mitstrukturieren und die Betrachter_innen über ihre Körper urteilen lassen. Dabei konnten im Zusammenhang mit dem unumgänglichen Angebot der Selbstbetrachtung und -bewertung unterschiedliche Negativpotentiale omnipräsenter Selbstaufmerksamkeit herausgearbeitet werden. Dem Spiegel wohnt eine normierende Kraft inne, insofern die stattfindende Bewertung des in ihn blickenden Subjekts unter sozial konstruierten Normvorstellungen von Körper und Geschlecht vollzogen wird und wiederum den künftigen Umgang mit dem Körper leitet.

Weiterhin geht aus den Daten hervor, dass sich geschlechtsspezifische Aspekte der Körperbewertung und eine von (gender-)normbezogenen Idealen losgelöste Bewertung des Körpers aufgrund einer Verselbstständigung des Defizitblicks verschränken können. Diesbezüglich konnte am Beispiel des Besuchers Tony exemplarisch gezeigt werden, inwiefern eine doppelte Sicht auf den eigenen Körper entstehen kann: einerseits eine auf Normvorstellungen basierende Sicht, aus der er seinen Körper als männlich-muskulöses Ideal bewertet, andererseits wird eine vom Verlust der körperbezogenen Selbstwahrnehmung geprägte Sicht deutlich, welche sich zudem immer selektiver auf einzelne Körperteile richtet.

Wenngleich die Steigerungslogik (hier im Sinne des voranzutreibenden Ästhetisierungsprozesses des Körpers) ein Kernmotiv von Sporttreibenden darstellt (Kurz, 2017, S. 16), kann sie im Kontext des körpermodellierenden Sports eine für andere Gesellschaftsbereiche weitreichende Bedeutung für das Individuum einnehmen, da auch außerhalb des Fitnessstudios die am Körper ablesbaren Symboliken für die Identitätsbildung und -sicherung von großer Bedeutung sind.

Auf der Basis der fallübergreifenden Erlebnisstruktur konnte zudem rekonstruiert werden, dass die omnipräsente Konfrontation mit dem Selbst im Spiegel während des Sporttreibens die allgemeine (oder zeitweise) Vergänglichkeit des Körpers zum problematischen Gegenstand der Reflexion werden lässt. Diese Bewusstwerdung wirkt negativ auf das Selbsterleben ein und kann in einzelnen Fällen sogar Symptomatiken körperdysmorpher Störungen hervorrufen, die aus der intensiven Beschäftigung mit dem eigenen Körper im Kontext des Sporttreibens resultieren. Abschließend kann als Kritik an den Bedingungen des Sporttreibens im Fitnessstudio festgehalten werden, dass die durch Spiegel hervorgerufene erhöhte Körperreflexivität im Setting des körpermodellierenden Sports konstitutiv für die Genese und- / oder Aufrechterhaltung einer Körperunzufriedenheit wirken kann.

Literatur

Berger, P. L. & Luckmann, T. (2013). *Die gesellschaftliche Konstruktion der Wirklichkeit: Eine Theorie der Wissenssoziologie* (25. Aufl.). Frankfurt am Main: Fischer.

Bette, K. H. & Gugutzer, R. (2012). Sport als Sucht. Zur Soziologie einer stoffungebundenen Abhängigkeit. *Sport und Gesellschaft, 9* (2), 107–130.

Breuer, F., Muckel, P. & Dieris, B. (2017). *Reflexive Grounded Theory. Eine Einführung in die Forschungspraxis* (3., vollständig überarbeitete und erweiterte Aufl.). Wiesbaden: VS.

Conzelmann, A. & Müller, M. (2005). Sport und Selbstkonzeptentwicklung. *Zeitschrift für Sportpsychologie, 12,* 108–118.

Deloitte (2017). *Der deutsche Fitnessmarkt. Studie 2017.* Düsseldorf: Deloitte & Touche GmbH.

Deutsche Gesellschaft für Ernährung (Hrsg.). (2016). *13. DGE-Ernährungsbericht.* Bonn: o. V.

Fuchs, T. (2013). Zwischen Leib und Körper. In M. Hähnel & M. Knaup (Hrsg.), *Leib und Leben. Perspektiven für eine neue Kultur der Körperlichkeit* (S. 82–93). Darmstadt: WBG.

Glaser, B. G. & Strauss, A. (2010). *Grounded Theory: Strategien qualitativer Forschung* (3., unveränderte Aufl.). Bern: Hans Huber.

Gosch, P. (2008). Frauen im Fitness-Sport – ein Spiegel unserer Zeit? Momentaufnahme sozialer Anforderungen aus körpersoziologischer Perspektive. In S. Farrokhzad & C. Nikodem (Hrsg.), *Arenen der Weiblichkeit: Frauen, Körper, Sport* (S. 87–106). Köln: Eigenverlag des Vereins Beiträge zur Feministischen Theorie und Praxis e.V.

Graf, S. (2012). Natürlich! Schön normale Männer-Körper. Begehren, Fitness und Männlichkeit. In D. Filter & J. Reich (Hrsg.), *„Bei mir bist Du schön…". Kritische Reflexionen über Konzepte von Schönheit und Körperlichkeit* (S. 239–257). Freiburg: Centaurus.

Graf, S. (2013). Leistungsfähig, attraktiv, erfolgreich, jung und gesund: Der fitte Körper in post-fordistischen Verhältnissen. *Body Politics, 1* (1), 139–157.

Gugutzer, R. (2007). Körperkult und Schönheitswahn – Wider den Zeitgeist. *Aus Politik und Zeitgeschichte, 18,* 3–6.

Gugutzer, R. & Duttweiler, S. (2012). Körper, Gesundheit, Sport. Selbsttechnologien in der Gesundheits- und Sportgesellschaft. *Sozialwissenschaften und Berufspraxis, 35* (1), 5–18.

Honer, A. (1989). Einige Probleme lebensweltlicher Ethnographie. Zur Methodologie und Methodik interpretativer Sozialforschung. *Zeitschrift für Soziologie, 4,* 297–312.

Honer, A. (1993). *Lebensweltliche Ethnographie: ein explorativ-interpretativer Forschungsansatz am Beispiel von Heimwerker-Wissen.* Wiesbaden: DUV.

Kläber, M. (2010). *Doping im Fitness-Studio. Die Sucht nach dem perfekten Körper.* Bielefeld: transcript.

Knoblauch, H. (2005). *Wissenssoziologie.* Konstanz: UVK.

Kurz, D. (2017). *Pädagogische Fragen zum Sport. Ausgewählte Beiträge.* Hildesheim: Arete.

Martin, D., Carl, K. & Lehnertz, K. (2001). *Handbuch Trainingslehre* (3. unveränderte Aufl.). Schorndorf: Hofmann.

Mrazek, J. & Hartmann, I. (1989). Selbstkonzept und Körperkonzept. In W.-D. Brettschneider, J. Baur & M. Bräutigam (Hrsg.), *Bewegungswelt von Kindern und Jugendlichen. Bericht über den 8. Sportwissenschaftlichen Hochschultag der DVS. Paderborn 1987* (S. 218–230). Schorndorf: Hofmann.

Nuber, U. (2010). Manage Deinen Körper. *Psychologie heute, 26,* 8–13.

Philipps, K. A. (1996). *The broken mirror. Understanding and treating body dysmorphic disorder.* New York: Oxford University Press.

Posch, W. (2009). *Projekt Körper. Wie der Kult um die Schönheit unser Leben prägt.* Frankfurt am Main / New York: Campus.

Ried, J. (2010). Passion, Pathologie, Kultur – Deutung und Stigmatisierung von Übergewicht und Adipositas. In A. Abraham & B. Müller (Hrsg.), *Körperhandeln und Körpererleben. Multidisziplinäre Perspektiven auf ein brisantes Feld* (S. 181–202). Bielefeld: transcript.

Schneider, C., Agthe, M., Yanagida, T., Voracek, M. & Hennig-Fast, K. (2017). Effects of muscle dysmorphia, social comparisons and body schema priming on desire for social interaction: an experimental approach. *BMC Psychology, 5* (19).

Schütze, F. (1977). *Die Technik des narrativen Interviews in Interaktionsfeldstudien: dargestellt an einem Projekt zur Erforschung von kommunalen Machtstrukturen.* Bielefeld: Universität Bielefeld, Fakultät für Soziologie.

Schütze, F. (1983). Biographieforschung und narratives Interview. *Neue Praxis, 13* (3), 283–293.

Sobiech, G. (2006). „Gender-Management" in Fitnessstudios: Aktualisierung und Neutralisierung der Geschlechterdifferenz in der Arbeit am Körper. In K.-S. Rehberg (Hrsg.), *Soziale Ungleichheit, kulturelle Unterschiede* (Verhandlungen des 32. Kongresses der Deutschen Gesellschaft für Soziologie in München). Frankfurt am Main: Campus.

Strauss, A. & Corbin, J. (2010). *Grounded Theory: Grundlagen Qualitativer Sozialforschung* (2., unveränderte Aufl.). Weinheim: Beltz.

Geschlechterwissen macht Sporträume. Praktiken der Dekonstruktion und Reifizierung von Geschlecht in queeren Fitnessgruppen

Corinna Schmechel

1 Einleitung

Der Begriff „Fitness“ bezeichnet sowohl eine Sportpraxis – man *macht* „Fitness“, wie man auch Karate ausübt oder Fußball spielt – als auch einen körperlichen Zustand – man *ist* fit oder nicht. Darin drückt sich bereits die Spezifik dieses Sports aus. Der Körper im Fitnesssport ist nicht das Werkzeug zur Ausübung einer Tätigkeit – eines Spiels, Tanzes oder Kampfes – welches dafür möglicherweise einen bestimmten athletischen Zustand erreichen und erhalten muss, sondern der athletisch-fitte Körper an sich ist sowohl Mittel als auch Zweck seines Trainings. Fitness machen kann damit durchaus auch als Tätigkeit der Herstellung eines Produkts, eben eines körperlichen Zustandes, verstanden werden.

Diskursanalytische und makrosoziologische Betrachtungen des Phänomens Fitnesssport ordnen dies als wertorientierte Körper- und Selbstoptimierung im Modus einer warenförmigen Konsumpraktik ein; die Formung des Körpers ist ungleich verteilte Option und zugleich von allen erwartete Pflicht im Paradigma neoliberaler Eigenverantwortung (z. B. Baumann, 2005). Mikrosoziologisch orientierte Studien zu Fitnesssport verweisen vielfach auf die Persistenz binärer Geschlechterrollen in den ausgeführten Praktiken, den leitenden Idealen und Motiven der Akteur_Innen[1] und der räumlichen Aufteilung von Fitnessstudios (Sobiech, 2004; Degele & Sobiech, 2007; Graf, 2012). So hat bspw. Gabriele Sobiech (2004) herausgearbeitet, wie sich – trotz theoretischer individueller Freiheit der Eigenkörpergestaltung – Geschlecht im Sinne gesellschaftlich dominanter Konzepte von Männlichkeit und Weiblichkeit auch in der Körperarbeit im Fitnessstudio materialisiert und naturalisiert.

[1] Der _ soll auch Lebensweisen sprachlich miteinschließen, welche sich jenseits oder zwischen männlicher und weiblicher Selbstverortung bewegen. Das große Binnen-I soll die Existenz von weiblichen Subjektformen betonen und verhindern, dass diese durch eine ‚_innen‘-Schreibweise lediglich zum Anhängsel an den meist männlichen Wortstamm mutieren.

Doch stellt bspw. die großangelegte empirische Studie Roberta Sassatellis (2014) u. a. fest, dass es auch zu Loslösungen von normfixierten Körperbezügen durch die Ausübung des Sports kommen kann, und zwar ohne, dass sich diesen Normen angenähert würde (Sassatelli 2014, S. 155ff.). Der Begriff „Fitness“ trägt zudem bereits eine gewisse Ambivalenz in sich: Fitness bezeichnet nämlich sowohl eine optimale An- und Einpassung unter gegebenen Umständen (im Sinne eines darwin'schen ‚survival of the fittest‘), also ein Moment der Unterwerfung unter normativ Gegebenes, als auch einen Zustand der Stärke und Ermächtigung, des Meisterns der Umstände und damit auch einer aktiven Aneignung des Gegebenen. Beides – das Sich-unterwerfen unter normative Dispositive und das Sie-sich-dadurch-zu-eigen-machen – fallen untrennbar zusammen und zeigen damit die Grenze ihrer verbreiteten polarisierenden Konzeptionen.

Im Kanon mit der bisherigen sozialwissenschaftlichen Betrachtung des Themas werden Fitnesssportpraktiken hier als Selbsttechnologien im foucaultschen Sinne (Foucault, 2012, S. 18), also als Praktiken der Subjektivierung, angesehen, die damit der Ambivalenz der Subjektivierung unterliegen. Diese bestehen darin, dass das Subjekt stets unterworfen und ermächtigt zugleich ist (Foucault, 1999) und Handlungsfähigkeit nur durch Unterwerfung unter bestehende Normen entsteht, diese Handlungsfähigkeit aber dadurch mitnichten determiniert wird (Butler, 2013). Theoretisierungen von einer simplen, wenn auch verdeckten oder überblendeten, Normunterwerfung im Fitnesssport werden dem Gegenstand also theoretisch wie empirisch nicht gerecht. So gilt es u. a. auch die Bedeutung körperlicher Selbstgestaltung in Bezug auf verschiedene Subjektpositionen und soziale Kontexte zu differenzieren (siehe z. B. Alvarez, 2008; Lau, 2011; Villa, 2017).

2 Feldbeschreibung und Fragestellung

Im Gegensatz zu allen bisher genannten empirischen Untersuchungen forsch(t)e[2] ich daher nicht in kommerziellen Fitnessstudios, sondern in Sporträumen, welche sich z.T. sehr explizit von Fitnessstudios abgrenzen[3] und sich selbst (durch Werbetexte und/oder Teilnehmende) als „queer“ definieren. Gemeinhin ist damit ein Widerspruch zur gesellschaftlich vorherrschenden heterosexuellen Zweigeschlechtlichkeit gemeint, oft auch eine grundlegende Ablehnung körpergebundener Identitätszuschreibungen per se, über Kategorien von Geschlecht und Sexualität hinaus. Die inhaltliche Definition des Begriffs „queer“ und entsprechende praktische Auslegungen sind im Feld variabel und umkämpft (siehe z. B. Ja-

[2] Es handelt sich um eine Dissertationsarbeit, welche durch das Promotionsprogramm „Kulturen der Partizipation“ der Carl-von-Ossietzky-Universität ermöglicht wird.

[3] Alle untersuchten Kontexte sind eingebunden in unkommerzielle, ehrenamtlich geführte größere Sportvereinsstrukturen.

gose, 2001; Butler, 2014 [1995], S. 310ff.). Meine Forschungsperspektive sieht den Begriff als eine Art Platzhalter oder leeren Signfikanten (Laclau, 2002). Entsprechende Kämpfe und Aushandlungen über seine ‚Füllung' stellen einen Fokus der praxeologischen Untersuchung dar. Denn entsprechend eines praxeologisch-sozialkonstruktivistischen Ansatzes der Arbeit wird die Queerness[4] des Feldes nicht als eigenschaftlich, sondern als Produkt kollektiver praktischer Herstellungsprozesse – bspw. Organisation der Umkleiden, Trainingspraxen und nicht zuletzt das Führen von Diskursen (z. B. um Körpernormen) – gesehen. Im Kontext dieser Studie wird mit affekt- und raumtheoretischen Bezügen danach gefragt, wie in diesem spezifischen Kontext Fitnesssport in seiner grundlegenden Ambivalenz praktiziert wird und wie die körperformenden Sportpraktiken im Verhältnis zum Kontext ihrer Ausführung zum Element der Subjektivierung als queer werden. Forschungsschwerpunkt ist dabei die Konzeptualisierung und praktische Verhandlung von körperbezogener Normativität. Aushandlungen dazu sind im Feld virulent, was aus der Spannung zu erklären ist, die sich schon in der Begriffspaarung Queerness und Fitness aufzeigt. Zielt Ersteres auf eine Infragestellung und Ablehnung starrer Kategorien und eine Umkehrung oder Auflösung bestehender Ordnungen, beschreibt Letzteres, wie bereits erwähnt, eine Form der Tauglichkeit und Einpassung (von Körpern) an gegebene Umstände. Es stoßen im konkreten Feld verschiedene Praxis/Diskurs-Formationen (Reckwitz, 2008) aufeinander: einerseits die einer anti-normativen Queerness – als der Anspruch, möglichst neben Geschlechternormen auch eine Hierarchisierung von Körpern bspw. entlang der Leistungsfähigkeit und Fett- oder Muskelanteile zu vermeiden – und anderseits die Logik des Fitnesssports, welcher genuin körper- und leistungsnormativ erscheint. Aus der Intention queere Trainingsräume zu schaffen, ergeben sich daher spezifische Spannungen, deren praktische Gestalt Gegenstand der Untersuchung war.

3 Methodisches Vorgehen

Die Feldforschung ist inzwischen abgeschlossen. Sie bestand aus teilnehmenden Beobachtungen in drei Gruppen, die sich von drei Monaten bis zu zwei Jahren erstreckten. Dazu kamen Beobachtungen bei einzelnen öffentlichen Veranstaltungen, vierzehn begleitende problemzentrierte Interviews sowie eine Auswertung von Werbematerial verschiedener queerer Fitnesskontexte zur Erschließung szenespezifischer Diskurse. Hierfür wurden auch Materialien von Gruppen oder Studios einbezogen, welche nicht teilnehmend beobachtet werden konnten, da es sich

[4] vgl. bspw. Jagose, 2001, 183f.

bei den beobachteten Gruppen um Elemente einer größeren und generell globalen[5] Szene handelt. Die Ergebnisse aus den beobachteten Trainingsgruppen wurden in diesen übergeordneten Szene-Diskursen verortet. Mit der Verwendung von Beobachtungen und Interviews sowie Analysen von Felddokumenten, wie Werbe- und Selbstdarstellungstexten und -bildern, wurde ein methodentriangulativer Ansatz genutzt, wodurch sowohl rekonstruktiv als auch interpretativ gearbeitet wurde[6]. Der Forschungsprozess verlief im Sinne der Grounded-Theory zirkulär (Glaser & Strauss, 1998), d.h. Datenerhebung und Auswertung folgten nicht in abgetrennten Phasen aufeinander, sondern abwechselnd und z.T. überlappend. Dies erleichtert den Wechsel zwischen Beobachter_Innen- und Teilnehmendenperspektive, welcher notwendig ist, um den Blick einerseits auf die Mikropraktiken im Feld zu fokussieren, ohne die Verortung dieser in gesamtgesellschaftliche Gefüge aus den Augen und die eigene Forschungsperspektive in der Logik des Feldes zu verlieren. Die Oszillation oder Hybridisierung von Nähe und Distanz zum Gegenstand ist damit im Forschungsansatz bereits angelegt, geht es doch darum, zugleich verstehensgenerierende Nähe und Vertrautheit wie auch analytische Distanz einzugehen (Berg & Milmeister, 2011, S. 184). Dazu kommen spezifische Verstärkungen dieses Spannungsfeldes durch die Charakteristik als „Insiderforschung". Ich nutze den Begriff nur in Anführungszeichen, da m.M.n. jede soziologische Forschung Insider-Forschung ist, da Soziolog_Innen immer ihre eigene Kultur (Hirschauer, 2010) beforschen und es Teil der epistemischen Machtverhältnisse ist, welche Forschung als tendenziell parteiliche „Insiderforschung" betrachtet wird (Schirmer, 2017, S. 57). Dennoch ergibt sich eine Spezifik für Forschungsvorgehen in Subkulturen, Szenen und Milieus, die mit hoher Affinität oder Zugehörigkeit[7] zu dieser durchgeführt werden. Meine eigene Zugehörigkeit zur übergeordneten queeren Szene war mindestens sehr erleichternd für den Feldzugang als Forscherin. Womöglich wäre er mir ohne diese Zugehörigkeit verwehrt worden. So aber schaffte sie eine große Vertrauensbasis und Offenheit mir gegenüber und auch über die soziostrukturellen ‚Entfernungen' (bspw. durch Geschlecht, sozioökono-

---

5 Wenn sich auch zumindest per deutsch- und englischsprachiger online-Recherche eine explizit queere Fitnesskultur ausschließlich in westliche industrialisierten Gesellschaften des globalen Nordens ausfindig machen lässt.

6 Da es sich um eine ethnografische Arbeit handelt, ist dies einerseits basal, da sich nach Flick (2011, S. 53) grundsätzlich von „implizite[r] Triangulation in der Ethnografie" sprechen lässt, Ethnografien also stets und oft ad hoc verschiedene methodische Register nutzen. Der Sinn einer Explizierung dessen liegt andererseits in der besseren und reflektierteren Anwendung (Flick, 2011, S. 74).

7 Marion Schulze (2015) weist auf die Problematik dieser Kategorisierung in-/outsider oder nicht-/szenezugehörig hin, die u. a. darin besteht, von klar umreißbaren Szenen und Subkulturen auszugehen, deren Zugehörigkeit oder Nicht-Zugehörigkeit einfach feststellbar wäre. In der Praxis ist dies meist nicht der Fall.

mische Situation oder Herkunft) hinweg ‚Nähe'. Hier liegt eine Aufgabe darin, die Perspektive der Beobachtung zweiter Ordnung beizubehalten und sich nicht in der Perspektive der Teilnehmenden zu verlieren.[8]

In einem Feld, welches sich maßgeblich über körperbezogene Praktiken und Diskurse konstituiert, und eingedenk der Tatsache, dass jede Ethnografie immer auch eine Intervention ins beforschte Feld darstellt, ist zudem die körperliche Erscheinung und Befähigung der forschenden Person ein Faktor, dessen Bedeutung hier spezifisch reflektiert werden muss. Dabei spielt die Forscher_Innen-Körperlichkeit nicht nur auf der Ebene der Verkörperung gegenüber dem Feld eine entscheidende Rolle, sondern auch als Wahrnehmungs- und Erkenntniswerkzeug selbst (siehe z. B. Faust & Heissenberger, 2016; Brümmer, 2015; Wacquant, 2003), bzw. sind beide miteinander verwoben. Ich komme darauf später konkret zurück. Die Auswertung der Daten erfolgt entsprechend des Grounded-Theory-Paradigmas in mehreren zunehmend fokussierten Kodierungsphasen.

4 Ergebnisse – Zwischen Auslösung und Reifizierung

In den folgenden Ausführungen wird es auf der Basis der bisher ausgewerteten Felddaten um Praktiken des Feldes gehen, welche der expliziten Dekonstruktion von binären Geschlechterkonzepten dienen, sowie um Momente einer impliziten Reifikation essentialistischer und stereotyper Männlichkeitsvorstellungen. Ich möchte herausstellen, wie hier verschiedenes Wissen um Geschlecht – nämlich das Wissen um seine soziale Konstruiertheit und damit Dekonstruierbarkeit auf der einen und das Wissen um existierende, fest etabliert erscheinende, sexistische und androzentristische Strukturen im Sport auf der anderen Seite – in den beobachteten Praxen zum Tragen kommt und zu Widersprüchen führt, welche letztlich im Rahmen eines generellen Paradox queerer Identifikation gefasst werden sollen.

5 Praktische Auflösung von Zweigeschlechtlichkeit

Die genuine Geschlechter-Politik, die in sämtlichen Alltagspraktiken, wie eben auch im Fitnesssport liegt, wird in den beobachteten Kontexten ganz offen zu einer Politisierung und die Einrichtung der eigenen Gruppen als politisches Projekt verstanden. Das wird meist schon an den Werbetexten und Selbstbeschreibungen deutlich, in welchen sich von einer „genderrigiden Sportwelt" (Pfeffersport, 2018)

---

8 Das beginnt schon bei der Selbstbezeichnung der Forschungsobjekte als „queer" und der damit verknüpften Abgrenzung zum „Mainstream. Die Herausforderung besteht nun darin, diese Bezeichnungen ernst zu nehmen und ihren Inhalt, ihre Bedeutung für die Akteur_Innen im Feld zu verstehen und sie gleichzeitig als zu reflektierende „semiotische Technologien" (Haraway, 1995, S. 78), welche stets auch performative Wirkung haben, wahrzunehmen.

abgegrenzt und die Möglichkeit beworben wird, eine „‚sportive Pause' in der Halle zu haben und mal nicht konfrontiert zu sein mit der cis[9]-hetero-normativen-Welt außerhalb", sondern auf einer „Insel außerhalb der normativen Fitnesswelt" zu trainieren (Seitenwechsel, 2018). Es werden hier bewusst Räume geschaffen, welche sich als gegenkulturelle Räume (Löw, 2015, S. 185; S. 227) oder Gegenöffentlichkeiten (Schuster, 2010, S. 86ff.) verstehen. Von Teilnehmenden wird in Interviews oft Bezug auf die Begriffe „Safe(r) Space" oder „Schutzraum" genommen. Doch mit welchen konkreten raumbildenden Praktiken werden diese Konzepte verbunden? Wie wird aus einer Schulsporthalle für die Teilnehmenden ein Schutzraum vor Zweigeschlechternormen?

Erste raumbildende Praxis ist eine explizite Zielgruppenformulierung. Manche Gruppen und Veranstaltungen richten sich von vorneherein ausschließlich an FrauenLesbenTrans- und Intergeschlechtliche Personen (FLTI)[10], manche sind grundsätzlich offen für alle geschlechtlichen Identitäten, benennen sich oder ihr Zielpublikum als queer.[11] Mit dieser Benennung wird zuerst einmal der Möglichkeitsraum für die Existenz geschlechtlicher Selbstbeschreibungen jenseits der Kategorien Mann und Frau geöffnet. Mit der Bezeichnung der Zielgruppe wird darüber hinaus eine Erwartungshaltung legitimiert, nach der Teilnehmende davon ausgehen können, dass andere Anwesende um nicht-cisgeschlechtliche und nicht binär strukturiert geschlechtliche Existenzweisen wissen und dass diese hier keine tolerierten Ausnahmen, sondern die explizite Zielgruppe der Angebote sind. In diesem Sinne eröffnen schon die Werbe- und Selbstdarstellungstexte einen genderbezogen gegenkulturellen Raum, welcher gesamtgesellschaftlich vorherrschenden Geschlechterkonzepten die Selbstverständlichkeit entzieht und den Status von Norm und Abweichung verschiebt.

Doch wie sieht es in den Hallen und während der Trainings aus? Bereits erwähnte Untersuchungen (Sobiech, 2004; Degele & Sobiech, 2007; Graf, 2012; Sassatelli, 2014) in Fitnessstudios zeigen, wie bspw. durch die Aufteilungen von Räumen und Praktiken Zweigeschlechtlichkeit produziert wird (zugespitzt bspw. über die vergeschlechtlichte Trennung von Aerobic-Kursen und Krafttrainingsbereich). Wie wird dann in einer queeren Fitnessgruppe praktisch Queerness oder Anti-Zweigeschlechtlichkeit hergestellt? Dafür möchte ich zwei Praktiken anführen: die Umkleidenorganisation und die Pronomen-Runde.

---

9 „Cis" bezeichnet das Gegenteil von „trans", in Bezug auf geschlechtliche Verortung also Nicht-Trans-Menschen, sprich solche, welche als das ihnen bei Geburt zugewiesene Geschlecht leben.

10 FLTI-Fitnessgruppen sind dabei nicht mit Frauenfitnessstudios zu vermengen (zur praktischen Feminisierung von Frauenfitnessstudios vgl. Craig & Liberti, 2007).

11 Zur Debatte, ob dabei auch cis-geschlechtliche ausschließlich heterosexuell lebende Menschen queer sein können, siehe z.B. Jagose (2001, S. 144). Hier bleibt zunächst festzuhalten, dass durch diese Bezeichnung keine geschlechtliche Festlegung der Zielgruppe auf FrauenLesben-TransInter geschieht.

Umkleiden werden selten einer sportsoziologischen, sportwissenschaftlichen oder ethnologischen Betrachtung unterzogen (vgl. Alberth, 2016). Dabei sind sie zentrale Elemente jeder Sportstätte und für viele Teilnehmenden ebenso wesentlich wie die eigentlichen Trainingsräume (vgl. Sassatelli, 2014, S. 51ff.). Nicht wenige unangenehme Erfahrungen aus dem Schul- als auch Vereinssport oder Fitnessstudio ereignen sich hier (siehe bspw. Alvarez 2008, S. 248ff.). So beginnt auch jeder Besuch in einem Fitnesscenter – wie auch vieler Sportvereine und anderer Sporteinrichtungen – mit einer recht rigiden geschlechtlichen Einteilung aller Menschen durch die geschaffene Notwendigkeit, entweder in die Männer- oder die Frauen-Umkleide zu gehen. Die Raumorganisation produziert damit zweigeschlechtliche Eindeutigkeit. Allerdings ist diese fragil und vulnerabel. So ist Individuen mit Eintritt in eine der beiden Umkleiden nicht sichergestellt, dass sie auch entsprechend als Frau oder Mann anerkannt werden. Für Menschen mit geschlechtlich uneindeutigem Erscheinungsbild sind Umkleiden, ähnlich wie öffentliche Toiletten, immer wieder auch Orte, in denen sie abgewiesen und angegangen werden, weil sie in den Augen Anderer „falsch“ sind. Binär strukturierte Umkleiden zwingen also nicht nur eine akute praktische Einordnung in ein Zweigeschlechtersystem, indem eine von zwei möglichen Umkleiden gewählt werden muss, sie erfordern auch eine grundsätzliche optische Entsprechung einer von zwei Geschlechtern und das auch im weitestgehend entkleideten Zustand. Dies stellt für viele Personen ein großes Hindernis dar.

Dass Umkleiden daher ein sehr relevanter Punkt für die Konstruktion eines queeren und ‚safen‘ Sportraumes sind (vgl. Caudwell, 2012; Carter & Baliko, 2017; Elling-Machartzki, 2015), wird u. a. an der Thematisierung in den Werbetexten deutlich, wenn es beispielsweise heißt: „Wir haben eine Umkleide für all gender und eine Umkleide für alle, die nicht in die ‚all gender-Umkleide‘ möchten. Es gibt aber auch die Möglichkeit, sich allein umzuziehen.“[12] oder „Hell, we don't even gender our bathrooms. Those suckers are gender neutral too“ (The Queer Gym, 2018a).

Die Tatsache, dass überhaupt die Organisation der Umkleiden Thema eines Werbe- oder Infotextes über das Sportangebot ist, ist etwas, was diese Gruppen von vielen anderen Sportangeboten unterscheidet und auf eine hohe Sensibilität für die Probleme von trans*geschlechtlichen[13] und nicht-binär geschlechtlich verorteten Menschen in Sportkontexten deutet. Alltägliche Selbstverständlichkeiten, wie die Existenz von Männer- und Frauenumkleiden, werden hier entselbst-

---

12 Selbstbeschreibung im Werbevideo einer Gruppe, nicht mehr online verfügbar.

13 Das * soll verdeutlichen, dass die Lebensrealitäten unter dem Begriff ‚Trans‘ vielfältig sind und von chirurgisch und hormon-unterstütztem unauffälligem „Passing“ (Durchgehen) über gewollt oder ungewollt uneindeutigem Auftreten bis zu nahezu permanenten Erfahrungen, ‚fehlgegendert‘ zu werden, reichen.

verständlicht.[14] In den konkreten Praxen der all-gender-Umkleiden entsteht eine Situation, in welcher Körper in einer gemeinsamen Umkleide und unter einer gemeinsamen Dusche zu finden sind, die im allgemeinen Sportraumalltag räumlich getrennt würden. Zudem werden hier Körper selbstverständlich sichtbar, die vorherrschenden Konzepten von Geschlechtskörpern und der Verknüpfung von Körper und Geschlecht nicht entsprechen. So wird ein Raum geschaffen, in welchem binäre Geschlechterkonzepte und vorherrschende Vorstellungen von Geschlechtskörpern suspendiert sind.

Darüber hinaus finden in allen Trainingsgruppen fast zu jedem Trainingsbeginn sogenannte Pronomenrunden statt, d.h. dass von der trainingsleitenden Person eine Runde initiiert wird, in welcher alle Anwesenden ihre Namen und ihr gewünschtes Pronomen – und damit die eigene geschlechtliche Verortung – angeben. Neben ‚er' oder ‚sie' sind auch ‚er oder sie', ‚kein Pronomen' oder ‚egal' häufig genutzte Angaben. Durch diese Praktik der Pronomenrunde wird der kulturell hegemoniale Nexus aus Erscheinung und geschlechtlicher Verortung aufgebrochen, also die verbreitete Annahme, dass man das Geschlecht einer Person sehen – also an der äußeren Erscheinung ablesen – könne, in Frage gestellt. Auch sollen somit emotionale Verletzungen und Konflikte aufgrund falscher geschlechtlicher Adressierungen vermieden werden – ganz im Sinne eines Schutzraumes. Des Weiteren wird durch die freie Wahl der Formulierung die Möglichkeit zur Artikulation vielfacher geschlechtlicher Selbstbeschreibungen ermöglicht.

In diesen Praktiken kommt ein Geschlechterwissen zum Tragen, welches Geschlecht als fluide, inessentiell, nicht kategorial sortierbar (in geschlechtlich kategorisierte Umkleiden) konzipiert; Geschlecht ist letztendlich eine Frage der Selbstdefinition. Hier findet eine aktive, praktische, z.T. räumliche Herstellung von Queerness im Sinne einer Auflösung binärer und essentialistischer Geschlechterkonzepte statt.

6 Reifizierungen und spezifische Geschlechternormen

Doch der eigene normative Anspruch, eine „Insel außerhalb der normativen Fitnesswelt" (Seitenwechsel, 2018) sein zu wollen, geht über die Ebene von Geschlecht und Sexualität hinaus und beinhaltet ebenso den Anspruch auf einen Schutz- oder Freiraum vor und von Leistungsdruck sowie jeglichen Körpernormen. Das zeigt sich an exemplarischen Formulierungen wie „no body shaming", „no fatphobia", „no mirrors"[15] (The Queer Gym, 2018a), oder wenn Teilnehmen-

[14] Natürlich führt auch diese Form der Umkleideorganisation wiederum zu spezifischen Normen, welche hier aus Platz- und Fokusgründen aber nicht weiter ausgeführt werden können.

[15] In diesem konkreten Studio in den USA ist der explizite und bewusste Verzicht auf Spiegel als eine Praxis der Raumgestaltung als „Schutzraum" vor Schönheitsnormen zu bewerten. In den

denstimmen auf der Gruppen-Seite ausführen, dass „ganz verschiedene leute mit ganz unterschiedlichen fähigkeiten, erfahrungen und grenzen“ [sic] gemeinsam trainieren und „[W]eder mein Körper noch meine Leistung [wird] kommentiert oder in Relation gestellt [wird]“ (Seitenwechsel, 2018). Im Folgenden möchte ich anhand eines Ereignisses im Feld aufzeigen, wie dieser Anspruch mitunter zu einer Reifizierung stereotyper Männlichkeitskonzepte führt, speziell durch die Verknüpfung von cis-Männlichkeit mit hoher athletischer Befähigung, Konkurrenz- und Leistungsdruck. Es ergeben sich sehr raumspezifische (gegenkulturelle) vergeschlechtlichte Normen, die auf das Paradox eines ‚queeren Schutzraumes‘ hinweisen, welches im Feld deutlich wird.

Die Gruppe, um die es nun geht, definiert sich selbst als offen für „Queers and friends“. Damit ist auf der Ebene der Zielgruppenansprache eine sehr hohe Offenheit demonstriert, da selbst die Streitfrage danach, ob heterosexuelle cis-Menschen Zugang zu queeren Räumen haben sollten, durch den ‚and Friends‘-Zusatz umgangen wird und eine solidarische und akzeptierende Einstellung zu queeren Lebensweisen für die Teilnahme ‚ausreicht‘. Während meiner Beobachtungszeit von knapp zwei Jahren dort bestand die Gruppe vorrangig aus cis-weiblichen und trans*geschlechtlichen, hierin vorrangig trans*männlichen, Personen. Nur ein cis-Mann trainierte dort regelmäßig: Sam.

Zwischenzeitlich gab es eine Anfrage eines schwulen Rugbyteams der Fitnessgruppe beizutreten. Dass es überhaupt eine Anfrage gab, kann bedeuten, dass den Rugbyspielern womöglich bewusst war, dass trotz der offiziellen Offenheit, ihre Teilnahme nicht ganz unkompliziert sein könnte. Tatsächlich wurde sie kritisch diskutiert. Sam erinnert sich im Interview einige Monate später daran:

„Ich erinnere mich, als ich die queere Fitnessgruppe gefunden habe, war ich erst etwas besorgt, dass ich nicht willkommen sein könnte, weil ich ein Cis-Mann bin. Und ich erinnere mich an eine Unterhaltung früher mal, [. . .] da gab's ein Gespräch darüber im Café, als Aaron [der Trainer, Anm. C.S.] anbrachte, dass einige Rugbyspieler beitreten wollen, die meisten cis-männliche Schwule, einige hetero, ja dass die mit uns trainieren wollten und Aaron fragte: wär das ok? Und er schlug ein Limit von vier cis-Männern pro Training vor und Nadine sagte: ‚Vielleicht sollte das Limit zwei sein.‘“ (Sam 14.07.16. Das Interview fand in Englisch statt, alle Übersetzungen C.S.)

An diesen Ausführungen wird deutlich, dass eine geschlechtliche Verortung als cis-männlich im beschriebenen sozialen Kontext etwas Besonderes und tendenziell Problematisches darstellt, dessen Anwesenheit womöglich nicht oder nur li-

von mir beobachteten Kontexten, welche allesamt über keine eigenen Räume verfügen sondern über gemeinnützige Vereine, Schulsporthallen u. Ä. zur Verfügung haben, gibt es diese Möglichkeit der bewussten Raumgestaltung nicht. Grundsätzlich gibt es hier in den Hallen selbst keine Spiegel (wie in Schulsporthallen üblich, dabei im Gegensatz zu den meisten konventionellen Fitnessstudios), nur in den Sanitärräumen.

mitiert willkommen ist, auch wenn die offizielle Zielgruppenbeschreibung nicht explizit darauf verweist.[16] Es erscheint dabei im gesamten Untersuchungszeitraum als einzige Kategorie der Humandifferenzierung (Hirschauer, 2017), welche in Bezug auf die Legitimität unbeschränkter Teilnahme relevant gemacht wurde. Zur Begründungsstruktur lässt sich Sams weitere Ausführung zitieren:

„Nadine wollte das wirklich nicht. Sie sagte: ‚Die werden die Gruppe übernehmen und blablabla. Und sie werden auf einem anderen Fitnesslevel sein als wir.' Und ich erinnere mich, dass ich da dachte: Oh Mist, verglichen mit anderen aus der Gruppe, kann ich mehr Klimmzüge, kann ich mehr... was auch immer [...] äh da habe ich mich dann gefragt, ob das etwas Schlechtes ist oder so."

Hier wird eine zu erwartende höhere sportliche Leistungsfähigkeit als Begründung für Befürchtungen und Legitimierung für Zugangsbeschränkungen angeführt. Interessanterweise wurde niemals in der Debatte auf die Tatsache Bezug genommen, dass es sich um Mitglieder eines Rugby-Teams handelt und daher eine zu erwartende hohe Fitness abgeleitet wird, sondern wurde dies aus der geschlechtlichen Verortung hergeleitet. Für Sam markiert dies einen Moment der Realisierung seiner eigenen Leistungsfähigkeit im Vergleich mit anderen Teilnehmenden und den Auslöser einer Unsicherheit darüber, wie mit dieser Leistungsfähigkeit in diesem konkreten Kontext umzugehen sei. Etwas später im selben Interview antwortet er auf die Frage, ob er beim Training manchmal Leistungsdruck empfinde:

„Ich fühle eher das Gegenteil: dass ich nicht so schnell laufen sollte und dass ich nicht so viele Klimmzüge machen sollte, wie ich könnte [...] zum Teil, weil ich diese Kommentare von Nadine und anderen gehört habe [...], du weißt schon: ‚wenn die cis-Männer kommen, werden sie auf einem anderen Fitness-Level sein und die Gruppe übernehmen.'"

„Vielleicht pushe ich mich bei Queer-Fitness nicht so, wie ich könnte, aber ich habe Spaß und ich trainiere und vielleicht hilft das wem anderes sich etwas mehr willkommen zu fühlen."

Auf Basis seiner geschlechtlichen Verortung als cis-Mann verspürt er eine besondere Verantwortung gegenüber dem Raum und leitet bestimmte Verhaltensnormen daraus ab. Das, was gemeinhin als Ideal im Fitnesssport gilt, körperlich leistungsfähige – fitte – cis-männliche Körper (vgl. Graf, 2012), wird in diesem speziellen Kontext zu Etwas, was besser versteckt wird. Die Aufführung athletischer Überlegenheit eines cis-männlichen Körpers erscheint als eine Praktik, welche sehr wahrscheinlich das Wohlbefinden anderer Anwesender beeinträchtigt und daher

[16] Dass die Kategorie (cis-) Männlichkeit für queere Fitnessräume generell explizite Relevanz hat, zeigt sich bspw. auch an einem gesonderten Artikel zum Thema auf der Seite eines US-amerikanischen Gyms (The Queer Gym, 2018b).

nicht erwünscht ist.[17] Das bestätigt auch folgende Feldbeobachtung aus der Zeit der ‚Beitrittsverhandlungen':

Beobachtung 24.02.16: Es wird in der Umkleide nach dem Training gefragt, ob denn nun „diese Rugbyspieler" kommen oder nicht. Es wird erzählt, dass Mathias da war und sich auch anmelden will, man von den anderen noch nichts weiß. Eine Person sagt: „Die sind nett… und überhaupt nicht fit." Worauf eine andere antwortet: „Na dann is ja ok."

Die Anwesenheit von cis-Männern ist hier nicht kategorisch ausgeschlossen (wie bspw. in FLTI-Kontexten). Im Gegenteil positioniert sich die Zielgruppenansprache (s.o.) offen. Doch scheint die Teilnahme nur unter bestimmten Bedingungen legitim. Zum einen scheint die Anzahl cis-männlicher Personen, welche gleichzeitig anwesend sind, beschränkt werden zu müssen (siehe Zitat oben) durch ein Limit von bspw. vier oder auch nur zwei Teilnehmern pro Training. Begründet wird dies u. a. mit einer vorausgesetzten höheren Leistungsfähigkeit und einer scheinbar automatisch oder mindestens sehr wahrscheinlich eintretenden Dominanz.

Sportlich leistungsfähigen cis-männlichen Akteuren kommt daher eine spezifische Verantwortung für ihr Auftreten im Raum zu. Die höhere körperliche Leistungsfähigkeit von cis-Männern wird zunächst vorausgesetzt (bzw. befürchtet), auch wenn sich hier zumindest dann in der gemeinsamen Praxis etwas Anderes zeigt (nämlich, dass die Spieler, die kommen „überhaupt nicht fit" seien). Die Antwort, dass ihre Anwesenheit „dann ja ok" sei, deutet darauf hin, dass ihre Teilnahme andernfalls problematisch wäre. Es ergeben sich also spezifische implizite Verhaltensnormen: spezifisch für den Kontext queerer Fitnesskultur und hierin spezifisch für cis-männliche Subjekte, implizit, da sie nicht offiziell verlautet oder verschriftlicht, aber dennoch spürbar sind.[18]

An dieser Stelle war eine Bezugnahme auf den eigenen Forscherinnenkörper als äußerlich wirksame Verkörperung und Wahrnehmungswerkzeug aufschlussreich. So hat auch explizit die eigene teilnehmende Beobachtung als spezifisch verkörpertes Subjekt Erkenntnisse zur Bedeutung von athletischer Befähigung und geschlechtlicher Verortung im Feld gebracht. Denn auch für mich stand zu Beginn der Feldforschung die Frage im Raum, wie mit meiner Körperlichkeit als eindeutig cis-weibliche ehemalige Leistungssportlerin zu verfahren sei, um die Intervention ins Feld, die jede Ethnografie darstellt, nicht zu einer Störung für die

---

17 Maxine Leeds Craig und Rita Liberti (2007) finden Ähnliches in Bezug auf sportliche schlanke Frauen in einem Frauen-Fitnessstudio, welches sie teilnehmend beobachteten.

18 Mit affekt- bzw. emotionstheoretischen Ansätzen lässt sich grundsätzlich feststellen, dass soziale Normen primär affektiv/emotional funktionieren, darüber, dass ihrer Befolgung ein Glücksversprechen innewohnt und Subjekte sich bei Übertretung schlecht oder unwohl fühlen (zum Überblick und zur Begriffsklärung vgl. Baier, Binswanger, Häberlein, Nay & Zimmermann, 2014).

Teilnehmenden zu machen. Ich habe mich aber – im Kontrast zu Sam – dagegen entschieden, schlechter zu performen und stattdessen in die Beobachtung einbezogen, wie meine sportliche Leistung aufgenommen wird. Das führte in dieser Kontrastierung zu interessanten Erkenntnissen[19]. So machte ich bspw. die Erfahrung, in einem öffentlichen (queer benannten und deutlich schwul dominierten) Fitness-Wettbewerb explizit angefeuert und später dafür gelobt zu werden, dass mit mir immerhin eine Frau unter den ersten drei Platzierten sei (Beobachtung 08.04.17). Die Kategorie der athletischen Leistung erhält also erst in Verbindung mit der Kategorie Geschlecht ihre Bedeutung. Somit spielt die Kategorie Geschlecht an diesem Punkt im Feld eine zentrale Rolle für die Bewertung von Verhalten.

7 Fazit

Damit zeigt sich eine Gleichzeitigkeit verschiedenen Geschlechterwissens im Feld. So ist einerseits eine Konzeption von Geschlecht als fluide und unabhängig von körperlicher Erscheinung – erinnert sei auch an die Praktik der Pronomenrunde – zentral für die Schaffung des ‚queeren Schutzraumes', in welchem generell die Bedeutung von geschlechtlicher Verortung minimiert werden soll, wie u. a. auch an der Praktik der Umkleideräume zu sehen ist. Ferner soll jedoch auch ein Schutzraum vor Leistungsnormen und Vergleichsdruck geschaffen werden. Dieser Schutzraum wird wiederum mit dem im Sport virulenten Androzentrismus und dabei in praxi mit cis-männlichen Subjekten verknüpft. Hegemoniale biologistische Annahmen, welchen im Feld gemeinhin ablehnend begegnet wird, werden dabei aktiviert, bspw. die einer grundsätzlichen athletischen Überlegenheit von cis-Männern. Dies führt u. a. zur Ausbildung spezifischer, in gewisser Weise ‚umgekehrter' geschlechtsgebundener Verhaltens- und Leistungsnormen. Hier zeigt sich ein gewisses Paradox eines ‚queeren Schutzraums': der Anspruch, Geschlecht einerseits seine normative Wirkmacht zu entziehen, indem es als frei wählbar, losgelöst von Körpern und anderen Elementen gedacht und zumindest punktuell gelebt wird und gleichzeitig der Anspruch aktuell existierenden Ungleichheits-, Marginalisierungs- und Diskriminierungsstrukturen (im Sport) zu begegnen, welche stets im Sinne des vorherrschenden Geschlechtersystems vergeschlechtlicht sind. So soll Geschlecht also fluide und weitestgehend irrelevant gesetzt und dabei gleichsam in seiner Persistenz und Relevanz anerkannt werden.

[19] Sicher ist dabei auch relevant, dass ich meine athletischen Fähigkeiten dem wettkampforientierten Boxsport verdanke, also einer Sportart, die als genuin maskulin konnotiert ist, so dass meine Partizipation hier einen Bruch mit konservativen Geschlechtervorstellungen bedeutet und damit eine gewisse Queerness im Sinne der Überwindung zweigeschlechtlicher Normen darstellt.

Die beschriebenen Aushandlungen sind nicht zuletzt auch als Kämpfe um die paradoxe Idee queerer Identifikation[20] zu sehen. Paradox, weil ein Grundelement der Definition von „queer“ eine Abkehr von starren Kategorien der Identitätspolitik und ein Paradigma der Anti-Normativität (vgl. Jagose, 2001, S. 183f.) war und ist. Gleichsam aber braucht es, um queere Räume zu erschaffen, eine Vorstellung davon, was queer – queere Räume, queere Praxen, queeres Sein – bedeutet. Nicht unwesentlich erscheint dabei die Frage, welche Kategorien in solchen Auseinandersetzungen relevant gemacht werden und welche nicht[21]; wessen Anwesenheit auf der „Insel außerhalb der normativen Fitnesswelt“ selbstverständlich und wessen diskussionswürdig ist. Paradoxerweise ist eben auch der Anspruch, nicht-normativ zu sein, normativ.

Literatur

Alberth, L. (2016). Den Körper abwenden und cool bleiben |Zur Herstellung emotionaler Neutralität in der Männerumkleide von Fitnessstudios. In F. Faust & S. Heissenberger (Hrsg.), *Emotionen im Spiel. Beiträge zu einer Ethnologie des Sports (Berliner Blätter, Heft 71)* (S. 49–60). Berlin: Panama.

Alvarez, E. (2008). *Muscle boys. Gay gym culture.* New York: Routledge.

Baier, A., Binswanger, C., Häberlein, J., Nay, E. Y. & A. Zimmermann (Hrsg.) (2014). *Affekt und Geschlecht. Eine einführende Anthologie.* Wien: Zaglossus.

Baumann, Z. (2005). Politische Körper und Staatskörper in der flüssig-modernen Konsumgesellschaft. In M. Schroer (Hrsg.), *Soziologie des Körpers* (S. 189–214). Frankfurt am Main: Suhrkamp.

Berg, C. & Milmeister, M. (2011). Im Dialog mit den Daten das eigene Erzählen der Geschichte finden: Über die Kodierverfahren der Grounded-Theory-Methodologie. In G. Mey & K. Mruck (Hrsg.), *Grounded theory reader* (2., aktualisierte und erweiterte Aufl.) (S. 303–332). Wiesbaden: Springer VS.

Brümmer, K. (2015). *Mitspielfähigkeit. Sportliches Training als formative Praxis.* Bielefeld: transcript.

Butler, J. (2013). *Psyche der Macht. Das Subjekt der Unterwerfung* (7. Aufl.). Frankfurt am Main: Suhrkamp.

Butler, J. (2014). *Körper von Gewicht. Die diskursiven Grenzen des Geschlechts* (8. Aufl.). Frankfurt am Main: Suhrkamp.

Carter, C. & Baliko, K. (2017). ‚These are not my people‘. Queer sport spaces and the complexities of community. *Leisure Studies, 38* (1–12). 696–707.

---

20 Der Begriff Identifikation ist bewusst gewählt als Abgrenzung zum oft starr und meist auch essentialistisch gedachten Begriff der Identität, dessen Ablehnung ja eben auch Teil von ‚queer‘ ist. Ich verwende den Begriff Identifikation, um die Prozesshaftigkeit von Identität, welche nur ‚im Vollzug‘ existiert, deutlich zu machen (vgl. auch Hark, 1999, S. 59).

21 So findet bspw. keine Debatte um den Anteil rassismusbetroffener oder behinderter Menschen oder über Menschen, die mehr als x Klimmzüge schaffen, statt, sondern über cis-Männer. Für fruchtbare Diskussionen zu diesem Punkt danke ich Esto Mader und Francis Seeck.

Caudwell, J. (2012). [Transgender] young men. Gendered subjectivities and the physically active body. *Sport, Education and Society 19* (4), 398–414.

Craig, M. L. & Liberti, R. (2007). "Cause That's What Girls Do". The Making of a Feminized Gym. *Gender & Society, 21* (5), 676–699.

Elling-Machartzki, A. (2015). Extraordinary body-self narratives. Sport and physical activity in the lives of transgender people. *Leisure Studies, 36* (2), 256–268.

Faust, F. & Heissenberger, S. (2016). Eine Frage des Trainings |Methodische Überlegungen zum Forscher_innenkörper als Erkenntnissubjekt. In K. Amelang, S. Bergmann, B. Binder, A.-C. Vogel & N. Wagener-Böck (Hrsg.), *Körpertechnologien. Ethnografische und gendertheoretische Perspektiven (Berliner Blätter, Heft 70)* (S. 68–83). Berlin: Panama.

Flick, U. (2011). *Triangulation. Eine Einführung* (3., aktualisierte Aufl.). Wiesbaden: Springer VS.

Foucault, M. (1999). Warum ich die Macht untersuche. Die Frage des Subjekts. In J. Engelmann &*Michel Foucault (Hrsg.),* Botschaften der Macht. Der Foucault-Reader, Diskurs und Medien (S. 161–171). Stuttgart: Dt. Verl.-Anst.

Foucault, M. (2012). *Sexualität und Wahrheit 2. Der Gebrauch der Lüste.* Frankfurt am Main: Suhrkamp.

Glaser, B. G. & Strauss, A. L. (1998). *Grounded theory. Strategien qualitativer Forschung*. Bern: Huber.

Graf, S. (2012). Natürlich! Schön normale Männerkörper. Begehren, Fitness und Männlichkeit. In D. Filter & B. Görtler (Hrsg.), *„Bei mir bist du schön … ". Kritische Reflexionen über Konzepte von Schönheit und Körperlichkeit* (S. 239–257). Freiburg im Breisgau: Centaurus.

Haraway, D. (1995). Situiertes Wissen. Die Wissenschaftsfrage im Feminismus und das Privileg einer partialen Perspektive. In D. Haraway & C. Hammer (Hrsg.), *Die Neuerfindung der Natur. Primaten, Cyborgs und Frauen* (S. 73–97). Frankfurt am Main: Campus.

Hark, S. (1999). *deviante Subjekte. Die paradoxe Politik der Identität* (2., völlig überarbeitete Aufl.). Wiesbaden: Springer VS.

Hirschauer, S. (2010). Die Exotisierung des Eigenen. Kultursoziologie in ethnografischer Einstellung. In M. Wohlrab-Sahr (Hrsg.), *Kultursoziologie. Paradigmen – Methoden – Fragestellungen* (S. 207–227). Wiesbaden: Springer VS.

Hirschauer, S. (Hrsg.). (2017). *Undoing Differences. Praktiken der Humandifferenzierung*. Weilerswist: Velbrück.

Jagose, A. (2001). *Queer Theory. Eine Einführung.* Berlin: Querverlag.

Laclau, E. (2002). Was haben leere Signifikanten mit Politik zu tun? In E. Laclau (Hrsg.), *Emanzipation und Differenz* (S. 65–79). Wien: Turia und Kant.

Lau, K. J. (2011). *Body Language. Sisters in Shape, Black women's fitness and Feminist identity politics.* Philadelphia: Temple Univ. Press.

Löw, M. (2005). Die Rache des Körpers über den Raum? Über Henri Lefèbvres Utopie und Geschlechterverhältnisse am Strand. In M. Schroer (Hrsg.), *Soziologie des Körpers* (S. 241–271). Frankfurt am Main: Suhrkamp.

Löw, M. (2015). *Raumsoziologie* (8. Aufl.). Frankfurt am Main: Suhrkamp.

Pfeffersport (2018). *Fitness für Queers und Friends.* Zugriff am 19.02.2018 unter https://www.pfeffersport.de/sport/mariannenarena/fitnesskurse

Reckwitz, A. (2008). Praktiken und Diskurse. Eine sozialtheoretische und methodologische Relation. In S. Hirschauer, H. Kalthoff & G. Lindemann (Hrsg.), *Theoretische Empirie. Zur Relevanz qualitativer Forschung* (S. 188–209). Frankfurt am Main: Suhrkamp.

Sassatelli, R. (2014). *Fitness culture. Gyms and the commercialisation of discipline and fun.* New York: Palgrave Macmillan.

Schirmer, U. (2017). Identitätskritik und Positionierungen. Überlegungen zu Verortungen im Kontext zweigeschlechtlichkeitskritischer Forschung. In J. Hoenes & M. Koch (Hrsg.), *Transfer und Interaktion. Wissenschaft und Aktivismus an den Grenzen heteronormativer Zweigeschlechtlichkeit (Oldenburger Beiträge zur Geschlechterforschung, Band 15)* (S. 43–60). Oldenburg: BIS-Verlag der Carl von Ossietzky Universität Oldenburg.

Schulze, M. (2015). *Hardcore & Gender. Soziologische Einblicke in eine globale Subkultur.* Bielefeld: transcript.

Schuster, N. (2010). *Andere Räume. Soziale Praktiken der Raumproduktion von Drag Kings und Transgender.* Bielefeld: transcript.

Seitenwechsel (2018). *Power*Fitness.* Zugriff am 20.02.2018 unter http://www.seitenwechsel-berlin.de/sportangebote/powerfitness/

Sobiech, G. & Degele, N. (2007). „Fit for life"? – Soziale Positionierung durch sportive Praxen. *Beiträge zur feministischen Theorie und Praxis, 69,* 109–118.

Sobiech, G. (2004). Körper ohne Geschlecht? (Re- und De-)Konstruktionen der Geschlechterdifferenz durch die ästhetische Arbeit am Körper in Fitnessstudios. In S. Buchen, C. Helfferich & M. S. Maier (Hrsg.), *Gender methodologisch. Empirische Forschung in der Informationsgesellschaft vor neuen Herausforderungen* (S. 293–313). Wiesbaden: Springer VS.

The Queer Gym (2018a). *Knowledge bombs. The difference between a straight gym and a queer gym?* Zugriff am 20.02.18 unter https://thequeergym.com/versus/

The Queer Gym (2018b). *Gym info. The men of the queer gym.* Zugriff am 26.02.2018 unter https://thequeergym.com/menofthequeergym/

Villa, P.-I. (2017). Autonomie und Verwundbarkeit. Das Social Flesh der Gegenwart. In I. Lenz, S. Evertz & S. Ressel (Hrsg.), *Geschlecht im flexibilisierten Kapitalismus? Neue UnGleichheiten (Geschlecht und Gesellschaft, 58)* (S. 65–85). Wiesbaden: Springer VS.

Wacquant, L. J. D. (2003). *Leben für den Ring. Boxen im amerikanischen Ghetto.* Konstanz: Univ.-Verl. Konstanz.

Körperwissen und Geschlecht praxeologisch. Journalistische Positionierungen zu Ausgrenzungen im Fußball

Nina Degele

1 Einleitung

Seit einigen Jahren spalten sich westliche Gesellschaften zunehmend. Auf der einen Seite ist die Offenheit gegenüber Minderheiten wie Schwulen, Lesben, transidenten und intersexuellen Menschen gewachsen. Auf der anderen Seite verschiebt sich das öffentliche Klima derzeit in eine andere Richtung. Rechte Bewegungen befördern Rassismus und Xenophobie, in den USA wurde ein Präsident gewählt, der zum Hass gegen Frauen und Minderheiten anstachelt. In Deutschland haben rechte Bewegungen und Parteien Enthemmungen in öffentlichen Auseinandersetzungen hoffähiger gemacht und sorgen für eine zunehmende Akzeptanz von Gewalt gegenüber Frauen und Minderheiten (vgl. Weiß, 2017). Der Nationalsport Fußball bleibt davon nicht unberührt. Die Europameisterschaft 2016 in Frankreich war auch durch rassistische Ausschreitungen, Krawalle von Hooligans und Gewalt unter Zuschauenden geprägt (Rafael, 2016). Spieler und Schiedsrichter werden in Stadien noch immer mit der Vokabel ‚schwul' beleidigt. Gewiss wurde dem ehemaligen deutschen Nationalspieler Thomas Hitzlsperger für sein schwules Coming out einige Monate nach seinem Rücktritt 2014 medienweit größter Respekt gezollt. Darauf folgte allerdings kein weiteres Outing eines populären Spielers. Fußball in Deutschland bleibt immer noch „the last bastion of traditional manhood" (Schallhorn & Hempel, 2015) mit einer deutlichen Abgrenzung gegenüber Frauen und schwulen Männern (Kreisky & Spitaler, 2006; Leibfried & Erb, 2011). Die Medienlandschaft zur Sportberichterstattung ist von Männern geprägt (Bölz, 2013), die ihre eigene Berichterstattung als weitgehend unvoreingenommen und objektiv begreifen (Claringbould, Knoppers & Elling, 2004, S. 710).

Trotz einer gewachsenen Offenheit gegenüber Minderheiten passen ‚schwul' und ‚Fußball' in der Berichterstattung wie auch der öffentlichen Wahrnehmung noch immer nicht so recht zusammen. Wie macht sich das bemerkbar? Was ist

sagbar, wie wird es gesagt oder getan, wie hängen Gesagtes und Gemeintes zusammen, wie lässt es sich methodologisch erfassen und theoretisch deuten? Diskutieren möchte ich diese Fragen aus einer Perspektive, die den Zusammenhang von Form und Inhalt wie auch von Affekten und Reflexivität ernst nimmt. Ich nutze dafür praxeologisches Denken im Anschluss an Pierre Bourdieu. Dieses analysiert Gesagtes, Gezeigtes und Artikuliertes vor dem Hintergrund einer Logik der Praxis und berücksichtigt *tacit knowledge* ebenso wie explizite Inhalte von Gesagtem. Das hier gewählte Beispiel ist das fundamentale Dilemma von Sportjournalist_innen, dem Credo von Berichterstattung mit Neuigkeitswert verpflichtet zu sein, dabei aber nicht Regeln des Anstands, der Fairness und des Respekts zu vergessen: Wie positionieren sie sich zu immer noch beobachtbaren Ausschlüssen, Tabuisierungen oder (wohlwollender) Duldung von nicht dem traditionellen Bild heterosexueller Männer entsprechender Fußballspieler? Inwieweit sind Schwule und Frauen noch immer nicht angekommen im Fußball? Wie hängen dabei Toleranz und Akzeptanz zusammen und wie lässt sich dies reflektieren bzw. analysieren? Im Fokus dieses Beitrags stehen mithin methodologische Überlegungen, die sich vor allem auf die Durchführung von 24 Interviews beziehen.

Die Studie knüpft an eine einige Jahre zurückliegende Untersuchung zu Ausgrenzungen im Fußball an (Degele, 2013). Darin machen u. a. Fans, Spieler_innen und Fußballinteressierte ‚die Medien' für Homophobie im Fußball verantwortlich: Sie selbst hätten nichts gegen Schwule im Fußball, es seien aber ‚die Medien', die letztere fertig machten und sie am Coming out hinderten. Gleichzeitig stellt eine Untersuchung in den USA zu Erfahrungen, Haltungen und Einstellungen von Sportjournalist_innen eine größere Offenheit gegenüber Homosexuellen im Sport und sexuellen Minderheiten in den Sportmedien fest (vgl. Kian, Anderson, Vincent & Murray, 2016). Christiane Schallhorn und Anne Hempel (2015) konstatieren bei den Medien eine überschäumende Wertschätzung des Coming outs des schwulen Ex-Fußballspielers Thomas Hitzlsperger. Weiter adressierten Medien eher Homophobie als dass sie diese reproduzieren (Cleland, 2014). Einer 2010 veröffentlichten Emnid-Befragung in Deutschland zufolge glaubten 63 Prozent der Interviewten nicht, dass ein öffentliches Coming out im Profifußball die Spieler benachteilige, eine vergleichbare Studie in Großbritannien hat sogar 93 Prozent festgestellt (Leibfried & Erb, 2011, S. 16). Auf der anderen Seite identifiziert Katja Sabisch (2014) eine geradezu massenmedial inszenierte Aufforderung zum Coming out, um ein ‚Geheimnis' öffentlich zu machen und homosexuelle Fußballspieler zu identifizieren.

Vor diesem Hintergrund will ich verkörpertes journalistisches Wissen als interaktive vergeschlechtlichte Praxen analysieren und rekonstruieren. Zunächst aber einige Bemerkungen zur theoretischen Verortung und Durchführung der Studie.

2 Praxeologie als methodologischer Hintergrund

Die Ethnomethodologie verhandelt sprachliche Ambiguität als Indexikalität, Vagheit und Offenheit von Ausdrücken (Garfinkel, 1973). Das ist praxeologisch vielversprechend, weil Situativität (wie etwa wissenschaftlich motiviertes Interview vs. Alltagsgespräch), Verkörperung (im Spannungsfeld von Gelöstheit, Interesse, Langeweile oder auch Aggression der Sprecher_innen) und Kontext (zeitliches, räumliches und inhaltliches Setting) mindestens ebenso viel Aufschluss über die Bedeutung des Gesagten geben wie das Gesagte selbst. Praxeologische Ansätze nehmen das ernst: Vergeschlechtlichte Körper werden im alltäglichen Tun unter jeweiligen Bedingungen hervorgebracht. Gemeinsames praktisches Wissen und sozialer Sinn verbergen sich nicht *hinter* dem beobachtbaren Geschehen, sondern stecken darin: Wie wird es im Tun generiert und wie manifestiert es sich im öffentlichen (und damit prinzipiell beobachtbar zu machenden) Raum kollektiver Perspektiven? Hinter solchen Fragen stehen Pierre Bourdieus Überlegungen zum grundlegenden Unterschied einer Logik der Theorie und einer der Praxis: „Will man die praktische Logik der Akteure verstehen, so geht es nicht darum, diese einfach zu übernehmen, vielmehr ist die praktische Logik theoretisch zu rekonstruieren" (Bourdieu, 1998, S. 206; vgl. Bourdieu & Wacquant, 1996). Daran will ich mich im Folgenden orientieren und – das ist auch ein Kernanliegen der Gender Studies – Reifizierung als ein Überstülpen theoretischer Vorannahmen auf den Untersuchungsgegenstand vermeiden (vgl. Kelle, 1999). So setzt auch Bourdieu mit permanentem Vergleichen, Relationieren und Kontextualisieren auf ein Wechselspiel zwischen Empirie und Untersuchungswerkzeug. Ihn interessiert, wie sich mentale Phänomene in verkörperten Bewegungen, Haltungen und Gesten manifestieren (Schmidt, 2017, S. 339). All dies kommt gendertheoretisch inspirierten Denkweisen auch insofern entgegen, als sie Körper und Geschlecht nicht als naturgegebene Entität betrachten, sondern als gesellschaftlich bedingt, geformt und gemacht.

Entsprechend handelt es sich bei Gesprächen, wie etwa Interviews, um eine situierte Praxis, in der die Beteiligten soziale Sinnstrukturen interaktiv herstellen (Deppermann, 2013). Dabei geht schweigendes Wissen explizierbaren kognitiven Regeln voraus:

> *„the term may denote the skills we need for bodily performances such as bicycling, playing a musical instrument, or conducting experiments in the laboratory, but it may also point to culture-specific intuitions and pre-reflexive assumptions that determine the way we interact with the world and with society" (Adloff, Gerund, & Kaldewey, 2015, S. 7).*

Über das Gesagte hinaus geben die Kontexte und die Modalitäten, *wie* Inhalte verhandelt werden, Aufschluss über soziale Sachverhalte. In einer solchen Perspektive gilt es, „Aspekte der Geschlechterkonstruktion zugänglich zu machen,

die ‚jenseits' des Diskursiven liegen" (Dausien, 1999, S. 196). Das will ich hier unternehmen und begreife Praxeologie als *sensitizing concept* im Hinblick auf methodologische Herausforderungen der Reflexion von Geschlecht und Körperlichkeit aller Beteiligten in empirischen Untersuchungen.

Dazu führte ich im Jahr 2016 problemzentrierte und leitfadengestützte Interviews mit Journalist_innen in überwiegend leitenden Funktionen in Sportredaktionen. Bei den Zeitungen, Fachzeitschriften und öffentlich-rechtlichen Fernseh- und Radiosendern handelt es sich um Leitmedien. Die beiden freiberuflichen Journalisten haben für solche gearbeitet. Im Durchschnitt kamen sie auf eine Berufserfahrung von 22 Jahren. Angefragt habe ich öffentlich-rechtliche wie auch private Fernseh- und Radiosender, Tageszeitungen und Wochen- wie auch Fußballfachzeitschriften von Boulevard- bis Qualitätsmedien[1]. Alle kontaktierten Medien erklärten sich zu einem Interview bereit. Den Redaktionen gegenüber habe ich mich via E-Mail als Soziologin vorgestellt, die zum Thema *Ausgrenzungen im Fußball* vor einigen Jahren eine Studie durchgeführt hat, in Gruppendiskussionen mit Fans, Spielenden und Fußball-Interessierten immer wieder auf die ebenso grundlegende wie auch umstrittene Rolle ‚der Medien' gestoßen ist und dem nun in einem Forschungsprojekt nachgeht. Auf diesem Weg kam es deutschlandweit zu 24 Interviews mit 25 Journalist_innen[2]. Der Leitfaden umfasste Fragen zu den bislang kontroversesten Themen der eigenen journalistischen Erfahrung und Richtlinien des Umgangs damit, zu Tabus und Nachrichtenwerten bei der Berichterstattung, Verantwortung der Medien im Hinblick auf Homophobie, Sexismus und Rassismus, der Bedeutung von Frauenfußball für die eigene Berichterstattung sowie die Präsenz von Frauen in der eigenen Redaktion. Ebenfalls interessierten mich der Stellenwert und die Bedeutung neuer sozialer Medien für die Arbeit der Journalist_innen. Mehr als zwei Drittel der Interviews fanden an den Arbeitsplätzen der Befragten statt und variierten zwischen einer halben bis hin zu zwei Stunden. Aufgrund von Terminproblemen habe ich knapp ein Drittel der Gespräche telefonisch durchgeführt. Das war insofern schade, als räumliche Umgebung, Gestik und Mimik in diesen Fällen keine Rolle spielen konnten. Allerdings war in einigen Telefongesprächen die Bereitschaft, kontroverse Meinungen zu äußern, mitunter größer als bei face-to-face-Gesprächen (vgl. Jeremy weiter unten). Das ist auch der Möglichkeit geschuldet, einer Situation ohne visuelle und taktile Interaktion schneller und leichter entkommen zu können. Weiter konnte ich

---

1 Zeitungen: Enrico, Tino, Ivo, Volker, Thea, Silvio; Fachzeitschriften: Klaas, Hubertus, Jeremy; Agenturen: Ole, Leo; Freiberufliche Journalisten: Klaus, Udo; Öffentlich-rechtliches Fernsehen und Radio: Helena, Salvatore, Vera, Lars, Zacharias, Konrad, Vadim, David, Bruno, Privatfernsehen: Paul, Peer, Oswald (die Personennamen der Interviewten sind anonymisiert).

2 Unter den 25 Interviewten waren nur drei Frauen. Ein solches quantitatives Verhältnis ist im Sportjournalismus nicht ungewöhnlich (Bölz, 2013, S. 350).

mitunter hören, dass Befragte an ihren Computern tätig waren, möglicherweise recherchierten sie Informationen für ihre Antworten. Ich habe alle Gespräche aufgenommen, den Wortlaut transkribiert und mit Beobachtungen ergänzt, die sich auf das Gespräch selbst beziehen. Ebenso fanden Örtlichkeiten, zeitliche Abläufe, Architektur etc. Berücksichtigung. Um die Gespräche so offen wie möglich zu gestalten, habe ich allen Befragten Anonymität zugesichert. Deshalb sind die Ausführungen so konkret wie möglich und so verallgemeinernd wie nötig. Ebenso fehlen identifizierende Hinweise auf das Medium, bei dem die Interviewten beschäftigt waren.

Auffallend ist bei allen Interviewten eine deutlich geäußerte, wenn auch kontrollierte Offenheit gegenüber Homosexualität. Auffallend ist bei allen Interviewten eine deutlich geäußerte Offenheit gegenüber Homosexualität. Frauen im und rund um Fußball werden im Vergleich dazu mit mehr Vorbehalten thematisiert. Man kann auch sagen: Die Distanz gegenüber Frauen im Fußball ist größer. Dabei unterscheide ich im Hinblick auf den Umgang mit und die Positionierung zu Minderheiten *Akzeptanz* und *Toleranz* (vgl. Lausberg, 2009). Toleranz bedeutet in historischer Genese immer auch und vor allem Duldung und Ertragen der Andersartigkeit, nicht aber Anerkennung anderer vertretener Positionen oder anderen Verhaltens als gleichwertig. Akzeptanz geht darüber hinaus und bezieht die Bereitschaft der Anerkennung und des Einverstandenseins mit ein (vgl. Lucke, 1997). Neben der formalen Ebene der juristisch fixierten Zustimmung geht es dabei auch um die stärker emotional verankerte Sicherheit für Auffassungen und Lebensweisen, nicht mit Feindseligkeiten oder Leugnung rechnen zu müssen. Dieses Spannungsfeld lässt sich – das ist das methodologische Argument – über Strategien des Vergleichens und der Interpretation von Lücken in Gesprächen (*tacit knowledge*) sichtbar machen. Orientiert an der praxeologischen Forderung nach permanenter Relationierung und Kontextualisierung betrachte ich inhaltliche und methodische Fragen als wechselseitig konstituierend. So habe ich etwa verglichen, welche Ausgrenzungen bzw. Tabus im Fußball erwähnt wurden, wann im Interview dies geschah und wie sich dies in den Duktus des Gesprächs einfügte oder davon abwich. Die Auswertung erfolgte entlang des integrativen Basisverfahrens mit Fokussierung auf die Analyse von Agency, Positioning und Metaphern (Kruse, 2014; Lucius-Hoene & Deppermann, 2004). Besonders wichtig war dabei die Berücksichtigung von Brüchen und Widersprüchen, mehr in den Darstellungen und Inszenierungen als in den Inhalten.

3 Praktiken journalistischer Positionierungen

Ausgrenzungen von Schwulen und Frauen machen Fußball noch immer zu einem Reservat traditioneller Männlichkeit. So sind explizit homophobe, sexistische und

rassistische Äußerungen bei Fans und Freizeitspielenden zu beobachten (Degele, 2013). Das ist hier anders: Bei journalistischen Medienschaffenden – das ist der durchgängige Befund der Studie – sind sie tabu[3]. Keine der interviewten Personen äußerte sich abfällig gegenüber Homosexuellen, Frauen oder Fußballspielenden nicht-weißer Hautfarbe, nicht-deutscher Ethnizität oder Nationalität. Die Befragten wertschätzen ein gewandeltes gesellschaftliches Klima. Die Einschätzung, wie weit eine Enttabuisierung und Normalisierung von Homosexualität bis in den Fußball reicht, schätzen sie allerdings unterschiedlich ein. Die Aussagen reichen von völliger Akzeptanz über Duldung bis hin zu Tabuisierung und Abwertung. Die ‚Schuldigen' finden sich dabei eher bei Funktionär_innen, rückständigen Fans und mitunter auch bei Boulevardmedien.

Nicht überraschend betonen alle Befragten ihre Verantwortung für eine ausgewogene und kritische Berichterstattung. Ole etwa positioniert sich als „*sehr, sehr* tolerant" gegenüber Homosexuellen. Damit ist er nicht allein und bewegt sich auf sicherem Terrain: Die Bandbreite handlungsorientierender Regeln reicht von rechtlichen Grenzen über betriebs-/redaktionsintern verordnete Richtlinien und Leitfäden bis hin zur öffentlich-rechtlichen Leuchtturmfunktion mit handwerklichen Leitplanken wie Faktenbasierung, Objektivität, Zuverlässigkeit, Genauigkeit, Richtigkeit und der Norm einer zweiten Quelle. Ebenfalls zählen Anstand, Haltung, Vernunft und der richtige Ton (niemanden verletzen, beleidigen oder diskreditieren), der Auftrag der Aufklärung und die Gewährleistung von Meinungsvielfalt zum geteilten Normenkatalog. Solche Richtlinien stehen der journalistischen Norm der Produktion von Nachrichtenwerten allerdings mitunter entgegen. Leo beschreibt dies als Dilemma:

„Wir haben schriftliche Regeln, die ... aber .... in unserem Bereich halt .... das ist immer schwierig. Weil .... die spannenden Situationen sind ja meist Ausnahmesituationen. Und deswegen ist so ... Regeln sind für Journalisten schwierig, weil .... wenn man sich nur an die Regeln hält, ist man nicht neugierig genug, ist man nicht wach genug."

Allerdings kristallisiere sich erst in der Praxis heraus, was erlaubt ist und was nicht. Die Überschrift „Schürrle brennt" nach einem torreichen Spiel des Bundesligaspielers etwa habe ein befragter Redaktionsleiter einem Kollegen jüngst aus dem Text redigiert:

„Schießt drei Tore. Für mich explodiert kein Mensch. Auch nicht bildlich. Zumal ... zu Beginn des Spiels n Feuerwerkskörper auf der Trainerbank explodiert ist. [...] Also Bilder, wo Menschen ... quasi sterben. Und wer explodiert, stirbt meines Wissens in der Regel (lacht), geht halt nicht."

[3] Zu Gemeinsamkeiten und Unterschieden bei Fußballinteressierten wie Fans, Freizeitspielenden und Zuschauer_innen einerseits und Journalist_innen andererseits (vgl. Degele, 2018).

Die neue Überschrift wurde etwas langweiliger, die Boulevardpresse allerdings habe – nicht überraschend – das Explosionsbild im Titel aufgegriffen. Das Dilemma, dass sich Journalist_innen mit dem Verweis auf Normvorgaben aber auch aus der Verantwortung stehlen könnten, formuliert Klaus nach unserem Gespräch in einer Mail: „Wo hört Selbstreflexivität auf (bzw. fängt gar nicht erst an) und fängt Verordnung von ‚Toleranz' durch das System an? Und wo bzw. ab wann wird das Verhalten von Verantwortlichkeit zu einem bloßen ‚Vorhalten', also zu einem So-tun-als-ob?" In diesen Sachverhalt ist eine strukturell widersprüchliche Norm eingeschrieben: Verhalte dich entsprechend der ethischen Leitlinien und überschreite Grenzen.

Solche Widersprüche sind ein Einfallstor für Geschlechterkonstruktionen: Journalist_innen sollen wertschätzend arbeiten, genau das kann aber ihr ‚eigentliches' Geschäft behindern. Sie sollen neugierig und innovativ sein, etwas Neues herausfinden. Dazu gehört Vorpreschen, Ellenbogen ausfahren, aktiv sein (vgl. Claringbould et al. 2004, S. 714). Das ist journalistische Norm bzw. journalistisches Anforderungsprofil schlechthin und folgt der Logik der Medien, die sich durch die Produktion von Neuigkeiten auszeichnet (vgl. Luhmann, 1996). Dies steht durchaus in Widerspruch zu Anstand und sorgfältiger Prüfung als etwas weniger Aktives, sondern eher Begleitendes, auch Lästiges. In solche konflikthaften Anforderungen ist bereits ein traditioneller Gendertext eingeschrieben: offensiv vs. „nett" (Claringbould et al. 2004, S. 714), aktiv vs. reaktiv, männlich vs. weiblich.

Ein explizites Bewusstsein von Homophobie als unangemessener Haltung (vgl. ebenso in den USA Kian et al., 2015) ist nicht gleichbedeutend mit selbstverständlich gewordener Homosexualität. Beispielsweise berichtet Ole nach dem offiziellen Interview von einer lesbischen Kollegin, die es im Betrieb weit gebracht habe:

„Sie ist aber bekennende Lesbin, und hat... trotzdem quasi hier bis an die Spitze des Unternehmens gekommen, und ich... das ist für mich auch Ausdruck dessen, dass es hier überhaupt keine Vorurteile oder äh... irgendwelche Grenzen gibt bei der persönlichen Entwicklung."

Die Bekenntnismetapher taucht in zahlreichen Interviews auf[4]. Das ist interessant: Ein Bekenntnis ist meist mit sündigem Verhalten konnotiert. Darüber hinaus existiert der Begriff ‚Lesbin' gar nicht. Insofern legt diese sprachliche Geste gemäß der oben getroffenen Unterscheidung von Akzeptanz und Toleranz letzteres nahe. Eine doppelte Botschaft enthält auch Oles Statement, sein Medium zeige immer sofort großes Verständnis für die Seite der Benachteiligten und hätte sich

4 Nur ein (schwuler) Gesprächspartner nennt die Bekenntnismetapher ungefragt als No-Go in der Berichterstattung.

stets auf deren Seite gestellt. Das sei auch beim Outing des früheren Fußball-Nationalspielers Thomas Hitzlsperger als schwul im Jahr 2014 so gewesen. Inzwischen finde er eher, jetzt müsse es auch mal gut sein und „hetero ist ja eigentlich auch ganz nett". Dies ließe sich vor dem Hintergrund interpretieren, Schwule im Fußball seien durchaus willkommen, solange sie keine als übertrieben wahrgenommene Aufmerksamkeit – und das heißt Sichtbarkeit – auf sich zögen. Öffentlichkeit hat mithin Grenzen. Das wiederum gerät durchaus in Widerspruch zur genuinen journalistischen Aufgabe der Produktion von Nachrichtenwerten, für die die Aufmerksamkeit von Konsument_innen die Währung ihres Tuns schlechthin darstellt.

Auf der anderen Seite liefern Leser_innen und Zuschauer_innen in den Augen der befragten Journalist_innen häufig ein Argument für die Klage über die schwierige Generierung von Nachrichtenwerten mit Frauenfußball. Konrad etwa bedauert den Rücktritt der Ex-Nationaltorhüterin Nadine Angerer, die für die Medien recht interessant gewesen sei: „Die hat sich immer so ... die hat so' n Hütchen auf. Oder die, die sieht irgendwie anders aus." Das falle etwa im Vergleich zur früheren Spielführerin des deutschen Nationalteams und „herausragenden Fußballerin" Birgit Prinz auf, „die aber als Persönlichkeit medial nix bietet." Jeremy reagiert bei der Frage nach dem Nachrichtenwert von Frauenfußball sogar gereizt. Frauenfußball zum Thema zu machen erscheint hier geradezu als Angriff:

„(genervt, leicht aggressiv, wird lauter) Also ich sag Ihnen ganz ganz ehrlich, äh, ich kann diese ganze Debatte schon gar nicht mehr hören. Ich KANN ES BALD nicht mehr hören."

Dahinter steht die fußballerische Normalität eines Spiels von Männern, in dem Frauen ein anderes Spiel spielen: Frauenfußball. Entsprechend trifft eine Berichterstattung darüber nicht das Interesse potenzieller Leser_innen, Zuschauer_innen oder Hörer_innen (ist also zu wenig ein Spiel von Männern) oder bedient zu wenig deren Bedürfnisse nach einem ‚weiblichen' Auftreten (ist also zu wenig ein Spiel für Männer).

Als Zwischenergebnis in festzuhalten, dass Schwule und Frauen im Fußball explizit willkommen geheißen, praxeologisch interpretiert: geduldet werden. Das habe ich als journalistisches Dilemma der Orientierung an Nachrichtenwerten vs. an ethischen Standards auf Grundlage klassischer Zweierinterviews dargestellt.

Noch deutlicher wird das an einem Beispiel, in dem zwei Journalist_innen – von mir unbeabsichtigt – mehr miteinander diskutierten, als dass ich sie interviewt habe. Aus einer gendertheoretischen und praxeologischen Perspektive entpuppt es sich als besonders fruchtbar für eine Analyse.

4 Zwischen Interview und Diskussion: schweigendes Wissen interaktiv entwickeln

Für ein vereinbartes Interview mit einem Redaktionsleiter Lars (47 Jahre alt, seit 24 Jahren im Betrieb) mache ich mich frühzeitig auf den Weg und erreiche sein Büro etwa zehn Minuten vor dem ausgemachten Termin. Ich will warten; seine für einen anderen Bereich ebenfalls in einer leitenden Funktion tätige Kollegin Vera (55 Jahre alt, seit 30 Jahren im Betrieb) bittet mich jedoch ins Büro und platziert mich an einem kleinen Besprechungstisch. Lars kommt mit Wasser und Gläsern, Vera setzt sich mit an den Tisch. Lars berichtet, dass er sich gestern die Mühe gemacht habe,

„nichtsahnend, in welche Richtung dieses Interview dann jetzt genau geht, einfach mal aufgelistet, was wir in den vergangenen Monaten, Jahren zum Thema und auch Frauenfußball, weil das glaub ich auch ein Fokus war, was wir dazu gemacht haben."

Er reicht mir ein Blatt, auf dem die dazu relevanten Beiträge und Schwerpunkte aufgeführt sind – was ich sehr aufmerksam finde und auch entsprechend kommentiere. Lars will wissen, wo ich schon war, ich verweise auf meine Anonymitätszusicherung und dass ich ihm deshalb keine Interviewpartner_innen nennen würde. Lächelnd sagt er, ich habe den ersten Test schon mal bestanden. Lars und Vera treten als Duo auf, sie nehmen sich Zeit, teilweise spielen sie sich die Bälle zu, von Beginn an diskutieren sie miteinander.

Vera, Lars und auch ich betreiben eine soziale Positionierung als „sprachlich-interaktive Aktivitäten, mit denen Interagierende sich selbst und anderen bestimmte Eigenschaften zuweisen oder bestimmten sozialen Kategorien zuordnen, um damit ihre Handlungsmöglichkeiten in einem Gespräch zu beeinflussen" (Wolf, 2000, S. 70). Damit ist ein Anspruch verbunden, auf eine bestimmte Art und Weise gesehen zu werden, Anerkennung zu erhalten. Anerkennung lässt sich über Adressierbarkeit operationalisieren. Gemeint ist damit, „wie man von wem vor wem als wer angesprochen bzw. explizit oder implizit adressiert wird und zu wem man dadurch von wem oder vor wem gemacht wird" (Ricken, 2013, S. 92). Die damit verbundenen Praktiken haben auch eine räumliche Komponente wie die Verortung (Lars' und Veras gemeinsames Büro) und die Sitzordnung (zu dritt, gemeinsam um einen kleinen Tisch, der direkt neben Veras Schreibtisch steht, Lars muss ein paar Schritte gehen). Lars und Vera wollen auf eine bestimmte Art und Weise gesehen werden, und das beginnt bei der sportlich-legeren Kleidung, die auf klassische Büroinsignien wie Anzug und Krawatte oder Kostüm verzichtet und Nähe zum Gegenstand Sport demonstriert. Mein Auftreten mit Jeans und Pullover stimmt mit ihrem weitgehend überein, auch hinsichtlich Alter und Sprach-

stil ähneln wir uns. Vor diesem Hintergrund trägt die Konstellation Eigenschaften von einem „Paarinterview als teilnehmende Beobachtung“ (vgl. Hirschauer, Hoffmann & Stange, 2015), wenn auch nicht im Sinne einer Lebensgemeinschaft. Lars und Vera kennen sich gut als Kolleg_innen. Möglicherweise spielen sie wie ein Paar auch bewusst mit verteilten Rollen einer beruflich-kollegialen „Beziehungsgeschichte, in der schon oft geführte Paargespräche aufgerufen und erarbeitete Schlüsselsätze abgerufen werden: Versatzstücke älterer, z.T. auch eingeschliffener Dialoge unterschiedlichen Reifegrades, die einem Paar wie ein Skript zur Verfügung stehen“ (Hirschauer et al., 2015, S. 19).

Aber auch in diesem Fall müssen sie schnell reagieren. In dem Gespräch ist eine nicht handlungsentlastende Logik der Praxis zu beobachten: Wenn Akteur_innen kaum oder wenig Zeit bleibt, ihre Praktiken zu inszenieren, zu reflektieren, auf ihre immer auch geschlechtliche Passung hin zu testen und/oder zu korrigieren, spielt Körperlichkeit im Hinblick auf den Umgang mit Irritationen eine maßgebliche Rolle und liefert einen vielversprechenden methodischen Zugang. So können Momente der Irritation ein situatives Nachdenken provozieren. Bourdieu bezeichnet dies als „praktisches Reflektieren“ (vgl. Martin, 2003, S. 351ff.; Bourdieu, 2001, S. 208). So entwickelte sich das Gespräch auch mit einem hohen Anteil an Eigendynamik entlang folgender Themen:

1) Frauen im Fußballjournalismus: Vera betont gleich zu Beginn und vor dem eigentlichen Interview, dass es im Fernsehen eine Fußballreporterin gebe (Claudia Neumann beim ZDF, Anm. d. Autorin), was in der deutschen Medienlandschaft selten sei. Sie weist damit auf ein strukturelles Ungleichgewicht hin, genauer: auf Unsichtbarkeit basierend auf Nichtpräsenz (Claringbould et al., 2004, S. 709 ff.; Bölz, 2013, S. 350). Sie unterstreicht das Entscheidende der Bewertung eines Spiels durch eine Frau, also das Einmischen in ein männliches Hoheitsgebiet[5]. Vera tut im Interview das, was sie beschreibt, sie übernimmt die Initiative, mischt sich in das Spiel von Männern ein. Während Vera auf der Besonderheit beharrt, die mit einem Bewerten des Männerspiels zu tun hat, sieht Lars die Kommentartätigkeit unabhängig vom Geschlecht immer in der Schusslinie. Bereits hier werden unterschiedliche Positionierungen sichtbar. Für beide ist die Tatsache der Seltenheit von Reporterinnen ein Thema, Vera eröffnet mit dieser Besonderheit das Gespräch. In diesem Fall spricht sie eine der Strukturen des Sportjournalismus' an. Der geringe Frauenanteil gehöre dazu und sei mit eigenem Handeln nicht oder kaum beeinflussbar. Geht man davon aus, dass sich (Makro-)Strukturen öffent-

[5] Einige Monate nach dem Interview provozierte Claudia Neumanns Kommentieren zweier Länderspiele bei der Europameisterschaft der Männer 2016 in Frankreich einen sexistischen Shitstorm im Internet: Weil eine Frau (und kein Mann) ein Fußballländerspiel von Männern kommentierte (http://www.rp-online.de/sport/fussball/em/em-2016-der-shitstorm-gegen-claudia-neumann-ist-peinlich-aid-1.6057754) (abgerufen am 3.2.2018).

lich wahrnehmbar in Praktiken niederschlagen (Alkemeyer, Budde & Freist, 2013, S. 14ff.), wird auch im beobachteten Gespräch das strukturelle Ungleichgewicht re- bzw. ko-konstruiert. Der Sonderstatus der Kommentatorin (Claudia Neumann) wird ebenso sichtbar wie auch unsichtbar gemacht, es kommt zu keiner Auflösung.

2) Homophobie oder Wissensexklusivität: Auf das von mir eigentlich als Interviewbeginn geplante Szenario[6] reagiert Lars erwartet: Er würde nichts machen, auch wenn es natürlich interessant wäre. Daraufhin bringt sich Vera sehr deutlich und auch oppositionell ins Spiel: Sie würde nicht einmal ihren Kolleg_innen etwas erzählen, weil „was hier auf den Gängen über Menschen geredet wird, die vielleicht schwul sind, Wahnsinn!“. Schwule im Fußball seien ein hoch emotionales Thema, in den letzten dreißig Jahren ihrer Arbeit hier im Betrieb habe sich da nicht viel getan; bei den Kollegen gäben noch immer bestimmte Verhaltensweisen dazu Anlass, jemanden für schwul zu halten: „Also ich find’s schon krass, wie homophob die Männer noch sind, ja.“ Hier kontert Lars: „Ich würd’ dir n bisschen widersprechen.“ Das ist eine sehr vorsichtige und zurückgenommene Formulierung, bei der niemand das Gesicht verliert, die dennoch eine Auseinandersetzung eröffnet. Vera beobachtet homophobes Verhalten ganz alltäglich auf den Gängen des Betriebs und zwar als Klatsch[7]. Für Lars gäbe es sehr wohl Klatsch, der sei aber nicht zu hundert Prozent homophob:

„Kann ich sagen, klar, es ist noch n Thema. Aber es speist sich jetzt nicht durch eine, sagen wir mal, Ablehnung … ähm von Homosexuellen, sondern eher dadurch, dass man etwas weiß, das andere vielleicht nicht wissen.“

Es ist also ein Wissensvorsprung, der darin zum Ausdruck komme. Es handelt sich hier um zwei verschiedene Definitionen von Situationen, genauer: Vera spricht von Homophobie, für Lars ist es Neugier, durchaus auch ein Wettbewerb um Informationen bzw. ein Informationsprivileg, die Währung im Journalismus. Mit Lars und Vera prallen somit zwei verschiedene Logiken und auch Wertigkeiten aufeinander: die ethisch hoch bewertete Berufslogik einerseits und andererseits die persönliche Befindlichkeit, die als weniger relevant eingeschätzt wird. Erstere gilt als klassisch männlich, letztere als weiblich. Diese Dynamik macht Homophobie im sportjournalistischen Alltag öffentlich, was im klassischen Zweierinterview

---

6 Die Frage lautet: „Lassen Sie mich zu Beginn Ihre journalistischen Reflexe testen. Stellen Sie sich vor, Sie sitzen in einem eher unbekannten Urlaubsort in einem Café und sehen an einem Tisch nicht weit von Ihnen einen bekannten Nationalspieler in inniger Umarmung/knutschend mit einem Mann. Was bedeutet dieses Wissen für Sie?“ Diese Frage zielt darauf ab, die Befragten zu einer Positionierung zu provozieren, auf die sie im weiteren Verlauf referieren konnten oder auch mussten, um konsequent zu bleiben.

7 Zur ein- und ausgrenzenden sowie herrschaftsstabilisierenden Bedeutung von Klatsch (vgl. Elias & Scotson, 1993).

möglicherweise verborgen geblieben wäre. Bereits an dieser Stelle (nach 8 Minuten) zeigt sich ein Kontinuum von Offenheit bis hin zu möglicher, als Toleranz verpackter, Homophobie. Dabei lässt sich *political correctness* als Gegenstand im Sprechen und als *doing* nachzeichnen[8]: niemand will in ein Fettnäpfchen tappen und drückt sich daher kontrolliert aus. In einer praxeologischen Perspektive tun sie, was sie sagen, nämlich politisch korrekt über *political correctness* sprechen.

3) (Nicht-)Benennung: Der Konflikt von (Nicht-)Thematisierung und journalistischer Neugier setzt sich mit Veras „Lieblingsthema" Rassismus fort. Die Diskussion zur Thematisierung von Migrationshintergrund/Nationalität/Wurzeln etwa spielt sich geradezu dialektisch ab: Erstens geht es darum, Nicht-Weiße und/oder Nicht-Deutsche als Akteur_innen überhaupt einmal sichtbar zu machen, was eine Benennung erfordere. Das stellt Sichtbarkeit her, ist aber auch mit der Gefahr einer Reifizierung verbunden. Hat man sich darauf geeinigt, ist nämlich zweitens zu klären, wie eine nicht-diskriminierende und wertschätzende Benennung korrekterweise auszusehen hat. Bei der Bezeichnung mit *Schwarzen* vs. *Farbigen* etwa solle man Vera zufolge auf Wünsche von Menschengruppen eingehen. Daran knüpft sich drittens die Frage, wann und unter welchen Bedingungen die Nennung von Abweichungen kontraproduktiv wird bzw. zurückschlägt. Laut Vera sei das bei der Nennung des Migrationshintergrunds eines Spielers der Fall: „Immer diese Wurzeln. Ich kann das nicht mehr hören!". Dagegen steht Lars' Auffassung, es sei eine nützliche Information, die die Neugier befriedige („Weil, man fragt sich das schon."). Lars bewegt sich auf der ersten und zweiten Ebene, ihm geht es kleinteiliger um die Tatsache und Modalität des Benennens. Vera dagegen fragt grundsätzlich nach der Legitimität des Benennungsrahmens[9]. Zusammenfassend gibt es trotz der geteilten Abgrenzung vom Boulevard Aushandlungsbedarf im Hinblick auf einen adäquaten Umgang mit Ein- und Ausgrenzungen, wofür ihnen das Interview eine Gelegenheit bot.

5 Gewinn der Perspektive

Was den theoretischen Ertrag dieser Überlegungen angeht, liegt die zentrale Stärke einer praxeologischen Perspektive weniger in der Entwicklung eines systematischen Theoriegebäudes, sondern vielmehr in der methodologischen Reflexion.

8 Zum ebenso schillernden wie auch umkämpften Begriff political correctness (vgl. Gassert, 2016).

9 Ob eine Nicht-Nennung Diskriminierung überwindet oder dahinter zurückfällt, war auch Thema einer Studie zur Sicht von Sportjournalist_innen auf schwule Athleten in den USA (Kian et al., 2015). Die dortige Sportberichterstattung sei offener geworden, aber auch durch eine don't ask, don't tell-Haltung und zögerndes Abwarten gekennzeichnet. Das betreffe vor allem die Initiative, über schwule Sportler zu berichten – mit Verweis auf die zu respektierende Privatsphäre.

Im Vordergrund steht ein Denken in Relationen, das sich in Auseinandersetzung mit empirischen Fragen und Phänomenen herausbildet. Nimmt man Vergleiche als methodische Operation ernst, geben Leerstellen und Nichtgesagtes innerhalb von Interviews etwa Auskunft über die Bedeutung vermeintlich weiblichen Auftretens, über die Bedeutsamkeit ökonomischer Orientierungen wie Quoten oder Auflagen sowie auch über das Gefühl einer Gängelung durch auferlegte Normen angemessener Berichterstattung. Auch schweigendes Wissen lässt sich sicht- und hörbar machen, wenn sich Normalitätserwartungen etwa auf schwule Fußballer erstrecken, nicht aber auf fußballspielende oder kommentierende Frauen. Damit stehen Prozesse im Vordergrund, die sich nicht nur inhaltlich als *Was*, sondern in ihrer formalen Entfaltung ebenso als *Wie* rekonstruieren lassen. Hilfreich für eine solche Analyse erweisen sich Praxisformen, die über interaktive Dyaden von Interviewenden und Interviewten hinausgehen und Interaktionen zwischen Interviewten einschließen.

Als zweite Stärke können praxeologische Ansätze vermitteln statt lediglich Dichotomien zu konstruieren. Ein Beispiel dafür ist das Zusammenwirken von Affektivität und Reflexivität, ohne welches die Praxis von Sprachprofis wie Journalist_innen gar nicht angemessen verstanden werden kann. Theoriebildung wird damit Ergebnis empirischer Praxisforschung. „Soziologisches Theoriewissen wird zugunsten einer Ethnographie der Forschungspraxis zurückgewiesen" (Hillebrandt, 2009, S. 371).

Drittens habe ich in diesem Beitrag einen praxeologischen Zugang zu schweigendem Wissen als gleichermaßen *verkörpert* wie auch *vergeschlechtlicht* vorgestellt. Zu einem solchen Verständnis sind mitunter auch ‚gut abgehangene' gendertheoretische Einsichten nützlich: Patricia Yancey Martin etwa meint mit „liminal awareness" die „awareness to represent men's mobilizing masculinities without being conscious of doing so" (Martin, 2003, S. 356). Damit beschreibt sie die vorreflexive unterschiedliche Bewertung von Handlungen, je nachdem, ob Männer oder Frauen sie ausführen. Die vorgestellte Kommentierung eines Fußballspiels der Männer durch Claudia Neumann ist dafür ein Beispiel. Dabei sind die beobachteten Praktiken nicht selbsterklärend, vielmehr ist auch – was in praxeologischen Ansätzen bislang eher zu kurz kommt – eine *strukturtheoretische* Einbettung in vergeschlechtlichte Rahmenbedingungen des Fußballjournalismus' (vgl. Claringbould et al., 2004) erforderlich.

Viertens lässt sich in einer praxeologischen Perspektive eine *Verschiebung* bei der Thematisierung von Ausgrenzungen im Fußball *von Homophobie in Richtung Sexismus* beobachten: Die respektvolle Auseinandersetzung mit Schwulen im Fußball ist massenmedial angekommen. Auch in den USA scheint Homophobie weniger problematisch zu sein als eine Abweichung vom klassischen Idealbild männlichen Fußballs; was heißt, „that it is increasingly not homosexuality that

is stigmatized, but instead extreme gender non-conformity“ (Kian et al., 2015, S. 903). Das markiert eine Begleiterscheinung einer solchen Zunahme von Offenheit: Frauenfußball bleibt damit ein Stiefkind der Berichterstattung, was sich immer auch ökonomisch rechtfertigen lässt. Denn geringe Lese- und Einschaltquoten legen eine Fokussierung auf das nahe, was Fußball zum unangefochtenen Nationalsport der Deutschen macht: ein Spiel von Männern (vgl. Kreisky & Spitaler, 2006).

Fünftens ändern Ausgrenzungen ihr Gesicht bzw. ihre Praxis: *Toleranz* hat sich in der Weise durchgesetzt, dass nicht-heteronormativ und nicht-männlich adressierbare Akteur_innen mitspielen dürfen. *Akzeptanz* ist das aber noch nicht. Sie sind noch immer „die Anderen“, die um Sichtbarkeit und Anerkennung kämpfen. Sichtbar wird das über praxeologisch und gendertheoretisch motivierte Rekonstruktionen von Sprechpraktiken, die in einem benennbaren gesellschaftlichen Zusammenhang, wie etwa von gleichzeitig wachsender Liberalisierung einerseits und zunehmender Enthemmung und Verrohung andererseits, verortet sind. Entsprechend lässt sich in einer praxeologischen Perspektive ein Wandel von Ausgrenzungen nicht nur beobachten, sondern auch gesellschaftstheoretisch einbetten. Wie das gesetzlich verordnete Rauchverbot aus dem Jahr 2007 gezeigt hat, können Handlungsweisen und Haltungen mitunter auch verordnet werden: Es schuf Selbstverständlichkeiten, die heute nicht mehr rückgängig zu machen sind. In diesem Sinne lässt sich Akzeptanz auch kognitiv adressieren. In Bezug auf die Akzeptanz nicht-heterosexueller und nicht-männlicher Menschen im Fußball ist das je nach gesellschaftlicher Stimmung eine gute Nachricht.

Literatur

Adloff, F., Gerund, K. & Kaldewey, D. (2015). Locations, Translations, and Presentification of Tacit Knowledge. An Introduction. In F. Adloff, K. Gerund & D. Kaldewey (Hrsg.), *Revealing Tacit Knowledge. Embodiment and Explication* (S. 7–17). Bielefeld: transcript.

Alkemeyer, T., Budde, G. & Freist, D. (2013). Einleitung. In T. Alkemeyer, G. Budde & D. Freist (Hrsg.), *Selbst-Bildungen. Soziale und kulturelle Praktiken der Subjektivierung* (33–68). Bielefeld: transcript.

Bölz, M. (2013). Fußballjournalismus. Eine medienethnografische Analyse redaktioneller Arbeitsprozesse. Wiesbaden: Springer VS.

Bourdieu, P. (1998). *Praktische Vernunft. Zur Theorie des Handelns.* Frankfurt am Main: Suhrkamp.

Bourdieu, P. (2001). *Meditationen. Zur Kritik der scholastischen Vernunft.* Frankfurt am Main: Suhrkamp.

Bourdieu, P. & Wacquant, L.J.D (1996*). Reflexive Anthropologie.* Frankfurt am Main: Suhrkamp.

Claringbould I., Knoppers, A. & Elling, A. (2004). Exclusionary practices in sport journalism. *Sex Roles, 51,* 709–718.

Cleland, J. (2014). Association football and the representation of homosexuality by the print media: a case study of Anton Hysén. *Journal of Homosexuality, 61,* 1269–1287.

Dausien, B. (1999). Geschlechterkonstruktionen und Körpergeschichten. Überlegungen zur Rekonstruktion leiblicher Aspekte des „doing gender" in biographischen Erzählungen. In P. Alheit, B. Dausien, W. Fischer-Rosenthal, A. Hanses & A. Keil (Hrsg.), *Biographie und Leib* (177–200). Gießen: Psychosozial-Verlag.

Degele, N. (2013). *Fußball verbindet – durch Ausgrenzung.* Wiesbaden: Springer VS.

Degele, N. (2018). *Talking football: Against discrimination and homophobia.* (Ms.)

Deppermann, A. (2013). Interview als Text vs. Interview als Interaktion [61 Absätze]. *Forum Qualitative Sozialforschung / Forum: Qualitative Social Research, 14* (3), Art. 13, Zugriff am 20.4.2016 unter http://nbn-resolving.de/urn:nbn:de:0114-fqs1303131.

Elias, N. & Scotson, J. L. (1993). *Etablierte und Außenseiter.* Frankfurt am Main: Suhrkamp.

Garfinkel, H. (1973). Studien über die Routinegrundlagen von Alltagshandeln. In H. Steinert (Hrsg.), *Symbolische Interaktion* (S. 280 – 293). Stuttgart: Klett.

Gassert, P. (2016). Keine einfachen Antworten. Die Anfänge der Debatte über „politische Korrektheit" in den USA. *Forschung & Lehre, 23* (4), 290–292. Zugriff am 25.6.2016 unter http://www.forschung-und-lehre.de/wordpress/?p=20737.

Hillebrandt, F. (2009). Praxistheorie. In G. Kneer & M. Schroer (Hrsg.), *Handbuch Soziologische Theorien* (S. 368–394). Wiesbaden: Springer VS.

Hirschauer, S., Hoffmann, A. & Stange, A. (2015). Paarinterviews als teilnehmende Beobachtung. Präsente Abwesende und zuschauende DarstellerInnen im Forschungsgespräch. *Forum Qualitative Sozialforschung. Forum: Qualitative Social* Research, 16 (3), Art. 30, [64 Absätze]. Zugriff am 20.4.2016 unter http://nbn-resolving.de/urn:nbn:de:0114-fqs1503306.

Kelle, H. (1999). Geschlechterunterschiede oder Geschlechterunterscheidung? Methodologische Reflexion eines ethnographischen Forschungsprozesses. In B. Dausien, M. Herrmann, M. Oechsle, C. Schmerl & M. Stein-Hilbers (Hrsg.), *Erkenntnisprojekt Geschlecht. Feministische Perspektiven verwandeln Wissenschaft* (S. 304–324). Opladen: Leske + Budrich.

Kian, E. M., Anderson, E., Vincent, J. & Murray, R. (2015). Sport journalists' views on gay men in sport, society and within sport media. *International Review for the Sociology of Sport, 50,* 895–911.

Kreisky, E. & Spitaler, G. (Hrsg.). (2006), *Arena der Männlichkeit. Über das Verhältnis von Fußball und Geschlecht.* Frankfurt am Main: Campus.

Kruse, J. (2014). Qualitative Interviewforschung. Ein integrativer Ansatz. Weinheim/Basel: Beltz.

Lausberg, M. (2009). Die Geschichte des Begriffes der Toleranz. *Tabularasa, Jenenser Zeitschrift für kritisches Denken,* 37. Zugriff am 29.01.2017 unter http://www.tabvlarasa.de/37/Lausberg1.php.

Leibfried, D. & Erb, A. (2011). *Das Schweigen der Männer. Homosexualität im deutschen Fußball.* Göttingen: Die Werkstatt.

Lucke, D. (1997). *Akzeptanz. Legitimität in der „Abstimmungsgesellschaft".* Opladen: Leske + Budrich.

Lucius-Hoene, G. & Deppermann, A. (2004). *Rekonstruktion narrativer Identität. Ein Arbeitsbuch zur Analyse narrativer Interviews.* Wiesbaden: VS.

Luhmann, N. (1996). *Die Realität der Massenmedien.* Opladen: WDV.

Martin, P. Y. (2003). „Said and Done" versus „Saying and Doing". Gendering Practices, Practicing Gender at Work. *Gender and Society, 17,* 342–366.

Rafael, S. (2016, 11. Juli). *Fußball-Europameisterschaft 2016: Rassismus, Hooligans und Gewalt – Teil 2.* Zugriff am 08.02.2018 unter http://www.netz-gegen-nazis.de/artikel/fu%C3%9Fball-europameisterschaft-2016-rassismus-hooligans-und-gewalt-teil-2--11130.

Ricken, N. (2013). Anerkennung als Adressierung. Über die Bedeutung von Anerkennung für Subjektivierungsprozesse. In T. Alkemeyer, G. Budde & D. Freist (Hrsg.), *Selbst-Bildungen. Soziale und kulturelle Praktiken der Subjektivierung* (S. 69–99). Bielefeld: transcript.

Sabisch, K. (2014). Tabuisierte Männlichkeiten: Der öffentliche Diskurs über Homosexualität in der deutschen Fußballbundesliga. *Soziale Probleme. Zeitschrift für soziale Probleme und soziale Kontrolle, 25,* 52–74.

Schallhorn, C. & Hempel, A. (2015). Media Coverage of Thomas Hitzlsperger's Coming out in German Newspapers. *Journalism Studies,* DOI: 10.1080/1461670X.2015.1112243#1/17.

Schmidt, R. (2017). Praxistheorie. In R. Gugutzer, G. Klein & M. Meuser (Hrsg.), *Handbuch Körpersoziologie. Band 1: Grundbegriffe und theoretische Perspektiven* (S. 336–344). Wiesbaden: Springer VS.

Weiß, V. (2017). *Die autoritäre Revolte. Die Neue Rechte und der Untergang des Abendlandes.* Stuttgart: Klett-Cotta.

Wolf, R. (2000). Soziale Positionierung im Gespräch. Deutsche Sprache. *Zeitschrift für Theorie, Praxis und Dokumentation, 27,* 69–94.

Fragmente von Traum und Leid. Zu den Somatechniken kosmetisch-chirurgischer Webseiten

Steffen Loick Molina

1 Einleitung

Dass Körper und Geschlecht jenseits der Zuschreibung eines natürlich-ontologischen Status' zunehmend als machbar und gemacht verstanden werden können, ist inzwischen Gegenstand populärer Wissensdiskurse (vgl. Villa, 2013a). Insbesondere am diskursiven Feld der kosmetischen Chirurgie wird dies derzeit deutlich. Kosmetisch-chirurgische Expert_innen bieten darin relevante Positionen an, welche den gestalterischen Zugriff auf den (Geschlechts-)Körper im Sinne einer alltagsweltlichen Bemächtigung plausibel erscheinen lassen. Dabei überlagern sich sprachbasiertes und bildförmiges Wissen sowie mediale Techniken, aus denen dieser spezifische Entwurf erst hervorgeht.

Der öffentliche Diskurs um *kosmetische Chirurgie* umfasst gegenwärtig eine ganze Reihe von Medienformaten wie etwa Plakat-Werbung im Stadtbild, *Reality*-Serien mit Unterhaltungswert oder die Webseiten der Anbietenden, die das Feld zunehmend als sichtbare Alltagsoption kennzeichnen. Kosmetisch-chirurgische Praktiken knüpfen darin an weitere Formen der freiwilligen, nicht medizinisch-indizierten Körperbearbeitung an: Zwischen Zahnbleaching, dem Besuch eines Sonnenstudios oder Fitnesskurses und der Fettabsaugung liegen fließende Grenzen – so zumindest, wenn man den medialen Selbstdarstellungen vieler Ärzt_innen folgt.[1] All den körpermodifzierenden Maßnahmen ist dabei gemein,

---

[1] Mit Viehöver (2011, S. 293ff.) lässt sich die (kosmetische) Medizin zunehmend als „entgrenzt" beschreiben. Demnach haben zum Ende des 19. Jahrhunderts technische und pharmakologische Innovationen, Überlagerungen in den Handlungsbereichen von Medizin, Ökonomie und öffentlichem Gesundheitswesen sowie die massenmediale Verbreitung des medizinischen Wissens in der Entwicklung eingesetzt. Der Zugang zur modernen Medizin über massenmediale Formate, wie dem Internet, bedingt folglich die Flexibilisierung der Differenzen von Gesundheit/Krankheit und Expert_in/Laie sowie die „Medikalisierung des Alltags" (Viehöver, 2011, S. 296). Die scheinbare Normalität der kosmetisch-chirurgischen Verfahren und ihre zunehmende Verfügbarkeit spiegeln sich zudem in der Bewerbung von Finanzierungsmodellen auf den Webseiten der Anbietenden. Eine Brustmodifikation kann ganz ähnlich wie der Flachbild-

dass sie in Zeiten der Prekarisierung von Erwerbs- und Lebensverhältnissen – insbesondere der von Frauen – den mehr oder weniger konsequenten Willen nahelegen, die Sorge um sich *selbst* tragen zu können (vgl. Villa, 2013b). Dass sich inzwischen auch invasivere Verfahren der kosmetischen Chirurgie, wie Brustmodifikationen, als relativ *normale* Praktiken der körperlichen Selbstoptimierung und weniger als geheimes Mittel zur Verschönerung hier einreihen, verdeutlicht ein Blick auf die Webseiten der Anbietenden. Demnach legitimiert ein allgemeiner Mehrheitsbezug den chirurgischen Zugriff auf den eigenen Körper. So heißt es beispielsweise in der Beschreibung einer brustvergrößernden Maßnahme:

„Millionen Frauen träumen vom perfekten Busen, aber in der Realität entspricht die weibliche Brust in Form und Größe oft nicht der persönlichen Idealvorstellung: Viele Frauen fühlen sich aufgrund ihrer unscheinbaren Oberweite nicht feminin genug" (moserkliniken, 2017).

An anderer Stelle begründet ein Arzt das Verfahren der männlichen Brustverkleinerung wie folgt:

„Männer träumen bekanntlich von schönen Brüsten – aber bitte bei Frauen, nicht an sich selbst! Doch Fakt ist, dass viele Männer unter dem oft als unästhetisch empfundenen ‚Männerbusen' leiden, der sich trotz Diät und Sport hartnäckig hält" (dariusalamouti, 2017).

Die Frage, wer den eigenen Körper aus welchen Gründen *wie* bearbeiten darf – oder vielmehr *sollte* – entscheidet sich den Auszügen zufolge an der geschlechtlichen Zugehörigkeit. In beiden Fällen liegt der motivationale Ausgangspunkt der Modifikation in der weiblich-positionierten Brust als Objekt eines Mehrheitsbegehrens. In beiden Fällen handelt es sich um das Motiv einer ganz *persönlichen* Empfindung, das die Gestaltung der eigenen Brust als Frage positiver oder negativer Affekte[2] jenseits von strukturellen (z. B. ökonomischen) Gedanken rahmt. Doch was sich für die einen als affektives Mangelerleben am eigenen Körper („nicht feminin genug") darstellt, wird rhetorisch für die anderen zum Gegenstand von Leiderfahrung („Männerbusen") erklärt: Für den modifizierenden Zugriff auf das Körperteil stellt die binäre und heteronormative Geschlechterordnung ein wesentliches Narrativ bereit. Die Normalisierung der chirurgischen Modifikationen

---

fernseher per Ratenzahlung finanziert werden.

2 Mit poststrukturalistischen, feministischen Kritiken an Körper/Geist-Dualismen und den damit verbundenen Unterscheidungen von Ration/Passion, intentional/nicht-intentional etc. erscheint die häufig systematisch getroffene Unterscheidung von Emotion und Affekt problematisch. Denn Affekt als unmittelbare, nicht-signifizierte Kategorie gegenüber Emotion als vermittelte Kategorie sprachlich zu unterscheiden, zeigt sich für eine vergeschlechtlichende Verwendung der Begriffe anschlussfähig (Ahmed, 2013, S. 206f.).

und die (affektbezogene) Normierung des Geschlechtskörpers greifen darin erzähltechnisch ineinander.

Kosmetisch-chirurgische Webseiten, d.h. online Selbstpräsentationen von Chirurg_innen, arbeiten daran mit, historisch-spezifische „Sichtbarkeitsordnungen“[3] (Reckwitz, 2015) des Geschlechtskörpers im Rahmen des technischen Formats semantisch als auch affektiv hervorzubringen. Mit den eingesetzten verbalsprachlichen und visuellen Elementen wird mehr oder weniger implizit geschlechtsbezogenes Wissen generiert, das den modifizierenden Zugriff auf den materiellen Körper plausibilisiert. Ziel dieses Beitrags ist es, am Beispiel kosmetisch-chirurgischer Brustmodifikationen zentrale Darstellungs- und Begründungsmodi aufzuzeigen, mit denen kosmetisch-chirurgische Praktiken derzeit in Deutschland verständlich gemacht werden. Dabei gehe ich davon aus, dass sich die Webseiten nicht nur als eine informative und marktbezogene Vermittlungsform der medizinischen Dienstleistungen lesen lassen.[4] Sie stehen darüber hinaus mit der Inszenierung von Bildmaterial, den rhetorischen Mitteln und der Website-Architektur, das heißt über den semiotisch-apparativen Gesamtkomplex, in Relation zu den Nutzenden der Webseiten. Die Webseiten zirkulieren nicht nur hegemoniale Körperentwürfe und Identifikationsangebote, sondern sie betreiben gewissermaßen affektive Öffentlichkeitsarbeit, indem sie als *Körpertechnologien* reflexive Wirkungen, Wahrnehmungsweisen und Selbstbezüge ansteuern.

2 Die Studie – Online-Diskurse der Anbietenden kosmetischer Chirurgie

Die empirische Grundlage dieser Ausführungen basiert unter anderem auf Ergebnissen, die im Rahmen des DFG-Forschungsprojekts „Das optimierte Geschlecht? Soziologische Explorationen zur (Neu)Kodierung der Geschlechterdifferenz am

[3] Andreas Reckwitz (2015) definiert diese „als Arrangements von wahrnehmenden und wahrgenommenen Subjekten, Artefakten, Wissensordnungen, Affekten und ganzen räumlichen Settings [. . .], in denen die Aufmerksamkeit auf bestimmte Weise gelenkt wird.“

[4] In Auseinandersetzung mit der web-basierten Inszenierung kosmetischer Chirurgie konzentrieren sich medienwissenschaftlich-orientierte Beiträge häufig darauf, die Internetseiten hinsichtlich ihres gesundheitsbezogenen Informationsgehalts und der potenziell trügerischen Effekte und Wirkungen auf die Entscheidungsmotivation für oder wider einen Eingriff zu evaluieren (vgl. Goodman, 2014; Grumbein & Goodman, 2015). Die untersuchten Webseiten lassen sich als Werbedokumente kaum als solche von dem Format der medizinischen Patient_innen-Information abgrenzen; sie schließen in der Gestaltung häufig an redaktionelle Formen und virales Marketing an. Die Inhalte sind entsprechend nicht eindeutig als Werbung erkennbar, was zudem über die regelmäßige Einbindung digitaler Portale wie Facebook oder Twitter auf den Webseiten getragen wird. Diese regen ihre Nutzer_innen dazu an, selbst Strategien der Werbung um Aufmerksamkeit anzuwenden (vgl. Messmer, 2017).

Beispiel der ‚Schönheitschirurgie'"[5] generiert wurden. Ziel des diskursanalytischen Strangs der Untersuchung ist es, mit Fokus auf geschlechtliche Dimensionen, empirischen Aufschluss über Legitimations- und Plausibilisierungsmuster im Diskursfeld *kosmetische Chirurgie* zu erhalten. Konkret geht es dabei um die Rekonstruktion der Bild/Text-Semantiken, über die sich die angebotenen Verfahren auf den kosmetisch-chirurgischen Webseiten darstellen. Zudem soll für den deutschsprachigen Raum analysiert werden, inwiefern Subjektpositionen und damit verbundene innerdiskursive Grenzziehungen auf Natur/Kultur-Differenzierungen rekurrieren und entsprechend Geschlechtskörperlichkeit im Rahmen der Online-Präsenzen (re-)formuliert wird.

Vor dem Hintergrund dieser Fragestellungen begründen die Ansätze der *Critical Discourse Analysis* (Fairclough & Chouliaraki, 1999; Jäger & Jäger, 2007) sowie die Vorschläge der Multimodalen Diskursanalyse (Jewitt, 2009; Kress, 2010) die methodologischen Bezüge der Studie. Das diesen Ausführungen zugrundeliegende Analysematerial besteht aus einem Sample von 98 Webseiten, die in dem Zeitraum Mai 2013 bis Dezember 2014 mit einem *Snapshot*-Ansatz erfasst wurden. Dies bedeutet, dass das Material einen spezifisch lokalen und temporalen Ausschnitt reflektiert und weniger online-diskursive Prozesse spiegelt. In zwei Auswertungsphasen wurde unter Rahmung der Grounded Theory (Strauss & Corbin, 2008; Charmaz, 2006) offen-kodierend verfahren und inhaltlich verdichtete Stellen (Homepages, Verfahrensbeschreibungen) anhand diskursrelevanter Codes axial miteinander kontrastiert. Die mit diesem Vorgehen rekursiv generierten narrativen Strukturen und Semantiken lassen sich demnach als wiederkehrend (d.h. *typisch*) für das Gesamtmaterial identifizieren. Die anschließende feinanalytische Sprach-, Bild- und Intermodal-Untersuchung ausgewählter Fragmente orientierte sich an der von Pauwels (2011) vorgeschlagenen mehrstufigen Methode, die von der Dokumentation erster Eindrücke hin zur interpretativen Analyse metaphorischer und symbolischer Dimensionen führt.

Wie Boris Traue (2013, S. 5f.) verdeutlicht, handelt es sich bei Webseiten als Daten um atmosphärische Bedeutungsensembles, welche die online thematisierten sozialen Phänomene im synästhetischen Zusammenspiel unterschiedlicher Modi (z. B. Bild, Text, Grafik) und der darin eingelassenen Sinnbezüge erst in Verbindung mit der Wahrnehmung der Website-Nutzenden hervorbringen. Ein fruchtbares theoretisches Verbindungsstück für die Analyse der so gefassten Webseiten kosmetischer Chirurgie im Spannungsverhältnis zwischen artefaktischer –

[5] Das im Zeitraum von März 2013 bis April 2015 durch die Deutsche Forschungsgemeinschaft geförderte Projekt wurde von Prof. Dr. Paula-Irene Villa geleitet. Einige der in diesem Beitrag ausgeführten Überlegungen und Forschungsergebnisse wurden in gemeinschaftlichen Sitzungen unter Mitarbeit von Paula-Irene Villa, Anna-Katharina Messmer und Julia Wustmann entworfen.

durchaus eigendynamischer – Struktur der Website und den sie nutzenden und wahrnehmenden Personen bietet das Konzept der *somatechnics* (Murray & Sullivan, 2009). Dieses geht zurück auf interdisziplinäre Arbeiten aus den Forschungsfeldern der Queer- und Disability-Studies, die sich der interdependenten Verwobenheit von Körpern (*soma*) mit den sie formenden und transformierenden Technologien (*techné*) widmen (Murray & Sullivan, 2009, S. 3). Zugespitzt auf den Untersuchungsgegenstand ist damit Grundgedanke der Studie, dass die Webseiten zwar als Informationsquellen und mediale Technologie zu den angebotenen Modifikationsprozeduren fungieren (können) und sie die Verfahren plausibilisieren, normalisieren und implizit spezifische Körpermodelle zirkulieren. Sie lassen sich jedoch zugleich als affizierende Körpertechniken beschreiben, die als solche selbst-reflexive Prozesse evozieren (können) und stets mit den spezifisch verkörperten Website-Nutzenden verflochten sind bzw. diese erst mit hervorbringen.

Als somatechnische Gebilde lassen sich die untersuchten Webseiten sowohl als Ausdruck der körperbezogenen Technologisierung als auch gegenläufig als Technologie der Verkörperung historisch- und kulturell-situierter Körper-Diskurse lesen, die Anbindungsprozesse an den gegebenen sozialen Kontext dynamisieren. *Wie* im Rahmen der somatechnischen Form kosmetisch-chirurgischer Webseiten derzeit Geschlechtskörper gedeutet und visuell *eingeleuchtet* werden, soll nachfolgend über einen analytischen Blick auf visuelle und semantische Charakteristika[6] nachgezeichnet werden. Die Darstellung fokussiert zunächst auf zentrale Elemente der online-diskursiven Sichtbarkeitsordnung, um anschließend am Beispiel unterschiedlicher Brustmodifikationen auf narrative Komponenten einzugehen.

3 Kosmetisch-digitale Fragmentierungen

Die kosmetisch-chirurgischen Webseiten knüpfen als quasi-medizinische Autorisierungs- und Überzeugungskomplexe an die historische Genealogie biomedizinischer Visualisierungs-Apparaturen wie z. B. dem Röntgen-Bild oder neueren bildgebenden Verfahren der digitalen 3D-Technologie an (Schade & Wenk, 2011, S. 14). Sie mediieren den Körper als kosmetisch-chirurgisch sichtbaren Ge-

[6] Es lässt sich für das untersuchte Material festhalten, dass sowohl die visuellen als auch linguistischen Diskursmuster in ihrer Regelhaftigkeit überaus eng gestrickt sind und sich die einzelnen Diskursfragmente im Hinblick auf die semantischen Inhalte charakteristischerweise stark ähneln. In Zusammenhang mit dieser Ähnlichkeit von Text- und Bildbezügen, mit denen motivationale, körper-ästhetische und legitimierende Narrative generiert werden, zeigt sich zudem eine hohe Intertextualität der Diskursfragmente. Gewisse Unstimmigkeiten wie häufige Rechtschreib- und Grammatikfehler deuten an, dass die untersuchten Webseiten nicht als perfekt orchestrierte, auktoriale Einheiten zu verstehen sind. Sie arbeiten hingegen tendenziell mit Assemblage-Techniken und Remixen der im Diskurs gültigen Elemente und bereits Gesagtem.

genstand, beleuchten ihn unter selektiven Blickwinkeln – und dennoch scheinen sie ihn auf unmittelbare Weise wiederzugeben. Als eine zentrale körpertechnologische Dimension der Webseiten lässt sich entsprechend die visuelle Wirkung beschreiben, die im Zusammenspiel mit der sprachvermittelten Information die angebotenen Verfahren motivational begründet. In Bezug auf das mit den kosmetisch-chirurgischen Webseiten bildlich Gezeigte lassen sich Charakteristika identifizieren, die sich aus dem Gros des Untersuchungsmaterials als *typische* (Bild-)Diskurselemente ergeben und nachfolgend in Auszügen vorgestellt werden.[7]

Das im Gesamtmaterial regelmäßig gezeigte Bild bezieht sich auf weiblich-kodierte Körperausschnitte: Das Spektrum gezeigter Körperteile umfasst hierbei nahezu alle Körperregionen, die in einem Formatbereich von relativer Betrachter_innen-Entfernung zwischen halbnah/formatfüllend und im Detail gezeigt werden. Demgegenüber beziehen sich männlich-kodierte Körperausschnitte mehrheitlich auf die Brust. Die Körperfragmente zeigen insgesamt fast ausschließlich *weiß-*, *glatt-*, *unversehrt* und *schlank*-kodierte Körperteile, wobei das assoziierte Alter der Körper/teile mehrheitlich zwischen 25–30 Jahren liegt. Die zu sehenden Körperteile sind zumeist unbekleidet – *nackt*. Etwa die Hälfte der gezeigten weiblich-kodierten Körperteile sind unter anderem erkennbar über Make-up, Haarbearbeitung oder Nagellack modifiziert, männlich-kodierte Körperteile lassen sich ebenfalls über Haar- und Muskel-Bearbeitung als modifiziert identifizieren. Die deutliche Mehrheit der Bilder zeigt Körperfragmente ohne weitere Objekte, zwischenmenschliche Bezüge, zeitlichen oder sozial-räumlichen Kontext. Der emotionale Ausdruck der weiblich-kodierten Gesichter lässt sich in gewichteter Reihenfolge als a. halb-/schlafend-sinnlich versunken, b. auffordernd lachend oder c. neutral/emotionslos/maskenhaft beschreiben. Bei Bildern, mit denen die angebotene kosmetische Prozedur als zwischenmenschliche Situation gezeigt wird, handelt es sich entweder a. um die Andeutung von Injektionsverfahren oder b. um eine Beratungssituation zwischen weiblich-kodierter Patientin und männlich-kodiertem Chirurg. Genauer: In der Beratungssituation wird entweder a. der Patientin etwas bildhaft gezeigt oder b. an ihrem Körper eingezeichnet.

Zu den visuellen Charakteristika der auf den Webseiten gezeigten Körperbilder gehört die Gleichzeitigkeit von deren Wahrnehmbarkeit, die eine „Zeitverdichtung“ (Burri, 2008, S. 348) und in Relation zu den Texten eine Koinzidenz von ana- und proleptischen Zeitebenen (von *nicht mehr*, *schon* und *noch nicht* der Körper) bewirkt. Die Körperbilder einer Webseite in der Gesamtheit bzw. in Bezug auf mehrere gleichzeitig gezeigte Bilder sind dabei in der Regel nicht dis-

[7] Von der Darstellung ausgenommen sind an dieser Stelle Bilder und Inszenierungen der Chirurg_innen selbst.

junkt. Das heißt, die in einer Menge gezeigten Körperausschnitte schließen sich nicht gegenseitig aus – oder aneinander an, sondern überlappen sich diffus diskordant und sind gewissermaßen ko-existent (vgl. Abbildung 1). Die in Verbindung mit einem Bild dargestellte Bildunterschrift bzw. Verlinkung benennt typischerweise nicht das gezeigte Objekt als solches, sondern eine angebotene Leistung als transitive Prozedur (z. B. „Brustvergrößerung“ oder „Faltenunterspritzung“). Auch eingezeichnete Schnittlinien als Hinweise auf prospektive Körperöffnungen und Bearbeitungen finden sich in der Regel nicht im Bildmaterial. Damit ergibt sich eine Leerstelle zwischen bildhaft Gezeigtem und nominell Benanntem – nicht das technische Verfahren oder die zwischenmenschliche Situation ist zu sehen, sondern ein Körperausschnitt wird als unmittelbares Endergebnis des sprachlichen Verweises suggeriert.

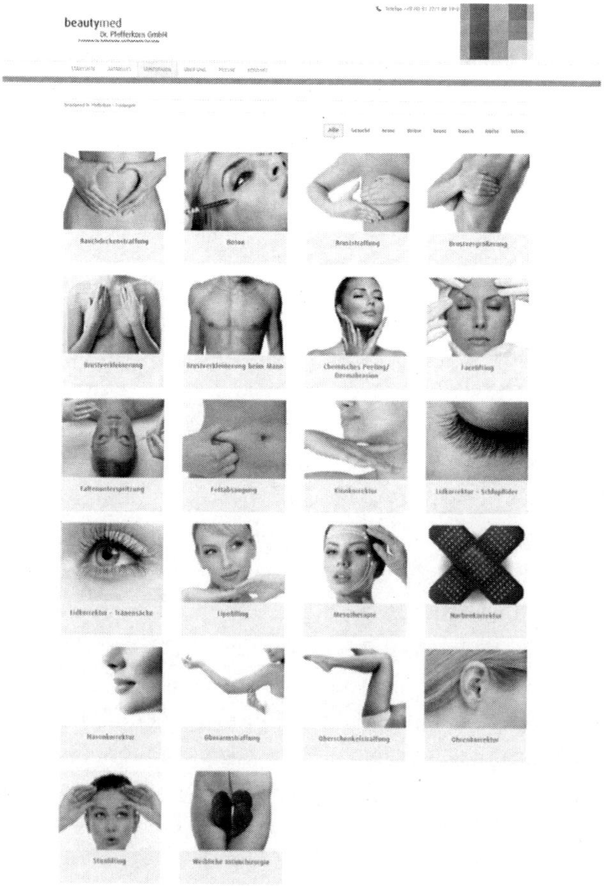

Abb. 1: Screenshot (beautymedclinic, 2014)

In einer zusammenfassenden Beschreibung ergibt sich folgendes Gesamtbild: Der spezifisch *weibliche*, *weiße*, *schlanke*, *junge* Körper wird über den Ausschluss von Körperbildvariationen, die strukturierende Bildkomposition und sprachlich betitelnde Verallgemeinerungen zum modifizierbaren Generalkörper. Dieser bildhaft gezeigte Körper wird über die Prinzipien der Fragmentierung, Unabgeschlossenheit, Multi-Perspektivität und Diskordanz als „Rohstoff" (Villa, 2013a) inszeniert und Betrachtenden als *machbares* Produkt gestaltungstechnisch be-/greifbar gemacht. Körper sind auf den untersuchten Webseiten nicht als organisch geordnetes Gesamt zu sehen, sondern als „Bodies without Organs" (Deleuze & Guattari, 2013) – also *ausgegliederte* Körperteile ohne klare innere Relation oder funktionelle Organisation. Die Körperbilder lassen sich zudem als *Zukunftsprojektionen* beschreiben, das heißt, gezeigt wird nicht der zu modifizierende, pathologische Körper (als *Vorher*), sondern der potenziell erlangbare, zukünftige Körper (als *Nachher*). Als „Vorbilder" (Macho, 2011) vergegenwärtigen die Körperausschnitte das, was *noch nicht* da ist und entfalten potenziell handlungsanleitende Effekte. Denn es ergibt sich aus dieser *Zukunftstechnik* die Inkongruenz und eine Begehrensrelation zwischen digitalem Körperfragment und den abjektivierten, stets spezifisch verkörperten Betrachtenden.

Neben der körperlichen Unordnung durch die Bildprinzipien der Unabgeschlossenheit und Überlappung (über konjunkte, ko-existente Bilder und Menü-Reiter), die den sichtbaren Körper als organische Gesamteinheit konzeptionell verflüssigen und in unbestimmte Einzelteile zerlegen, werden mit der bildlichen Anordnung in Tableau-Form analytische Klassifizierungen hergestellt. Der diskordanten körperlichen Aufteilung folgt dabei in der Regel die Website-Architektur, die um die angebotenen Körperprozeduren verschachtelt angeordnet ist. Das heißt, die Auswahlhandlungen durch die Website-Benutzenden vollziehen sich entlang der segmentierten Körperregionen, die nicht dem integrierten Körper-Gesamt entsprechen (z. B. „Brust", „Gesicht", „Körper", „Für Ihn"). Die zur Klick-Handlung angebotenen Körperregionen generieren somit das anweisende Zeigen am Bildkörper, indem die ausgewählten Regionen mit identifikatorischen und motivationalen Deutungsangeboten versehen sind.

4 Bild-Narrative Verknüpfungen

Ausgehend von der Beobachtung, wonach die angebotenen kosmetisch-chirurgischen Verfahren als Körperrohstoff in einem virtuellen *Schaufenster* zugänglich werden, das den Website-Nutzenden Auswahlmöglichkeiten eröffnet, das aber auch Anlässe zur Selbst-Evaluation bietet, wird die Plausibilisierung der Verfahren im Untersuchungsmaterial über verbalsprachliche Argumentationen verankert. *Wie* die dargebotenen Körperbilder motivational begründet werden

und als Handlungsaufforderungen fungieren, hängt dabei auch mit der interaktiven Oberfläche der Webseiten zusammen. Denn beim Aufruf einer Webseite bleibt es in der Regel nicht beim Betrachten, sondern das *browsende* Anklicken der mit den visuellen Körperfragmenten belegten Verlinkungen vollzieht einen Zugriff auf die jeweilige Körperregion und stellt somit konzeptionelle Assoziationsketten her (Howells & Negreiros, 2012, S. 292).

Auf den untersuchten Webseiten wird typischerweise in den einzelnen Modifikationsbeschreibungen zu den Konsultations- und Verfahrensabläufen sowie den Techniken bis zur Nachsorge ein „progressiver Erzählstrang" (Moran & Lee, 2013) generiert. Die Erzählabfolge setzt mehrheitlich bei einer – je nach Modifikation – ursachengestreuten Problematisierung körperlicher Varianz (Problemkonstitution) an und beschreibt ein inkongruentes Körperverhältnis anhand so benannter, *gefühlter* Differenz. Der innere Leib weicht unter den Akzentuierungen von Alter, Geschlecht oder *ästhetischen* Vorstellungen von dem äußeren und in der Sozialwelt missverständlichen Körper/Bild ab und wird zur möglichen Quelle von *Leid*. Für die Auflösung der so konfigurierten Situation wird zur Aktualisierung des *eigentlichen* Körperselbst im zweiten narrativen Schritt eine Vielfalt an Auswahlfaktoren in Bezug auf die bereitstehenden Modifikationsmöglichkeiten, Techniken, Materialien etc. hergeleitet. Der normalisierten Breite an Problematisierungen und Ursachen steht so eine Vielfalt der Lösungswege gegenüber, was im Kontrastschema die Patientin als aktiv Entscheidende hervorbringt und die Modifikation als ihre Befähigung kodiert. Die regelhafte Herausstellung einer Vielfalt von Behandlungsmöglichkeiten positioniert die Patientin jedoch nicht nur in einen durch ihre Beratungsbedürftigkeit abgesteckten Rahmen als *individuelle* Entscheiderin, sondern verunmöglicht auch den Handlungshorizont. In dieser Situation der zwar einfach zugänglichen Behandlungswege aber undurchschaubaren Lösungsvielfalt wird in einem dritten narrativen Schritt die Patientin als individuelle *Körpersituation* hergeleitet, was die Optimierung der Lösungsauswahl in der Beratung durch die Chirurg_innen notwendig erscheinen lässt. In den Narrativen der typischen Handlungsabfolge von Problem-Beratung-Behandlung-Genese wird die konkrete Beschreibung der Behandlung selbst in einem vierten Schritt nur in seltenen Fällen ausgeführt, was das über die visuelle Inszenierung vermittelte Konzept des sozialen und zeitlichen Vakuums stützt.

Um vor dem Hintergrund der skizzierten narrativen Handlungsabfolge und der *Sichtbarkeits-(Un-)Ordnung* mehr darüber zu erfahren, wie die geschlechtskörperlichen Komponenten innerhalb der Webseiten bedeutungsbezogen konfiguriert sind, werden im Folgenden exemplarisch die im Material angebotenen Brustmodifikationen fokussiert.

5 Brust/formen im virtuellen Tableau

Die auf den Webseiten angebotenen Maßnahmen sind in einem Dispositiv aus geschlechtsbezogenen Konstruktionsprozessen, den chirurgischen Verfahrenstechniken sowie sich verändernden *ästhetischen* Bedeutungszuweisungen verankert. *Brüste* werden in zeitgenössischen Disziplinen (z. B. medizinisch-biologischen Diskursen), deren Wissensobjekt der Körper ist, in der Regel als *sekundäres Geschlechtsmerkmal* definiert. Als solches markieren sie den post-pubertären Körper im Rahmen geschlechtsdimorpher und altersbezogener Kategorisierungen als *weiblich* oder *männlich*. Sie sind damit konstitutiv für die Konstruktion von Geschlechterdifferenzen und in diesem Sinne auch historische Orte der sozialen (Re-)Präsentation und leiblichen Erfahrung, die in durchaus widersprüchliche diskursive Bedeutungsfelder zwischen Sexualität, Mutterschaft und Pathologie eingebunden sind (Jones, 2008, S. 91; Yalom, 1998). Während Brustvergrößerungen regelmäßig als die *am häufigsten* durchgeführten kosmetisch-chirurgischen Verfahren bei Frauen zitiert werden, an Frauen adressierte Brustverkleinerungen den eigenen Statistiken[8] des Feldes folgend eine mittlere Häufigkeitsposition einnehmen, sind Brustverkleinerungen im Gesamtmaterial die *sichtbarsten* an Männer gerichteten Prozeduren. Anhand des Materials lassen sich in diesem Schnittfeld drei *Brust-Szenarien* nachzeichnen:

5.1 Die Brust als Traumbild

Die Erzählmuster in Bezug auf weiblich-adressierte Brustvergrößerungen sind typischerweise an die skizzierte Erzählform der Problemkonstitution über Reproduktions-, Alters- und unhintergehbare *Schicksals*-Marker (z. B. „angeboren“) sowie die Vielfalt der kosmetisch-chirurgischen Lösungswege (diverse Implantatformen und -größen, Konsistenz/Material, Schnittführung, Implantatplatzierung) angelehnt. Dabei nimmt ein in körperlicher Entsprechung auszuformendes *weibliches* Gefühl die autorisierende Rolle ein, die Modifikation als autonome Handlung einer Wunschrealisation herzuleiten. Dieser Akt wird in der Regel von affektiven Dimensionen wie ein Mehr an *Selbstbewusstsein* oder *Selbstwert* gerahmt, welche die Optimierung des geschlechtlichen Ganzen motivieren. Die Festlegung eines *ästhetischen* Ergebnisses (in der Konstellation von männlichem Chirurg und weiblicher Patientin ambivalent) wird häufig an Bildmedien, z. B. Implantat-Auswahl-Programmen oder Fotos als dritter Referenzbezug, ausgela-

[8] Zur vorsichtigen Dimensionierung: Laut einer hochgerechneten Umfrage unter Mitgliedern der Deutschen Gesellschaft der Plastischen, Rekonstruktiven und Ästhetischen Chirurgen (DGPRÄC) aus dem Jahr 2011 sollen in dem Jahr beispielsweise 25.470 Brustvergrößerungen und 7070 Brustverkleinerungen bei Frauen sowie 4730 Brustverkleinerungen bei „Männerbrust“ durchgeführt worden sein (vgl. DGPRÄC, 2013).

gert. Im nachfolgenden Auszug wird die *eigenwillige* Brust – als „willful body part" (Ahmed, 2014) – zum narrativen Ausgangspunkt und steht dem Willensakt der Patientin gegenüber.

„Kleine oder kaum vorhandene Brüste sind oft angeboren. Manche Brüste verkleinern sich nach Schwangerschaft und Stillzeit. Durch das Einsetzen von Implantaten bei einer Brustvergrößerung können sehr individuelle und äußerst zufriedenstellende Ergebnisse erzielt werden. Bringen Sie bei Ihrem Besuch Bilder von Brüsten mit, die Ihnen gefallen. Dies ist sehr hilfreich, da es für Patientinnen oft schwierig ist, die Form der Brust zu verbalisieren. Denn nur so kann eine Brustvergrößerung mit dem richtigen Ergebnis erzielt werden" (dr-caspari, 2013a).

Mit der im Beispiel kommunizierten Auslagerung der Brust aus dem Bereich des Verbalen bedarf sie der Vermittlung durch Visualisierungstechniken, die im Effekt den Körper über externe ästhetische Parameter zugänglich machen. Der *innere* Wunsch der potenziellen Patientin und das Verlangen nach einer spezifischen Brustform werden damit als dem Angebot vorgängig bestimmt. Die Entscheidung, eine Brustvergrößerung durchführen zu lassen, ist auf diese Weise als *individueller* Akt konstruiert, der unabhängig von externen sozialen, ökonomischen oder ästhetischen Faktoren nur einer adäquaten expressiven Umsetzung durch die chirurgische Maßnahme bedarf.

5.2 *Die Brust als Affektbild*

Während die *ästhetische* Souveränität des inneren Selbst gegenüber der äußeren Form in den Vergrößerungs-Erzählungen betont wird, leitet sich das Modifikationsbedürfnis bei weiblich-adressierten Brustverkleinerungen regelmäßig über die unmittelbar gefühlte, zur somatischen „Last" gewordenen Brust selbst ab. In den Narrativen *weiblicher* Brustverkleinerungen finden sich typischerweise nicht die Rhetoriken von *Wahl* und *Wunschform*, sondern eine Dringlichkeit, die sich aufgrund der beschriebenen psycho-somatischen Intensitäten als medikaler Kontext darstellt. Die Bandbreite der sprachlichen Bebilderungen des beschriebenen Leids umfasst z. B. „Rückenschmerzen", „Entzündungen", „Kopf- und Nackenschmerzen", „schlechte Körperhaltung", „starkes Schwitzen" oder „einschneidende BH-Träger". Zudem werden *zu große* Brüste in einen Zusammenhang mit Sozialaktivitäten, meist verhinderte Sport- oder Konsum-Teilnahme, gestellt.

„Die Erbanlagen sind dafür verantwortlich, dass sich eine übergroße Brust gebildet hat. Dieses Problem ist weder mit Medikamenten noch durch eine strenge Diät zu lösen. Die normale Brust wiegt etwa 500 Gramm, ein sehr großer Busen kann dagegen 2 Kilogramm und mehr wiegen. Diese Belastung kann zu einer schlechten Körperhaltung und psychischen Persönlichkeitsproblemen führen. Dazu kommt oft eine reduzierte Belastbarkeit und das Problem, aufgrund der schweren Brüste nur eingeschränkt Sport treiben zu können" (dr-merten, 2013).

„Viele Frauen leiden darunter, eine zu große Oberweite zu besitzen. Sie spüren die Blicke von anderen Personen, die ihrem großen Busen gelten. Die allzu üppigen Proportionen lassen sich nur schwer verbergen, und wenn die Brust dann noch schlaff ist und herunterhängt, wird sie als Last empfunden. Mit einer Brustverkleinerung wird die Fülle der Brust allgemein vermindert. Das Resultat kann sich sehen lassen: Der Patientin wird eine große Belastung genommen, und sie bekommt ein ganz neues Körpergefühl" (alster-klinik, 2014).

Es wird den obigen Beispielen zufolge vorausgesetzt, dass die Verkleinerungsmaßnahme nicht unbedingt in geschmacksbezogenen Überlegungen, sondern in den leiblichen Komponenten des psychosomatischen und -sozialen Schmerzes fußt. Dabei erfolgt über die hergestellte Verbindung von Brustform und der möglichen Nicht-Teilnahme an sportiven Aktivitäten eine gesundheitsbezogene Moralisierung. Obwohl sich keine visuellen Bebilderungen einer *zu großen* Brust finden und diese häufig auf den Webseiten mit dem gleichen visuellen Material belegt sind wie Brustvergrößerungen, leitet sich das Bild der zu großen Brust von den Blicken *anderer* Personen und dem (über das Gewicht verobjektivierte) Gefühl der Schwere ab. Trotz des normalisierenden Effekts der Modifikation (vgl. Naugler, 2009) wird ein *ästhetischer* Maßstab als Handlungsorientierung für Patientin oder Chirurg_in in kaum einer Beschreibung aufgeführt. Im Gegenteil wird auffällig oft auf mögliche Narbenerscheinungen hingewiesen.

5.3 Verkleinerungen II – Die Brust als Negativbild

Der Brust als weiblich-monströse Ausuferung und Leiderfahrung steht die Brustform als Abjekt in den Beschreibungen der an Männer adressierten Modifikationen gegenüber. Die an sie ausgerichteten Brustverkleinerungen folgen ebenfalls einer medikalen Leiderzählung, diese ist jedoch überwiegend auf das psychosoziale Erleben ausgelegt. Blicke aus dem sozialen Umfeld, Nicht-Teilnahme an Freizeitaktivitäten und Karriereeinbußen begründen in diesem Zusammenhang die Problemstellung. Dabei generiert sich das Narrativ zum einen über intrinsische ‚weibliche Hormone' (sogenannte ‚echte Gynäkomastie') und zum anderen über ‚zu viel Fett' (‚Pseudo-Gynäkomastie'), das sich in einer Verformung der *männlichen Brust* als ‚weibliche Brustform' oder ‚vergrößerte weibliche Brust' äußert, stets als Abwehr von *Weiblichkeit*.

„Nicht selten kommt es bei Männern durch eine Hormonstörung oder Veranlagung zu einer unerwünscht weiblichen Brustform. Das lässt sich problemlos beheben" (dr-caspari, 2013b).

„Die so genannte Gynäkomastie lässt beim Mann eine kleine Brustform, ähnlich einer jugendlichen weiblichen Brust entstehen" (dr-garcia, 2013).

„Eine vergrößerte, weibliche Brust kann auch bei Männern zu einer Beeinträchtigung des Selbstbewusstseins führen“ (plastische-chirurgie-giessler, 2014).

In der Tendenz wird in den Beschreibungen der Prozedur auch hier *die Brust* als weiblicher Aktant konstruiert, der psychisches Leid und soziales Stigma aufgrund einer unangemessenen dimorphen Form verursacht. Wie die Diskursauszüge verdeutlichen, werden keine spezifischen Gründe für das Wirkungsverhältnis von Ursache und Leid benannt, vielmehr die hergeleitete körperliche Varianz selbst als schambesetzt erzählt. Die chirurgische *Rekonstruktion* der Abwesenheit von Brüsten – als Negativbild – ist damit von der diskursiven Konstruktion der *weiblichen* Form informiert (und umgekehrt) – und zwar ohne Angaben dazu, was genau als „zu groß“ zählt.

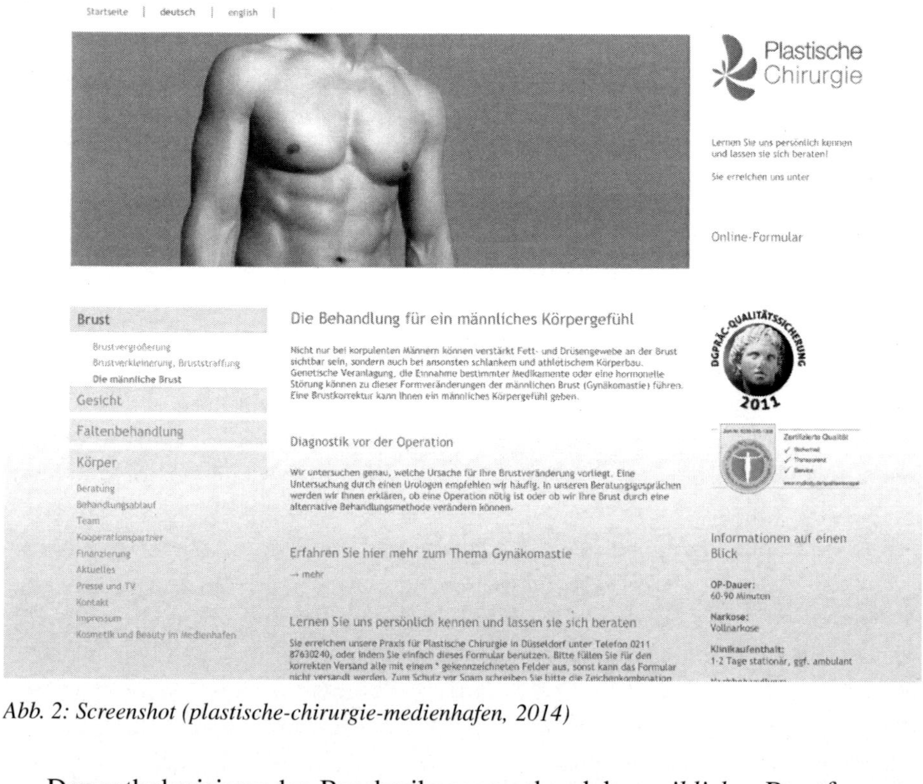

Abb. 2: Screenshot (plastische-chirurgie-medienhafen, 2014)

Den pathologisierenden Beschreibungen anhand der *weiblichen* Brustform gegenübergestellt, zeigen die Bebilderungen der „Gynäkomastie“ auf den Webseiten regelhaft einen muskulösen Torso (angelehnt an das visuelle Leitbild der griechischen Antike) und bringen so das angebotene Verfahren mit der Vorstellung in Verbindung, die chirurgische Maßnahme produziere ein *trainiertes* Aussehen (vgl. Abbildung 2). Anstatt *ästhetisch* motiviert zu sein, erscheinen die Brustver-

kleinerungsmaßnahmen somit als Teil eines *doing masculinity,* das an der Annahme ansetzt, der Körper reflektiere expressiv das innere Selbst.

Anhand der unterschiedlichen Brustnarrative zeigt sich zusammengefasst, dass die stets im Modus des *Gefühls* hergeleiteten Parameter von „zu klein“ (als nicht weiblich genug) und „zu groß“ (zu weiblich bzw. dysfunktional für ein *normales* Leben) in unterschiedliche Bedeutungslogiken gestellt werden. Diese setzen an dem biographisch *weiblichen* bzw. *männlichen* Sozialkörper an und reifizieren grundsätzlich das Modell eines geschlechterdimorphen Körpers im Begründungszusammenhang der Verfahren. Während die *größere Brust* als ausschließlich an Frauen adressierte Wunsch- und Traumrealisation bzw. Sehnsuchtsfiktion erzählt wird, dessen Umsetzungsmaßstab rhetorisch die *Fantasie* der Patientin ist, werden Brustverkleinerungen in der Regel durch unmittelbare Leiderzählungen gerahmt. Sowohl bei vergrößernden als auch verkleinernden Maßnahmen, die Frauen nominell aufrufen, werden diese über die motivationale Problematisierung von Schwangerschaftsmarkern, Stillpraxis und Auswirkungen der Menopause als post-reproduktive cis-Frauen[9] konzeptionalisiert und als solche anhand ihrer Brustform konfiguriert. An *Männer* adressierte Brustvergrößerungen kommen im Materialgesamt nicht vor – obwohl auch diese technisch machbar sind (vgl. Kinnunen, 2008). Die hegemonialen männlich-konnotierten Brust-Modifikationsdiskurse erweisen sich damit anhand des Materials als *unidirektional,* d.h. lediglich das Motiv der Abwehr einer weiblich-konnotierten Form begründet derzeit die Verfahren.

6 Schlussbetrachtungen – Gender/formen?

Die untersuchten kosmetisch-chirurgischen Webseiten fungieren als *Körpertechnologien,* die im Zusammenspiel aus visueller Inszenierung, narrativer sowie apparativer Verankerung die sie nutzenden Körper/Subjekte affektiv ansteuern und in spezifische Positionen vor dem Bildschirm versetzen. Insofern lassen sich die Webseiten nicht nur als mediale Bedeutungsträger beschreiben, sie regen darüber hinaus in sinnlich-materieller Qualität Wahrnehmungsweisen an. Wie die Analyse zeigt, geschieht dies, indem ein partikulares Körperbild naturalisiert vor Augen geführt wird: Durch die Ausblendung körperlicher Varianz, sozialer Bezüge oder vermittelnder Instanzen können Website-Nutzende unmittelbar auf die auf dem Bildschirm ausgebreiteten Körperteile zugreifen. Dabei ist nach genauerer Betrachtung der gezeigte Körperrohstoff kompositorisch eingeleuchtet: er ist als

9 Die Bezeichnung cis-Gender nimmt auf Personen Bezug, deren Geschlechtsidentität mit dem bei der Geburt zugewiesenen Geschlecht übereinstimmt. In der heteronormativen Geschlechterordnung entspricht dies der Norm, die mit der Vorsilbe sprachlich sichtbar gemacht wird.

bereits digital bearbeiteter – geschminkter oder trainierter Körper bildlich zugänglich.

Die anhand des Materials nachgezeichnete körperbildliche Aufteilung in einzelne Fragmente legt zwar die mögliche (Selbst-)Kontrolle über klassifizierende Bedeutungszuweisungen und Vergleichbarkeiten am eigenen Körper nahe. Das angebotene panoptische Blickraster ist jedoch taxonomisch nicht festgelegt. Dementsprechend eröffnet die diffuse, unabgeschlossene und gleichzeitige Darstellung der Körperfragmente Denk- und Wahlräume um den möglichen Zugriff. Mit diesen verflüchtigt sich tendenziell das Konzept eines ganzheitlichen und naturwüchsig-organisierten Geschlechtskörpers. Hieraus kann sich eine bemächtigte (Subjekt-)Position ergeben – im Hinblick auf die nachgezeichneten motivischen Rahmungen am Beispiel der Brustmodifikationen werden jedoch geschlechtlich-determinierende Erzählabfolgen im browsenden Zugriff auf die Verfahrensbeschreibungen mit aufgerufen.

Die Rahmenerzählung der drei betrachteten Modifikations-Narrative zeigt eine heteronormative Affektstruktur auf, die erst in der relationalen Betrachtung der an unterschiedliche Gender (d.h. *Frauen* und *Männer*) appellierenden Beschreibungen deutlich wird. Sowohl weiblich- als auch männlich-adressierte Maßnahmen werden mit dem Narrativ einer zu erfolgenden Harmonisierung ganzheitlich *wohlfühlender* Geschlechtskörper autorisiert. Der visuellen Fragmentierung der dargestellten Geschlechtskörper steht damit die Erzählung geschlechtsbezogener Ganzheitlichkeit gegenüber, was sich als Funktionsmechanismus in Relation zu den Betrachtenden beschreiben lässt.

Geht man mit Sara Ahmed (2013) davon aus, dass sich Diskurse in Momenten der Selbstbezugnahme zum Markierungspunkt von Handlungen kristallisieren, wird die somatechnologische Aufforderung, sich der Welt (am eigenen Körper) über Bilder habhaft zu werden, zur Produktionsstätte des sichtbaren Anderen: Das Motiv der Abwehr von *Weiblichkeit* tritt im Moment der vermehrten Ansprache *männlicher* Körper innerhalb einer weiblich-konnotierten Körper/bild-Oberfläche (der kosmetisch-chirurgischen Webseiten) als affektive Tiefenstruktur hervor. Der Rahmen einer affektiven Gemeinschaft der *Vielen* mag insofern nicht nur zur Selbst-Realisation bewegen, sondern auch dazu, höchst ungleiche Anerkennungsverteilungen anzunehmen.

Literatur

Ahmed, S. (2013). *The cultural politics of emotion.* London/New York: Edinburgh University Press.

Ahmed, S. (2014). *Willful Subjects.* Durham & London: Duke University Press.

Burri, R. V. (2008). Bilder als soziale Praxis: Grundlegungen einer Soziologie des Visuellen. Images as Social Practice: Outline of a Sociology of the Visual. *Zeitschrift für Soziologie, 37* (4), 342–358.

Charmaz, K. (2006). *Constructing grounded theory: A practical guide through qualitative research* (2. Aufl.). London: Sage.

Deleuze, G. & Guattari, F. (2013). *A thousand plateaus: Capitalism and schizophrenia* (2. Aufl.). London & New York: Bloomsbury Revelations.

DGPRÄC (2013). Schönheit ist nicht alles! DGPRÄC veröffentlicht Statistik zu ästhetischen Operationen. Zugriff am 10.06.2015 unter *http://www.dgpraec.de/news/single-news/?no_cache=1&tx_ttnews%5Btt_news%5D=307.*

Fairclough, N. & Chouliaraki, L. (1999). *Discourse in Late Modernity – Rethinking Critical Discourse Analysis*. Edinburgh: Edinburgh University Press.

Goodman, R. J. (2014). Perfect bodies, imperfect messages: media coverage of cosmetic surgery and ideal beauty. In C. Carter, L. Steiner & L. McLaughlin (Hrsg.), *The Routledge Companion to Media and Gender* (S. 352–362). London & New York: Taylor & Francis.

Grumbein, A. & Goodman, R. J. (2015). Pretty as a website: examining aesthetics on nonsurgical cosmetic procedure websites. *Visual Communication, 14* (4), 485–523.

Howells, R. & Negreiros, J. (2012). *Visual Culture* (2. Aufl.). Cambridge: Polity Press.

Jäger, M. & Jäger, S. (2007). *Deutungskämpfe: Theorie und Praxis Kritischer Diskursanalyse*. Wiesbaden: VS.

Jewitt, C. (2009). *The Routledge Handbook of Multimodal Analysis*. London: Routledge.

Jones, M. (2008). Makeover Culture's Dark Side: Breasts, Death and Lolo Ferrari. *Body & Society, 14* (1), 89–104.

Kinnunen, T. (2008). Breast Augmentation Surgery: Carving the Flesh as Female. In V. Burr (Hrsg.), *Sex, Violence and the Body* (S. 34–52). New York: Palgrave Macmillan.

Kress, G. (2010). *Multimodality. A social semiotic approach to contemporary communication*. London & New York: Routledge.

Macho, T. (2011). *Vorbilder*. München: Fink.

Moran, C. & Lee, C. (2013). Selling genital cosmetic surgery to healthy women: a multimodal discourse analysis of Australian surgical websites. *Critical Discourse Studies, 10* (4), 373–391.

Messmer, A.-K. (2017). *Überschüssiges Gewebe: Intimchirurgie zwischen Ästhetisierung und Medikalisierung*. Wiesbaden: VS.

Murray, S. & Sullivan, N. (2009). *Somatechnics: queering the technologisation of bodies*. Farnham: Taylor & Francis.

Naugler, D. (2009). Crossing the cosmetic/reconstructive divide: The instructive situation of breast reduction surgery. In C. Heyes & M. Jones (Hrsg.), *Cosmetic surgery: A feminist primer* (S. 225–238). Farnham: Ashgate.

Pauwels, L. (2011). Researching Websites as Social and Cultural Expressions: Methodological Predicaments and a Multimodal Model for Analysis. In E. Margolis & L. Pauwels (Hrsg.), *The Sage Handbook of Visual Research Methods* (S. 571–590). London: Sage.

Reckwitz, A. (2015). Die Transformation der Sichtbarkeitsordnungen. *Soziopolis*. Zugriff am 25.10.2015 unter *http://www.soziopolis.de/beobachten/kultur/artikel/die-transformation-der-sichtbarkeitsordnungen/*

Schade, S. & Wenk, S. (2011). *Studien zur visuellen Kultur: Einführung in ein transdisziplinäres Forschungsfeld*. Bielefeld: transcript.

Strauss, A. & Corbin, J. (2008). *Basics of Qualitative Research: Grounded theory procedures and techniques* (3. Aufl.). Los Angeles: Sage.

Traue, B. (2013). Visuelle Diskursanalyse. Ein programmatischer Vorschlag zur Untersuchung von Sicht- und Sagbarkeiten im Medienwandel. *Zeitschrift für Diskursforschung, 1* (2), 117–136.

Viehöver, W. (2011). Häute machen Leute, Leute machen Häute. Das Körperwissen der ästhetisch-plastischen Chirurgie. Liminalität und Kult der Person. In R. Keller & M. Meuser (Hrsg.), *Körperwissen* (S. 289–313). Wiesbaden: VS.

Villa, P.-I. (2013a). Rohstoffisierung. Zur De-Ontologisierung des Geschlechtskörpers. In R. John, J. Rückert-John & E. Esposito (Hrsg.), *Ontologien der Moderne* (S. 225–239.). Wiesbaden: VS.

Villa, P.-I. (2013b). Prekäre Körper in prekären Zeiten – Ambivalenzen gegenwärtiger somatischer Technologien des Selbst. In R. Mayer, C. Thompson & M. Wimmer (Hrsg.), *Inszenierungen und Optimierungen des Selbst* (S. 57–74). Wiesbaden: VS.

Yalom, M. (1998). *A History of the Breast.* New York: Ballantine Books.

Quellen des Datenmaterials

alster-klinik, 28.03.2014, www.alster-klinik.de/brustvergroesserung-hamburg/

beautymedclinic, 18.03.2014, www.beautymedclinic.de

bodenseeklinik, 21.10.2015, http://www.bodenseeklinik.de/erneut-hohe-auszeichnung-fuer-prof-dr-dr-med-werner-mang

dariusalamouti, 21.08.2017, http://www.dariusalamouti.de/fettabsaugen-an-der-brust-bei-maennern.html

dr-caspari, 18.06.2013a, www.dr-caspari.com/brustvergroesserung-muenchen/

dr-caspari, 18.06.2013b, www.dr-caspari.com/brustverkleinerun-mann/

dr-garcia, 23.04.2013, www.dr-garcia.de/schoenheitschirurgie/specials/gynaekomastie/

dr-merten, 12.05.2013, www.dr-merten.de/brustverkleinerung

moser-kliniken, 20.04.2017, www.moser-kliniken.de/brustoperation

plastische-chirurgie-giessler, 08.02.2014, www.plastische-chirurgie-giessler.de/home/leistungen/brust

plastische-chirurgie-giessler, 21.10.2015, http://www.plastische-chirurgie-giessler.de/home/leistungen/brust/brustvergroesserung/

plastische-chirurgie-luebeck, 20.03.2015, http://www.plastische-chirurgie-luebeck.de/57-geschichte-der-plastischen-chirurgie

plastische-chirurgie-medienhafen, 17.03.2014, www.plastische-chirurgie-medienhafen.de/Maennliche_brust.html

Doping – Macht – Körper. Die Geschichte von Andreas Krieger

Maika Zweigert, Peter Kiep & Andreas Krieger

„Heidi Krieger hatte einen Traum: Sie wollte die erste Frau in der DDR sein, die 23 Meter stößt.“

1 Einleitung

Viele Jahre stand die Deutsche Demokratische Republik (DDR) für eine vorbildliche Ausbildung von Spitzensportler_innen. Bei Großveranstaltungen wie den Olympischen Spielen schien es selbstverständlich, dass die Athlet_innen zu den Top-Anwärter_innen auf die zu vergebenden Medaillen gehörten. Mit dem gestiegenen Interesse an dem, was den Spitzensport in der DDR so erfolgreich gemacht hat, rückte jedoch auch ein Bestimmungsgrund in den Vordergrund, der die sportliche Erfolgsgeschichte der DDR in einem gänzlich anderen Licht erscheinen lässt: das flächendeckende System des Staatsdopings[1] (Berendonk, 1991). Mit der mittlerweile empirisch detailliert rekonstruierten Historie der Dopingentwicklung ist klar, dass die Verknüpfung von Macht und Wissen in der DDR zu einer politischen Instrumentalisierung von Athlet_innen durch die Machtpraktik des Staatsdopings[2] führte. Die Möglichkeit, spitzensportliche Leistungen für poli-

---

1 An dieser Stelle wird darauf hingewiesen, dass den Autor_innen durchaus bewusst ist, dass die Dopingproblematik nicht allein auf die DDR begrenzt war. Die Fokussierung ist in diesem Beitrag darauf zurückzuführen, dass hier die subjektive Perspektive einer Person im Mittelpunkt steht, die in dieses System involviert war. Die Autor_innen haben es sich zur Aufgabe gemacht, nur diejenigen Aspekte zu thematisieren, die für Krieger von individueller Relevanz waren.

2 Im Rahmen dieses Beitrags werden die Begriffe Staatsdoping und Zwangsdoping synonym benutzt. Verwiesen wird dabei auf den Medikamentenmissbrauch ohne Wissen der Aktiven: „*Was verharmlosend als ‚unterstützende Mittel' bezeichnet wurde, umfasste Aufputschmittel sowie die massenhaft missbrauchten Anabolika. Aber auch Hirn- und Peptid-Hormone und Blutdoping sowie Missbrauch von Wachstumshormonen seit 1983 gehörten zum Doping. Hormondoping wurde vor allem intensiv in der Sportvereinigung ‚Dynamo Berlin' erprobt und wurde durch den enormen Erfolg flächendeckend eingesetzt*“ (Spitzer, 2007, S. 22).

tische Zwecke nutzbar zu machen – zum einen für die Repräsentation des Staates nach außen und zum anderen für die national-identitätsstiftende Wirkung mittels internationaler sportlicher Erfolge – führte zum Gebrauch des *Leistungskörpers* der Athlet_innen als staatliches Machtobjekt (vgl. Gugutzer, 2011, S. 37; Singler & Treutlein, 2012, S. 38). Mittels gewonnener Medaillen sollte die Überlegenheit des Sozialismus und das Weltmachtstreben der DDR zum Ausdruck gebracht werden. Die Sicherstellung und Planbarkeit sportlicher Erfolge wurden zum Ausgangspunkt des „Staatsplans 14.25“, der sowohl gezielte Forschung und damit das Generieren von Wissen hinsichtlich leistungssteigernder Maßnahmen als auch deren flächendeckende Umsetzung vorsah. Gemäß dieses Plans wurden mithilfe von Dopingmitteln, die in der großen Mehrzahl der Fälle in Unkenntnis der Athlet_innen an eben jene verabreicht wurden, die Leistungen gezielt gesteigert. Die DDR bediente sich damit zu politischen Zwecken an den Leistungskörpern der Athlet_innen und nahm damit gleichzeitig das Risiko gesundheitlicher Folgen in Kauf. Heute werden die Zahlen der in den „Staatsplan 14.25“ involvierten Athlet_innen auf bis zu 15.000 beziffert, was das dramatische Ausmaß der in Unwissenheit verabreichten Dopingpraxen verdeutlicht (Spitzer, 2006, S. 109). Was das für die Athlet_innen im Einzelnen bedeutete, tritt dabei im öffentlichen Diskurs oft in den Hintergrund.

Dieser Beitrag widmet sich jenen biographischen Aspekten im Zusammenhang mit Staatsdoping. Er stellt Heidi Krieger (heute Andreas Krieger) in den Mittelpunkt und fokussiert darauf, wie die in den Akten des „Staatsplans 14.25“ als „Sportlerin 54“ geführte Athletin die Verschränkungen von Macht und Wissen am eigenen Körper und im Hinblick auf ihre Identität erlebte.[3] Die Ausführungen basieren dabei auf dem Film der Nationalen Anti Doping Agentur (NADA), welcher den Fall[4] mit besonderem Fokus auf das heimlich verabreichte Hormondoping offenlegt.

2 Doping in der DDR – Der „Staatsplan 14.25“

Nach dem Zweiten Weltkrieg stellte sich der Neubeginn der DDR als eigener Staat schwierig dar. Sowohl nach innen wie auch nach außen musste sich der

3 Der heute als Andreas Krieger lebende ehemalige Sportler zählt zu den bekanntesten Geschädigten des DDR-Dopings; auch, weil er mit seiner Geschichte bewusst an die Öffentlichkeit ging. Andreas Krieger engagiert sich heute für den Kampf gegen Doping und es ist ihm großes Anliegen, immer wieder über Doping und die Folgen aufzuklären, junge Sportler_innen zu sensibilisieren und das Thema Doping als ein Problem des Systems Spitzensport darzustellen, in das alle am Leistungssport Beteiligten involviert sind.

4 Nachfolgend werden immer wieder Sprachwendungen wie „heute bewertet Andreas Krieger ihr damaliges Verhalten … “ genutzt. Damit verweisen die Autor_innen auf jene Perspektive, die Andreas Krieger aus heutiger Sicht auf seine Zeit als Heidi Krieger hat.

neugegründete Staat Anerkennung verschaffen. In diesem gesellschaftlichen Kontext wurde der Sport als symbolisch wirksames Handlungsfeld politisch genutzt. Sportliche Erfolge dienten ‚nach innen' der Bildung und Stabilisierung des Nationalstolzes und ‚nach außen' vor allem zur Demonstration der Überlegenheit gegenüber anderen Staaten (Pierdzioch, Emrich & Klein, 2014, S. 28). Die Intention der Fokussierung des Staates auf spitzensportliche Höchstleistungen heben Krüger und Becker (2015, S. 14f.) hervor:

> *„Das ausdrückliche Ziel der Sowjetunion sowie aller anderen Staaten des Ostblocks bestand darin, die Überlegenheit des sozialistischen Gesellschaftsmodells über das kapitalistische des Westens durch Erfolge im internationalen Spitzensport unter Beweis zu stellen. Zudem sollte das öffentliche Auftreten von DDR-Athletinnen und Athleten im Ausland dazu beitragen, die völkerrechtliche Anerkennung der DDR als eigenen Staat zu beschleunigen."*

Doch nicht nur die Systemfrage dominierte das Handeln. Vielmehr ging es auch darum, innerhalb der Sowjetunion die leistungssportliche Vorherrschaft zu übernehmen (Latzel, 2008, S. 29). 1974 wurde in diesem Zusammenhang die staatlich organisierte Sportförderung um spezifische Dopingstrukturen erweitert. Die DDR wurde in der Folge zu einer der Weltmächte des Sports, was von außen betrachtet ausschließlich auf die systematisch geförderten Sportschulen mit ihren Talentsichtungen und die vorbildlichen Fördermaßnahmen talentierter Sportler_innen zurückgeführt wurde. Heute ist bekannt, dass diese Erfolge nicht nur auf den Strukturen der Leistungssportförderung beruhen, sondern sich die erbrachten Leistungen auch als strategisches Resultat des „Staatsplans 14.25" und somit dem flächendeckenden Staatsdoping verstehen. Basierend auf diesem Plan wurde zu Zwecken der maximalen Leistungssteigerung reglementiert, wie die Forschung und die Vergabe an die Athlet_innen zu funktionieren hatten. Die Umsetzung erfolgte gemeinschaftlich durch Funktionär_innen, Ärzt_innen und Trainer_innen als Teile des akribisch geplanten Dopingsystems.

Bis 1968 starteten die Bundesrepublik Deutschland und die DDR bei den Olympischen Spielen als gesamtdeutsche Mannschaft. 1972 erhielt die DDR den Zuspruch, eine eigene Olympiamannschaft stellen zu dürfen und der ‚Erfolg' des Staatsdopings wurde anhand der Vielzahl gewonnener Medaillen offensichtlich. Zwischen 1974 und 1988 gelang es den Sportler_innen der DDR bei den Olympischen Spielen regelmäßig unter den drei erstplatzierten Nationen zu landen.

Die Konsequenzen dieser über den Medaillenspiegel ausgetragenen Politik manifestiert sich in einer bis heute sichtbaren und für die Athlet_innen spürbaren Vielzahl körperlicher und psychischer Folgeschäden: Krebs- und chronische Atemwegserkrankungen, Skelettschäden, Depressionen und weitere Erkrankungen und Probleme sind nur einige der dokumentierten Auswirkungen des Zwangs-

dopings in der DDR (u. a. Pforte, 2002; Spitzer, 2008, S. 81ff.). Nicht zuletzt deshalb ist es für die dopinggeschädigten Personen ein hochsensibles Thema, über ihr Leben, ihre Erfahrungen und vor allem über ihre ehemaligen Karrieren zu sprechen.

Die Geschichte von Andreas Krieger, der damals noch als Heidi Krieger zu den erfolgreichsten Kugelstoßerinnen der Welt zählte, wird im Folgenden in den Blick genommen und die über den Körper ausgetragene Politik sowie deren Konsequenzen am Einzelfall nachgezeichnet.

3 Andreas Krieger – Heidis weitester Stoß

Dieses Kapitel stellt eine Verschriftlichung des Films „Andreas Krieger – Heidis weitester Stoß“ dar. Der Film ist unter http://www.andreas-krieger-story.org/de kostenlos abrufbar. Mit freundlicher Unterstützung von Andreas Krieger und der Nationalen Anti Doping Agentur (NADA) darf dieser Text hier veröffentlicht werden. Der Text folgt dabei der Dramaturgie des Films und gibt die Perspektive Andreas Kriegers auf seine Geschichte wieder. Eingefügt wurden stellenweise kurze Erläuterungen, die aufgrund der hier fehlenden filmischen Sequenzen notwendig erschienen[5] sowie Ergänzungen von Andreas Krieger zu verschiedenen im Film aufgeworfenen Themen.

1986 gewann Heidi Krieger im Alter von 21 Jahren bei den Leichtathletik-Europameisterschaften in Stuttgart die Goldmedaille im Kugelstoßen der Frauen für die DDR. Dieser vermeintliche Höhepunkt in der Sportbiografie Kriegers beschreibt jedoch nicht allein den sportlichen Erfolg einer einzelnen Athletin, sondern steht zugleich für einen durch den Staat heimlich kontrollierten und manipulierten sportlichen Werdegang: Der Gewinn dieser Goldmedaille ist auch Ausdruck des staatlich verordneten Zwangsdopings im Leistungssport der DDR, wie Andreas Krieger nach seiner aktiven Zeit erfuhr.

4 Biografische und politische Hintergründe

Heidi Krieger wurde 1965 in Berlin geboren und wuchs in der ehemaligen DDR auf – in einer Zeit, in der die politische Situation des geteilten Deutschlands sehr angespannt war. Wie viele andere Kinder begann auch sie in jungen Jahren mit dem Sport. Im Alter von etwa zehn Jahren begleitete sie Klassenkamerad_innen zum außerschulischen Leichtathletiktraining und entdeckte diese Sportart für sich. Die Vielseitigkeit der Leichtathletik durch die verschiedenen Disziplinen wie Kugelstoßen, Werfen, Laufen und Sprinten übten einen besonderen Reiz auf sie aus. Das Training bereitete ihr großen Spaß, auch weil die Sportart bzw. das Training

5 Zitate, die im Folgenden nicht mit einer Literaturangabe versehen sind, stellen Zitationen des Films dar.

zunächst auf eine spielerische Art und Weise aufbereitet wurden. Das führte dazu, dass aus einem anfänglichen Hobby innerhalb kürzester Zeit eine Leidenschaft wurde, die sich zunehmend in der sportlichen Leistungsentwicklung Kriegers ausdrückte.

Dem Sport kam, wie zuvor beschrieben, in dieser Zeit eine besondere Bedeutung auf politischer Ebene zu. Die DDR als Satellitenstaat der ehemaligen Sowjetunion, und als solcher durch die direkte Grenze zum kapitalistischen Westen ein Land mit zentraler Bedeutung im Kalten Krieg, folgte in seiner politischen Ausrichtung dem Sozialismus; das Kollektiv bedeutete dem Staat mehr als das Individuum, und dieses Prinzip wurde auch im Leistungssport zur Anwendung gebracht. Die Umsetzung von Parteizielen stand deshalb zumeist über der Selbstverwirklichung des Einzelnen, was sich deutlich in den sportlichen Erfolgen der Athlet_innen ausdrückt. Die gezielte Förderung sportlicher Talente auf höchstem Niveau diente also nicht allein den individuellen Entwicklungen der Sportler_innen, sondern muss in erster Linie als Mittel zur Umsetzung politischer Zwecke erachtet werden.

1979, im Alter von vierzehn Jahren, wurde Heidi Krieger an eine Kinder- und Jugendsportschule (KJS) delegiert. Diese Schulen waren an Sportklubs angegliederte Spezialschulen des Leistungssports in der DDR und bedeutende Glieder im dortigen Leistungssportsystem. An den Schulen wurde ein komplexes Sichtungssystem umgesetzt und das Höchstmaß der verfügbaren Ressourcen in den langfristigen Trainingsprozess investiert. Die Delegation an eine solche Schule erfolgte für die Aktiven nach der Feststellung einer sportlichen Eignung sowie einer politischen Überprüfung. Die Schulen waren strukturell und organisatorisch so ausgerichtet, dass ein mehrfaches Trainieren am Tag mit den Anforderungen der Schule vereinbar war. Die Schulen arbeiteten zu diesem Zweck eng mit den sportlichen Institutionen zusammen und begünstigten durch flexible Rahmenbedingungen die Vereinbarkeit von Schule und Leistungssport im Alltag. Der an die Schulen angebundene Sportklub verantwortete die Trainingsplanungen und -umsetzungen (Teichler, 2003, S. 289f.). Zur KJS, an die Heidi Krieger berufen wurde, gehörte der Sportclub der DDR-Staatssicherheit „Dynamo Berlin". Angeschlossen war zudem ein Internat, sodass die Schüler_innen die Möglichkeit hatten, ihre zeitlichen Belastungen durch lange Anfahrtszeiten deutlich zu reduzieren.

Der Tagesablauf änderte sich für Heidi Krieger an dieser Schule nun abrupt. Während sie zuvor ihrem gewohnten Tagesablauf, der morgens den Schulbesuch und nachmittags das sportliche Training vorsah, nachging, musste sie sich nun an einen sehr eng getakteten Tagesrhythmus gewöhnen, der mehrfache Trainingseinheiten an einem Tag beinhaltete. Zudem zog auch sie in das Internat, um auf die weiten Anfahrtswege verzichten zu können. Ihre Lebenswelt fokussierte sich

damit zunehmend auf das dortige Umfeld. Vom Training bis zu dem gemeinsamen Bewohnen des Zimmers im Internat war sie mit den anderen Sportlerinnen zusammen. Dieses enge Zusammenleben mit anderen Mädchen war für sie etwas völlig Neues, da sie mit ihren Brüdern aufgewachsen war und ihr soziale Umfeld bis dahin vor allem aus Jungen bestand. Heute bewertet Andreas Krieger sein damaliges Verhalten und Aussehen als tendenziell mädchenuntypisch und damit auch als Grund, weshalb sich im engen Zusammensein mit den anderen Mädchen das Gefühl der Ausgrenzung entwickelte. Heidi hatte das Gefühl, nicht zu den Mädchengruppen dazuzugehören.

5 Leistung und Anerkennung

Während sich Heidi im schulischen Umfeld von den anderen Mädchen ausgegrenzt fühlte und stets von dem Gefühl begleitet wurde, nicht dazuzugehören, erfuhr sie bei „Dynamo Berlin“ das Gefühl der Akzeptanz und Wertschätzung.

Rückblickend beschreibt Andreas Krieger einen erlebten Zusammenhang zwischen den Leistungssteigerungen im Sport und einer gewachsenen sozialen Anerkennung ihrer Person. Diese wahrgenommene Wertschätzung erfuhr Heidi Krieger von ihren Trainer_innen, seitens der Funktionär_innen sowie von anderen Sportler_innen, die ihr für die erbrachten Leistungen und ihre sportliche Entwicklung gratulierten. Die Wertschätzung ihrer Leistungen sorgte für ein Gefühl der Zugehörigkeit. Gleichzeitig resultierte daraus ein Streben nach noch mehr Anerkennung, das nach eigener Aussage für sie zu einer gewissen Sucht wurde.

6 Der Einstieg in das Dopingsystem

Der sportliche Erfolg der Sportler_innen, der „Diplomaten im Trainingsanzug“, war der DDR zu wichtig, als dass man sich allein auf Training und Vitamine verlassen wollte. Auch bei Krieger, die sich als großes Talent im Kugelstoßen erwies, reichte der Glaube an ihr Talent bei den Verantwortlichen allein nicht aus. Mit knapp sechzehn Jahren wurde sie als eine der rund 15.000 Athlet_innen in das heimlich praktizierte Dopingprogramm der DDR aufgenommen. Sie erhielt von ihrem derzeitigen Trainer zusätzlich zu den einfachen Vitamintabletten „blaue Pillen“, die vom Trainer als „unterstützende Mittel“ betitelt wurden. Der Athletin wurden dabei nie die Namen der verabreichten Tabletten mitgeteilt noch die Originalpackungen gezeigt.

Mit der Einsicht in seine Akte als „Sportlerin 54“ hat Andreas Krieger mittlerweile die entsprechenden Kenntnisse und weiß, welche Inhaltsstoffe diese Mittel enthielten. Er erklärt, dass er mit siebzehn Jahren mehr „männliche Dopingmittel“ zu sich nehmen musste, als der des Dopings überführte Sprinter Ben John-

son[6] im Erwachsenenalter zu jener Zeit einnahm. Gemeint sind damit vor allem die in sehr hohen Dosierungen flächendeckend verabreichten anabolen Hormone Testosteron und Oral-Turinabol, die zur Förderung des Kraftzuwachses sowie der Ausdauerleistung eingesetzt wurden.[7] Weder die Trainingsfortschritte noch die erzielten Medaillen lassen sich also aus heutiger Sicht als reine Erfolge der Athlet_innen verbuchen. Ihre Körper, ihr Leistungswille und ihr Talent stellten vielmehr eine Basis dar, die genutzt wurde und die sich für das heimliche Staatsdoping als fruchtbar erwies. Dieser Zugriff auf die Athlet_innen findet in den erbrachten Leistungen seinen Nachweis darüber, dass das Wissen über den Körper den Schlüssel, genutzt für gezielte Manipulation, zum sportlichen Erfolg einer ganzen Nation dargestellt hat.

Die Folgen dieses staatlich geplanten Intensivdopings zeigten sich bei Heidi Krieger, wie auch bei anderen Athlet_innen, sehr schnell in Form körperlicher Veränderungen durch starken Muskelzuwachs. Bevor die Dopingmaßnahmen eingesetzt wurden, wog die Sportlerin nach eigenen Angaben ca. 69 Kilogramm, war zwischen 1,82 m und 1,85 m groß und schätzte sich als schlank ein. Nur zwei Jahre später wog sie 105 Kilogramm, hatte also über 35 Kilogramm zugenommen und sagt heute, „das war aktive Muskelmasse".

Vor dem Hintergrund, dass das Thema Doping in den 1970er und 1980er Jahren noch relativ jung und kaum Gegenstand des öffentlichen Interesses war, verwundert es nicht, dass die extremen körperlichen Veränderungen nicht zu derartigen Verdachtsmomenten führten – weder seitens der Öffentlichkeit, noch unter den Athlet_innen oder im nahen Umfeld kam der Verdacht der Körpermanipulation auf. So war auch Heidi Krieger stets im Glauben daran, dass diese körperlichen Veränderungen allein auf das Training zurückzuführen sind, zumal ihre Körperlichkeit im Rahmen des sozialen Umfeldes unter den anderen Athletinnen nicht in exponierter Weise hervortrat.

Weiterhin sah die DDR die Vergabe von Privilegien an erfolgreiche Sportler_innen vor – als Mittel zur Steigerung der Leistungsmotivation. So hatte Krie-

---

6 Bei den Olympischen Spielen 1988 wurde bei dem 100-Meter-Läufer Ben Johnson – nach zuvor 29 negativ ausgefallenen Dopingproben in den Jahren zuvor – der missbräuchliche Einsatz leistungssteigernder Mittel in großen Maßen nachgewiesen. Durch das Bekanntwerden des Vergehens wurde er zu einem der ersten und bis heute bekanntesten Dopingfälle der Geschichte des modernen Sports (Singler & Treutlein, 2012, S. 64).

7 Die allgemein in der DDR angewandte Regel für die Vergabe von anabolen Steroiden sah vor, dass die Athlet_innen dann „unterstützende Mittel" verabreicht bekamen, wenn sie durch Training und „die eigene Leistungskraft" an 70% des bestehenden Weltrekordes herangekommen waren. Die Athlet_innen sollten zum Zeitpunkt der Erstvergabe zwischen sechzehn und siebzehn Jahren alt sein, um innerhalb eines Olympiazyklus' an den bestehenden Weltrekord bzw. darüber hinaus geführt zu werden (Caysa, 2003, S. 238). Vor allem in diesem Alter der Pubertät führt die Vergabe von Sexualhormonen zu einem verstärkten Proteinaufbau, der für das Muskelwachstum von zentraler Bedeutung ist (Clauss & Clauss, 2018, S. 204).

ger beispielsweise den ausgeprägten Wunsch, ins „kapitalistische Ausland" zu reisen. Das Betreiben von Leistungssport ermöglichte ihr – wie allen erfolgreichen Sportler_innen der DDR – dieses Privileg im Kontext des Sports zu genießen. Heidi Krieger bereiste für Trainingslager und Wettkämpfe unter anderem die Bundesrepublik Deutschland und das Nachbarland Schweden und wusste die Besonderheit dieser Reisen auch sehr zu schätzen. Auch das Beziehen einer eigenen Wohnung ging als Olympiasiegerin oder Europameisterin deutlich einfacher als für andere Bürger_innen der DDR. Diese Privilegien hatten einen großen Wert für Krieger, den er noch heute mit vielen positiven Erinnerungen verknüpft. Ihre sportlichen Leistungen ermöglichten ihr neben der hohen Anerkennung also weitere positive Erfahrungen, und somit war auch die Aufrechterhaltung bzw. Steigerung der sportlichen Leistung und Karriere umso erstrebenswerter.

7 Die Trainer-Athletin-Beziehung

Das Verhältnis zwischen den Trainer_innen und ihren zu betreuenden Sportler_innen stellt immer auch ein besonderes – unter anderem, weil die Steuerung des Trainings auf dem Vertrauen der Athlet_innen beruht, dass die Trainer_innen zu ihren Gunsten agieren würden. Dieses Vertrauen wurde in der DDR systematisch ausgenutzt. Heidi Krieger erlebte viele Trainer_innen, denen er rückblickend durchaus die Vergabe von Dopingmitteln aus egoistischen Beweggründen zutraut und zuschreibt. Heute, so Andreas Krieger, ist er sich zudem darüber bewusst, dass der Trainingsplan, den ihr Trainer ihr damals gegeben hatte, hinsichtlich der Trainingsgestaltung ziemlich eintönig war und wenig Athletiktraining enthielt, was vor dem Hintergrund des „Staatsplans 14.25" in einem bestimmten Licht erscheint. So musste Krieger bei jeder Einheit vorwiegend auf dysfunktionale Weise Gewichte stemmen. Ziel war dabei nicht das Verbessern der Kraftausdauer der Athletin, sondern im Training wurden deren körperlichen Belastungsgrenzen ausgereizt. Dies bot sich als Weg an, auf unauffällige Art und Weise den Kraftzuwachs zu bestimmen und damit die angebrachten Dopingmittel zu evaluieren. In späteren Jahren hat sich Andreas Krieger mit seinen damaligen Trainingsplänen und Trainingstagebüchern intensiv auseinandergesetzt und berechnet, dass er einst im Laufe von 14 Tagen 100 Tonnen Gewicht bewegt hat – und das, wie er sagt, „als Frau".

8 Die sportlichen Erfolge und der Leistungsdruck

Der Plan, den die DDR mit Krieger als Sportlerin hatte, ging auf. Heidi Krieger wurde 1986 in Stuttgart Europameisterin im Kugelstoßen. Die dabei erlebte

Anerkennung und die Emotionen beschreibt Krieger noch heute als positiv und bestärkend. „Die stehen dann auf und klatschen wegen dir“.

Der Europameistertitel von Heidi Krieger sollte der Anfang einer erfolgreichen Karriere sein. Dass die Stimmung aber bei ausbleibenden Erfolgen relativ schnell kippt, erfuhr auch Heidi Krieger. Rückblickend beschreibt Andreas Krieger, wie ihr damals verdeutlicht wurde, dass sie nur eine Athletin sei, die so zu funktionieren habe, wie die Funktionär_innen das wollen. Ansonsten, so hieß es, „kannst du gehen“. Exemplarisch sei an dieser Stelle auf den damaligen Verbandstrainer verwiesen, der ihr explizit drohte ihre sportliche Karriere zu zerstören, sollte sie sich nicht den Erwartungen entsprechend verhalten. Der Druck seitens des Trainers bei planwidriger Erfolglosigkeit war jedoch nur eines von verschiedenen Problemen, mit denen sich Heidi Krieger konfrontiert sah.

9 Die Identitätssuche

Heidi Krieger übte ihren Sport leidenschaftlich aus, aber stets begleitet von dem diffusen Gefühl, in irgendeiner Art und Weise nicht in das System der „Mädchengruppen“ hineinzupassen. Das Interesse am Sport und die sportliche Motivation waren da – gleichzeitig wurde ihr innerhalb dieses sportlichen Kontextes durch das enge Zusammensein mit den anderen Athletinnen zunehmend verdeutlicht, „dass irgendetwas nicht mit ihr stimmte“. Heute benennt Andreas Krieger dieses Gefühl als Identitätssuche, ohne dass er dies zu jener Zeit hätte benennen oder verstehen können.

Im Jahr 1989 fiel die Mauer und mit ihr das DDR-Regime. Für Heidi Krieger änderte sich zunächst nichts. Sie stemmte weiter Gewichte, stets auf der Suche nach sportlichem Erfolg und Anerkennung. Doch das jahrelange, dopinggestützte Überlasten des Körpers machte sich zunehmend bemerkbar. Aufgrund des körperlichen Verschleißes beendete Heidi Krieger im Alter von 26 Jahren ihre sportliche Karriere. Im Anschluss an ihre Zeit als Sportlerin verfiel sie in Depressionen. Noch immer war sie sich im Unklaren darüber, wer sie eigentlich ist. Ein Zufall brachte die biografische Wende: Über persönliche Kontakte eröffnete sich ihr nach dem Ende ihrer leistungssportlichen Karriere 1995 die Gelegenheit, in einer Zoofachhandlung als Verkäuferin zu arbeiten. Völlig unerwartet bot sich damit eine Chance für ihr weiteres Leben, die hinsichtlich ihrer Identität von größter Bedeutung war und noch bis heute ist.[8]

[8] Zu wechselseitigen, fragend-antwortenden Beziehungen von Körper, Geschlecht und Identität siehe beispielsweise Duttweiler (2013).

10 Die Chance

Heidi Kriegers Leben änderte sich grundlegend, als ein damaliger Arbeitskollege erkannte, warum sie noch immer Schwierigkeiten hatte, ihre Identität zu definieren. Ihr Kollege offenbarte ihr den Namen für jenes diffuse Gefühl, was sie selbst nicht greifen konnte. Er erklärte ihr, dass er das, was sie spürte, kenne und dass es als „Transsexualität“ bezeichnet wird. Die Erleichterung, der Schreck und die Erkenntnis entluden sich daraufhin in einer spontanen emotionalen Reaktion, die sich in Tränen der Erlösung ausdrückte. Die Erkenntnis, sich nicht mit dem bei der Geburt zugewiesenen Geschlecht zu identifizieren, beantwortete ihr die Frage „Wer bin ich eigentlich“ und verhalf ihr zu jener eigenen Identität, die sie über die Jahre gesucht und nicht gefunden hatte. Die Auseinandersetzung mit diesem Phänomen führte dazu, dass sich Heidi Krieger für ein Leben als Andreas Krieger entschied. Der Prozess der Angleichung des biologischen Geschlechts an das soziale dauerte drei Jahre. Die Entscheidung für ein Leben als Andreas Krieger hat ihm, so seine heutige Beurteilung, „das Leben gerettet“.

11 Die Dopingerkenntnis und -auswirkungen

Andreas Krieger hielt sich bis zu den Antidopingprozessen gegen die damals führenden DDR-Sportfunktionäre im Jahr 2000 für eine saubere Europameisterin. Weder seinen kaputten Körper noch seine Transsexualität führte er zu diesem Zeitpunkt auf das Doping zurück. Die Antidopingprozesse und die damit verbundene Erkenntnis, dass ihr als Athletin Mittel verabreicht wurden, die sich auf ihre körperlichen Leistungen auswirkten und in das sensible Hormonsystem des Körpers eingriffen, führte zu schmerzhaften Bewusstwerdungen und eröffnete ihm eine neue Sicht auf die sportlichen Erfolge. Die erbrachten Leistungen waren kein alleiniges Resultat des harten Trainings. Sie waren nicht „echt“, sondern „mit Chemie erbracht“. Die Einsicht in die Akten zu seiner Person, der „Sportlerin 54“ legte ihm zudem dar, dass bei ihm eine sukzessive „Vermännlichung auf hormoneller Ebene“ stattgefunden hatte.

Neben die Auseinandersetzung mit den sportlichen Leistungen trat also auch die Erkenntnis, dass sein Prozess der Identitätsfindung durchaus in einem Zusammenhang mit der Verabreichung des Oral-Turinabols stehen kann. Über die „hormonelle Vermännlichung“ und die damit zusammenhängenden körperlichen Veränderungen stellt sich die Frage, welche Chance für Krieger überhaupt bestand, als Frau zu leben. Durch die Vergabe der Hormone in der Pubertät wurde das sensible hormonelle Gleichgewicht, welches sowohl Auswirkungen auf die körperliche Konstitution als auch die Psyche hat, in massiver Art und Weise gestört. Andreas Krieger, der sich rückblickend als nicht festgelegt hinsichtlich seiner Ge-

schlechtsidentität beschreibt, sieht sich um die Möglichkeit der freien Findung seiner Identität gebracht.

Wenngleich die Machtpraktiken der DDR im Sport heute im Detail aufgedeckt sind, ist zu konstatieren, dass die Konsequenzen problematisch sind. Für die Organisation dieses Systems und die Umsetzung des „Staatsplans 14.25" standen eine Vielzahl von Trainer_innen wie auch Funktionär_innen zur Verfügung. Doch nicht alle am Staatsdoping Beteiligten wurden bislang zur Verantwortung gezogen. Andreas Krieger erkennt bis dato bekannte Gesichter von Täter_innen auf sportlichen Veranstaltungen, die ihrer Tätigkeit im Sport nach wie vor nachgehen. Angesichts der Tatbestände ein Umstand, der bei den Geschädigten auf großes Unverständnis stößt.

Nicht nur deshalb engagiert sich Andreas Krieger heute neben seinem Beruf ehrenamtlich mit viel Energie in der Dopingprävention. Sein Anliegen ist die Intensivierung der Anstrengungen im Kampf gegen Doping. Dabei gilt es, die Zusammenarbeit des Dopingopferhilfe-Vereins mit der Nationalen Anti Doping Agentur (NADA) in Deutschland zu verstärken und auszubauen sowie eine internationale Vernetzung weiter voranzutreiben. Andreas Krieger möchte Menschen vor einem ähnlichen Schicksal bewahren und mit seiner Geschichte Andere von Dopingpraxen abhalten. Er sieht die Dopingprävention nicht allein als Aufgabe der Anti Doping Agenturen oder der Politik an. Vielmehr sieht er in der auch heute noch vorhandenen Problematik einen Konstellationseffekt[9], den unter anderem auch die Zuschauer_innen sportlicher Events aufgrund ihrer Erwartungen mit zu verantworten haben. So sind sie es, die Geld ausgeben, um ‚ehrlich erbrachte sportliche Leistungen' zu sehen, gleichzeitig jedoch auf neue Rekorde hoffen, welche ohne den Einsatz verbotener Mittel kaum mehr zu realisieren sind. Auf diese Ambivalenz weist Andreas Krieger hin. Doping betrifft nicht nur die Sportler_innen, die Trainer_innen und ferner die Eltern – vielmehr sieht er die Dopingproblematik als gesamtgesellschaftliches Problem. Um ein Zeichen gegen Doping zu setzen, ließ Krieger – soweit es ihm möglich war – seinen Namen aus allen Bestenlisten streichen. Die 1986 gewonnene Goldmedaille stiftete er dem Doping-Opfer-Hilfeverein. Symbolisch wird diese Medaille heute regelmäßig als Antidoping-Preis an Personen aus Politik, Wissenschaft und Sport verliehen, die sich in besonderer Art und Weise für einen Sport ohne Doping einsetzen.

12 Fazit

Das Staatsdoping der DDR bezeichnet noch heute eines der dunklen Kapitel der deutschen Sportgeschichte. Zum einen, weil es dem Grundgedanken des fairen,

---

[9] Ausführlich zur Problematik des Dopings als Konstellationseffekt siehe Bette und Schimank (2006).

sauberen Sports widerstrebt. Zum anderen – und das hat das Beispiel Heidi Kriegers gezeigt – weil die heimliche Vergabe leistungssteigernder Mittel einen Übergriff auf die betroffenen Athlet_innen darstellt, der weitreichende Folgen für sie haben kann.

Während Heidi Krieger ihren Körper bewusst in unzähligen Trainingseinheiten bearbeitete, griff der Staat zusätzlich in ihrer Unkenntnis manipulierend auf ihren Körper zu. Es ist zu konstatieren, dass die Verschränkung von Wissen und Macht in der DDR für die Athlet_innen mitunter weitreichende Konsequenzen hat, die über den sportlichen Betrug durch manipulierte Leistungen hinausgehen und eindrücklich aufzeigen, wie ihnen die Macht über ihren Körper entzogen wurde. Heidi Krieger wähnte sich stets in der Gewissheit, die sportlichen Leistungen auf das hohe Trainingspensum zurückführen zu können und damit als „saubere" Athletin auch verantwortlich für die eigenen Leistungen zu sein. Diese Gewissheit wurde ihr mit der Dopingerkenntnis genommen. Damit wurden Fragen aufgeworfen, die sich auf die Kontrolle des Körpers beziehen und – und das ist die besondere Brisanz des Falls Kriegers – nicht nur Bezug auf die sportliche Leistungsfähigkeit nehmen. Vielmehr ging die individuelle Aufarbeitung dieses Kapitels deutscher Sportgeschichte weit über Fragen eines fairen und sauberen Sports hinaus und rückte insbesondere die Bedeutung für die eigene Geschlechtsidentität in den Vordergrund. In der Auseinandersetzung mit seiner bzw. ihrer Geschichte, rekonstruiert über die Einsicht in die Akte der „Sportlerin 54", bekam die Frage, wer Andreas Krieger heute ohne die hochdosierte Einnahme männlicher Hormone wäre, eine hohe Relevanz für ihn.

Die Geschichte von Heidi Krieger eröffnet eine Perspektive auf das Doping unter dem Machtmittel des „Staatsplans 14.25", die im Diskurs um das Doping in der DDR nur wenig Aufmerksamkeit erfährt. Steht in der Regel der Betrug an der „Sportwelt" im Vordergrund – wie aktuell auch im Fall des offenbar flächendeckenden Dopings in Russland – wird hier deutlich, inwiefern es sich auch um einen Betrug an den Athlet_innen und ihren Körpern handelt." Die Erkenntnis, mittels unwissentlichem Hormondoping betrogen worden zu sein, erfordert einen Verarbeitungsprozess, der im Falle Kriegers auch mit einer Distanzierung zum eigenen Körper und zur erbrachten Leistung einhergeht. Neben der Beschäftigung mit der Frage, welche Folgen das Hormondoping für die Geschlechtsidentität hat, distanziert er sich auch in der Form von seinen erbrachten Leistungen, als dass er sich für eine Annullierung seiner Erfolge einsetzt[10].

Auch wenn der „Staatsplan 14.25" wie auch die DDR mittlerweile zur (Sport-) Geschichte gehören, bleibt das Thema Doping im Sport aktuell.

[10] Die IAAF ist seinen Forderungen bis heute nicht nachgekommen.

In der öffentlichen Wahrnehmung sind die Athlet_innen als Leistungsträger_innen und damit Repräsentant_innen des Leistungssports tendenziell diejenigen, die als Betrüger_innen am Sport gesehen werden. So adressiert der Begriff des/der Dopingsünder_in in der Regel die, die die sportliche Leistung erbringen.

Inwiefern aber auch die Athlet_innen im Rahmen des komplexen Dopinggeschehens als Betrogene gehandelt werden können, gilt es auch in Zukunft zu thematisieren. Sei es zum Beispiel in Bezug auf das Vertrauen, dass von Ärzt_innen und Trainer_innen verabreichte Mittel keine Schäden an ihren Körpern hinterlassen und diesen nicht über bestimmte Parameter hinaus manipulieren. Oder sei es in Bezug auf die Frage, welche Chance Athlet_innen, die – wie Heidi Krieger – ihrem Sport von Kindesbeinen an mit Talent, Engagement und Ehrgeiz nachgehen und den Sport zu einem dominierenden Teil ihres Lebens machen, überhaupt gegeben wird, sich derartigen Praxen im komplexen Machtgefüge des Sports entziehen zu können.

Literatur

Berendonk, B. (1991). *Doping Dokumente. Von der Forschung zum Betrug*. Berlin/ Heidelberg: Springer.

Bette, K. H. & Schimank, U. (2006). *Doping im Hochleistungssport* (2., erweiterte Neuaufl.). Frankfurt am Main: Suhrkamp.

Caysa, V. (2003). *Körperutopien. Eine philosophische Anthropologie des Sports*. Frankfurt am Main: Campus.

Clauss, W. & Clauss, C. (2018). Humanbiologie kompakt (Lehrbuch) (2. Aufl.). Berlin: Springer Spectrum.

Duttweiler, S. (2013). Die Beziehung von Geschlecht, Körper und Identität als rekursive Responsivität. Eine Skizze. *Freiburger Zeitschrift für Geschlechterstudien 19* (2), 19–36.

Fend, H. (2005). *Entwicklungspsychologie des Jugendalters* (3., durchgesehene Aufl.). Wiesbaden: VS.

Gugutzer, R. (2011). Körperpolitiken im Sport. Zur sportiven Verschränkung von Körper, Geschlecht und Macht. In D. Schaaf & J.-U. Nieland (Hrsg.), *Die Sexualisierung des Sports in den Medien* (S. 34–56). Köln: Halem.

Krüger, M. & Becker, C. (2015). Doping und Anti-Doping-Politik im historischen Überblick. In A. Dresen, L. Form & R. Brand (Hrsg.), *Dopingforschung. Perspektiven und Themen* (S. 13–28). Schorndorf: Hofmann.

Latzel, K. (2008). Einführung zum Workshop „Doping in Ost und West“. In K. Latzel & L. Niethammer, *Hormone und Hochleistung. Doping in Ost und West* (S. 27–36). Köln / Weimar/ Wien: Böhlau.

Pforte, A. (Hrsg.). (2002). *COPD – Chronisch-obstruktive Lungenerkrankungen und Komplikationen*. Berlin, Wien u. a.: Blackwell Wissenschafts-Verlag.

Pierdzioch, C.,Emrich, E. & Klein, M. (2014). Die optimierende Diktatur – Politische Stabilisierung durch staatlich verordnetes Doping am Beispiel der DDR. *VSWG, 101* (1), 23–48.

Singler, A. & Treutlein, G. (2012). *Doping im Spitzensport. Sportwissenschaftliche Analysen zur nationalen und internationalen Leistungsentwicklung (Teil 1)* (6. Aufl). Aachen: Meyer & Meyer.

Spitzer, G. (2006). *Pain and injury. Social an ethical analysis.* London/ New York: Routledge.

Spitzer, G. (2007). *Wunden und Verwundungen: Sportler als Opfer des DDR-Dopingsystems – Eine Dokumentation.* Köln: Strauß.

Spitzer, G. (2008). Entstehung und Funktionsweide des DDR-Zwangsdopings: Doping in einem geschlossenen System und die Grenzen der biologischen Leistungsfähigkeit. In K. Latzel & L. Niethammer (Hrsg.), *Hormone und Hochleistung. Doping in Ost und West* (S. 67–88). Köln/ Weimar/ Wien: Böhlau.

Teichler, H. J. (2003). Kinder- und Jugendsportschulen. In R. Prohl & P. Röthig (Hrsg.), *Sportwissenschaftliches Lexikon* (7. völlig neu bearbeitete Aufl.) (S. 289–290). Schorndorf: Hofmann.

Autor_innenverzeichnis

Nina Degele:

Prof. Dr. Nina Degele hat die Professur für Soziologie und empirische Geschlechterforschung am Institut für Soziologie der Albert-Ludwigs-Universität Freiburg inne.

Sie forscht und lehrt u. a. zu den Themen Modernisierung und Gesellschaftstheorie, Soziologie der Geschlechterverhältnisse sowie zur Beziehung von Körper und Sport.

Robert Gugutzer:

Prof. Dr. Robert Gugutzer hat die Professur für Sozialwissenschaften des Sports an der Goethe-Universität Frankfurt a. M. inne. Seit September 2017 ist er Geschäftsführender Herausgeber der Zeitschrift „Sport und Gesellschaft".

Er forscht und lehrt u. a. zu den Themen Körper- und Leibsoziologie, Sportsoziologie und Neophänomenologische Soziologie.

Ina Hunger:

Prof. Dr. Ina Hunger hat die Professur für Sport und Pädagogik (Didaktik) an der Georg-August-Universität Göttingen inne. Seit 2017 ist sie zudem stellvertretende Direktorin des Centrums für Geschlechterforschung der Universität Göttingen.

Sie forscht und lehrt u. a. zu den Themen Bewegung und frühe Kindheit, Sportlehrer_innen-Handeln, Geschlechtsbezogene Bewegungssozialisation sowie Außenseiter_innen im Sport.

Peter Kiep:

Peter Kiep ist wissenschaftlicher Mitarbeiter am Institut für Sportwissenschaften der Universität Göttingen im Arbeitsbereich Sportpädagogik und -didaktik.

Sein Forschungsschwerpunkt liegt im Bereich der Körperunzufriedenheit von Männern in der Fitnessszene.

Andreas Krieger:

Andreas Krieger war in den 1980er Jahren als Heidi Krieger beim SC Dynamo Berlin aktiv und wurde 1986 Europameisterin im Kugelstoß. Andreas Krieger ist Opfer des DDR-Staatsdopings und engagiert sich heute ehrenamtlich im Anti-Doping-Kampf.

Steffen Loick Molina:

Steffen Loick Molina hat als wissenschaftlicher Mitarbeiter an der Ludwig-Maximilian-Universität München im DFG-Projekt „Das optimierte Geschlecht?" (Leitung Prof. Paula-Irene Villa) gearbeitet und promoviert zu diesem Thema. Seit 2015 ist er wissenschaftlicher Referent am Deutschen Jugendinstitut in München.

Michael Meuser:

Prof. Dr. Michael Meuser hat die Professur für Soziologie der Geschlechterverhältnisse an der Fakultät für Erziehungswissenschaft, Psychologie und Soziologie der Technischen Universität Dortmund inne.

Er forscht und lehrt u. a. zu den Themen soziale Geschlechterordnungen, Männlichkeit und Vaterschaft, Soziologie des Körpers sowie Methoden qualitativer Sozialforschung.

Corinna Schmechel:

Corinna Schmechel ist Alumna des Promotionsprogramms „Kulturen der Partizipation" der Universität Oldenburg und wissenschaftliche Mitarbeiterin der hochschuldidaktischen Weiterbildung der Friedrich-Schiller-Universität Jena.

Sie forscht und lehrt zu Körperpraktiken und -politiken, der Rolle des Körpers in modernen Subjektivierungsprozessen, Geschlechterverhältnissen im Sport und qualitativer empirischer Sozialforschung.

Daniel Schiller:

Daniel Schiller ist wissenschaftlicher Mitarbeiter am Institut für Sport- und Bewegungswissenschaften der Universität Osnabrück.

Sein Forschungsschwerpunkt liegt im Bereich der Qualitativen Sportunterrichtsforschung aus praxeologisch-wissenssoziologischer Perspektive.

Maika Zweigert:

Maika Zweigert ist wissenschaftliche Mitarbeiterin am Institut für Sportwissenschaften der Universität Göttingen im Arbeitsbereich Sportpädagogik und -didaktik.

Sie forscht u. a. zu geschlechtsbezogener Körper- und Bewegungssozialisation und Leistungssport im Kindesalter.

Studien zur Geschichte des Sports

hrsg. von Prof. Dr. Wolfram Pyta (Universität Stuttgart), Prof. Dr. Giselher Spitzer (HU Berlin), Prof. Dr. Rainer Gömmel (Universität Regensburg), Prof. Dr. Jürgen Court (Universität Erfurt) und Prof. Dr. Michael Krüger (Universität Münster)

Jürgen Court; Arno Müller (Hg.)
Jahrbuch 2018 der Deutschen Gesellschaft für Geschichte der Sportwissenschaft e. V.
Bd. 22, , 132 S., 24,90 €, br., ISBN 978-3-643-14234-4

Jürgen Court; Arno Müller (Hg.)
Jahrbuch 2017 der Deutschen Gesellschaft für Geschichte der Sportwissenschaft e. V.
Bd. 21, 2018, 200 S., 24,90 €, br., ISBN 978-3-643-13926-9

Jürgen Court; Arno Müller (Hg.)
Jahrbuch 2015/16 der Deutschen Gesellschaft für Geschichte der Sportwissenschaft e. V.
Bd. 20, 2017, 250 S., 24,90 €, br., ISBN 978-3-643-13637-4

Jürgen Court; Arno Müller (Hg.)
Jahrbuch 2014 der Deutschen Gesellschaft für Geschichte der Sportwissenschaft e. V.
Bd. 19, 2016, 136 S., 24,90 €, br., ISBN 978-3-643-13245-1

Jürgen Court; Arno Müller (Hg.)
Jahrbuch 2013 der Deutschen Gesellschaft für Geschichte der Sportwissenschaft e. V.
Bd. 18, 2014, 160 S., 24,90 €, br., ISBN 978-3-643-12895-9

Josef M. Feigenberg
Nikolai Bernstein – from Reflex to the Model of the Future
vol. 17, 2014, 272 pp., 29,90 €, pb., ISBN 978-3-643-90583-3

Jürgen Court
Deutsche Sportwissenschaft in der Weimarer Republik und im Nationalsozialismus
Bd. 2: Die Geschichte der Deutschen Hochschule für Leibesübungen 1919 – 1925
Bd. 16, 2014, 320 S., 39,90 €, br., ISBN 978-3-643-12558-3

Jürgen Court; Eberhard Loosch; Arno Müller (Hg.)
Jahrbuch 2012 der Deutschen Gesellschaft für Geschichte der Sportwissenschaft e. V.
N. A. Bernstein versus I. P. Pavlov – „‚bedingte Reflexe' revisited"
Bd. 15, 2014, 192 S., 24,90 €, br., ISBN 978-3-643-12437-1

Jürgen Court; Hans-Georg Kremer; Arno Müller (Hg.)
Jahrbuch 2011 der Deutschen Gesellschaft für Geschichte der Sportwissenschaft e. V.
Bd. 14, 2012, 248 S., 24,90 €, br., ISBN 978-3-643-11922-3

Michael Krüger (Hg.)
Erinnerungskultur im Sport
Vom kritischen Umgang mit Carl Diem, Sepp Herberger und anderen Größen des deutschen Sports
Bd. 13, 2. Aufl. 2014, 312 S., 29,90 €, br., ISBN 978-3-643-11677-2

LIT Verlag Berlin – Münster – Wien – Zürich – London
Auslieferung Deutschland / Österreich / Schweiz: siehe Impressumsseite

Jürgen Court; Arno Müller; Wolfram Pyta (Hg.)
Jahrbuch 2010 der Deutschen Gesellschaft für Geschichte der Sportwissenschaft e. V.
Bd. 12, 2011, 144 S., 24,90 €, br., ISBN 978-3-643-11476-1

Jürgen Court; Arno Müller; Christian Wacker (Hg.)
Jahrbuch 2009 der Deutschen Gesellschaft für Geschichte der Sportwissenschaft e. V.
Bd. 11, 2010, 176 S., 24,90 €, br., ISBN 978-3-643-11026-8

Jürgen Court; Arno Müller; Andrea Schulte (Hg.)
Jahrbuch 2008 der Deutschen Gesellschaft für Geschichte der Sportwissenschaft e. V.
Bd. 10, 2009, 232 S., 24,90 €, br., ISBN 978-3-643-10229-4

Michael Krüger (Hg.)
Der deutsche Sport auf dem Weg in die Moderne
Carl Diem und seine Zeit
Bd. 9, 2009, 400 S., 39,90 €, br., ISBN 978-3-643-10140-2

Michael Krüger (Hg.)
Erinnerungen an Carl Diem
Bd. 8, 2009, 136 S., 19,90 €, br., ISBN 978-3-643-10120-4

Jürgen Court; Arno Müller; Christian Wacker (Hg.)
Jahrbuch 2007 der Deutschen Gesellschaft für Geschichte der Sportwissenschaft e. V.
Sport-Körper-Religion
Bd. 7, 2008, 160 S., 24,90 €, br., ISBN 978-3-8258-1678-0

Jürgen Court
Deutsche Sportwissenschaft in der Weimarer Republik und im Nationalsozialismus
Band 1: Die Vorgeschichte 1900 – 1918
Bd. 6, 2008, 320 S., 24,90 €, gb., ISBN 978-3-8258-1379-6

Christian Wacker; Robert Marxen (Hg.)
Olympia – Ideal und Wirklichkeit
Festschrift für Norbert Müller zum 60. Geburtstag
Bd. 5, 2008, 352 S., 34,90 €, br., ISBN 978-3-8258-1208-9

Loosch Eberhard
Otto Klemm (1884 – 1939) und das Psychologische Institut in Leipzig
Bd. 4, 2008, 160 S., 24,90 €, gb., ISBN 978-3-8258-0981-2

Peter Tauber
Vom Schützengraben auf den grünen Rasen
Der Erste Weltkrieg und die Entwicklung des Sports in Deutschland
Bd. 3, 2008, 496 S., 39,90 €, br., ISBN 978-3-8258-0675-0

Jürgen Court; Arno Müller; Christian Wacker (Hg.)
Jahrbuch 2006 der Deutschen Gesellschaft für Geschichte der Sportwissenschaft e. V.
Fußballsport und Wissenschaftsgeschichte
Bd. 2, 2007, 176 S., 24,90 €, br., ISBN 978-3-8258-0674-3

Jürgen Court (Hg.)
Jahrbuch 2005 der Deutschen Gesellschaft für Geschichte der Sportwissenschaft e. V.
Bd. 1, 2006, 192 S., 14,90 €, br., ISBN 3-8258-9352-9

LIT Verlag Berlin – Münster – Wien – Zürich – London
Auslieferung Deutschland / Österreich / Schweiz: siehe Impressumsseite

* * *

Siegmar-W. Breckle
Eislaufen
Eiskunstlauf, Inline-Kunstlauf, Eistanz, Synchronlaufen, Eisschnelllauf, Eishockey, Spiele auf dem Eis
2019, 150 S., 29,80 €, br., ISBN 978-3-643-14258-0

Christian Becker; Bernd Wedemeyer-Kolwe; Angelika Wolters (Hg.)
Geschichte des Turnens in Norddeutschland
Zugleich Bericht der gemeinsamen Tagung des Niedersächsischen Instituts für Sportgeschichte e. V. Hannover (NISH) und des Niedersächsischen Turner-Bundes (NTB) vom 24. bis 25. Juni 2016
2017, 222 S., 29,90 €, br., ISBN 978-3-643-13821-7

Christian Becker; Cornelia Regin; Anton Weise
„Als der Sport nach Hannover kam“
Geschichte und Rezeption eines Kulturtransfers zwischen England und Norddeutschland vom 18. bis zum 20. Jahrhundert
2015, 224 S., 34,90 €, br., ISBN 978-3-643-13152-2

Christine Wolters; Christian Becker (Hg.)
Rehabilitation und Prävention in Sport- und Medizingeschichte
Bericht der gemeinsamen Tagung des Niedersächsischen Instituts für Sportgeschichte e. V. Hannover (NISH) und des Instituts für Geschichte, Ethik und Philosophie der Medizin der Medizinischen Hochschule Hannover (MHH) vom 10. bis 11. November 2012, zugleich Tagungsbericht der 11. Tagung des NISH
2014, 208 S., 29,90 €, br., ISBN 978-3-643-12790-7

Otmar Weiß; Henning Eichberg
Sport: Schneller, Höher, Stärker
2014, 64 S., 19,90 €, gb., ISBN 978-3-643-50605-4

Katharina Scheel
Modelle und Praxiskonzepte der Physiotherapie
Eine Verortung innerhalb von Anthropologie und Ethik
2013, 264 S., 29,90 €, br., ISBN 978-3-643-12040-3

Peter Frei
Kommunikative Sportpädagogik
2012, 264 S., 19,90 €, br., ISBN 978-3-643-11552-2

Jörg Böhnke
Abenteuer- und Erlebnissport
Ein Handbuch für Schule, Familie und Jugendsozialarbeit
2. Aufl. 2010, 332 S., 15,90 €, br., ISBN 978-3-8258-4468-4

LIT Verlag Berlin – Münster – Wien – Zürich – London
Auslieferung Deutschland / Österreich / Schweiz: siehe Impressumsseite